帝制的终结

——辛亥革命始末

张程◆著

群言出版社
QUNYAN PRESS
·北京·

图书在版编目（CIP）数据

帝制的终结：辛亥革命始末 / 张程著 .— 北京：群言出版社，2015.9

ISBN 978-7-80256-858-7

Ⅰ. ①帝… Ⅱ. ①张… Ⅲ. ①辛亥革命—研究 Ⅳ. ①K257.07

中国版本图书馆 CIP 数据核字（2015）第 187405 号

责任编辑：陈　佳
封面设计：齐立娟

出版发行：群言出版社
社　　址：北京市东城区东厂胡同北巷 1 号（100006）
网　　址：www.qypublish.com
自营网店：http://qycbs.shop.kongfz.com（孔夫子旧书网）
http://www.qypublish.com（官方网店）
电子信箱：qunyancbs@126.com
总 编 室：010-65265404　65267783
编 辑 部：010-65138815　65262436　65276609
发 行 部：010-65263345　65263836
市 场 部：010-65220236　65265832（读者服务）
经　　销：全国新华书店
法律顾问：北京市君泰律师事务所

印　　刷：北京市媛明印刷厂
版　　次：2015 年 9 月第 1 版　2015 年 9 月第 1 次印刷
开　　本：710mm × 1000mm　1/16
印　　张：15
字　　数：223 千字
书　　号：ISBN 978-7-80256-858-7
定　　价：28.00 元

目录

宣统王朝

旧帝制的末日和新变革的背景

北京城正中央的紫禁城，在帝制时代是个神秘阴森、令人望而生畏的地方。慈禧太后叶赫那拉氏在这座巨大的建筑群里，带领中国迈进了 20 世纪。

从 1907 年春开始，立宪派领袖张謇先后 4 次应慈禧太后之召，踏进了紫禁城。风烛残年的慈禧太后在召见中，多次“语及时局之非，不觉泪下”。张謇直言不讳，悲凉地陈述了国家财政窘境、行政效率低下、官场黑暗腐败和百姓怨声载道，指出民心开始倾向革命，对大清王朝不利。慈禧太后听着真实的反馈，失声痛哭，毫不掩饰她的心力交瘁：“我久不闻汝言，政事败坏如此。你可以问问皇上，现在招对臣工，不论大小，甚至连县官也时常召见，哪一次我不是用言语以求激发天良，要求他们认真办事？万不料全无感动！”在希望、迷茫和痛苦中，慈禧太后结束了一生，松开了掌握超过 40 年的权柄。

1911 年 5 月 12 日、16 日，北京的总税务司安格联收到长沙海关税务司伟克非的两封信。信中说：“毫无疑问，大多数老百姓是希望换个政府的。不能说他们是革命党，但是他们对于推翻清朝的尝试是衷心赞成的。”“中国的前途似乎非常黯淡。我看在不久的将来，一场革命史免不了的。现在已经公开鼓吹革命，并且获得普遍的同情，而政府并没有采取任何预防措施，却尽在瞎胡闹。”

此刻，最顽固的保皇党人、获利丰厚的殖民者、初出茅庐的新派学生……所有的人都相信清王朝已经到了必须变革的时刻。不然，等待它的只有灭亡。

摄政王一语成谶：快完了

光绪三十四年（1908）11月初，慈禧太后在颐和园庆祝74岁生日期间，患了痢疾。年迈的身体经不起病毒的折腾，迅速衰弱。她知道，自己的“日子”到了，开始着手安排后事。

对政治人物来说，所谓的“后事”就是“人事”安排。王朝复兴也好、方针政策的延续也好、前任的哀荣也好，归根结底离不开挑选一个合适的接班人。

被囚禁在中南海瀛台的光绪皇帝早在慈禧患病之前就卧床不起了，虽经各地名医轮番诊治，病情非但没有减轻反而加重了。估摸着，皇帝驾崩也就在这几天了。由于光绪没有生育，慈禧不仅要给大清帝国挑选一个新皇帝，更重要的是配置好辅政班子。选谁来给新皇帝当助手，谁就将带领已经千疮百孔的大清王朝走向不可预知的未来。那么选谁呢？

▲ 晚年慈禧照片

时任领班军机大臣、庆亲王奕劻是百官之首，是第一候选人。奕劻已经70岁了，血统、能力都不出众，而且贪墨成性、声名狼藉，可他最大的或者说唯一的优点是政治上完全可靠，在历次政治事变中都坚定地站在慈禧一边。奕劻能不能托付后事呢？慈禧摇了摇头。这样的人可以用作心腹，却不能将江山交给他。

奕劻进入权力核心多年，拉帮结派，势力不小。因为贪赃枉法，他多次遭到弹劾。慈禧虽然没有动奕劻，奕劻自己却忐忑不安，加上年纪实在大了，想全身而退了。几年年初，奕劻向慈禧申请退休，并推荐儿子载振进入军机处，“子承父业”。为了达到目的，奕劻派两个宝贝格格有事没事往宫中跑，在慈禧身边吹风。慈禧很有主见。朝廷的核心权力，怎么能让你奕劻父子私相授受？她招来奕劻，绵里藏针地加以慰留，说：“现在时局艰难，你这样的老成之人可不能轻易退休。不过，你的年纪也大了，就让醇亲王载沣跟着你学习历练一下，你好好教教他。一二年后，我再批准你退休。”奕劻一听，明白了：我船到码头车到站了，太后选中载沣为接班人了。

老醇亲王奕譞是咸丰皇帝的弟弟，娶了慈禧的妹妹，长子载湉被慈禧抱进紫禁城当了光绪皇帝，次子就是今年 25 岁的载沣。所以，载沣是光绪皇帝的亲弟弟，也是慈禧太后的侄子兼外甥。慈禧太后选中载沣，有私心作祟的痕迹。可话说回来，载沣在血缘上是最亲近的宗室亲王，表现也不错。当年代表中国去德国就德国驻华公使克林德被杀一事道歉，载沣坚决拒绝向德皇行跪拜礼，不卑不亢地完成使命，为海内外瞩目。慈禧的选择不算盲目。1908 年 2 月，载沣进入了军机处。奕劻知道扳不倒载沣，退而求其次，希望尽可能多地保留自己的势力。他推荐关系密切的袁世凯进入军机处辅助自己。慈禧太后同意了，不过认为张之洞和袁世凯都是封疆大吏中的佼佼者，一起进入军机处。奕劻无话可说。慈禧本意是想用载沣制约进而取代奕劻，奕劻想联合袁世凯压制载沣，慈禧就引入和奕劻关系疏松的张之洞来制约袁世凯。

临终前，慈禧面对着核心权力圈子中奕劻、载沣、袁世凯、张之洞四大股势力。

这四个人中，慈禧最放心不下的是袁世凯，最担心的是奕劻和袁世凯的联合。

49 岁的袁世凯是最近几年之内飞速上升的政治新星。他在直隶总督兼北洋大臣的任上筹办新政，成果显著；他为朝廷编练了六个镇（相当于师）全副德式武装的北洋新军；他培养了一大批军政人才。袁世凯的问题随着政绩接踵而至，成绩有多大，问题就有多严重。袁世凯蜚声海内外，得到了革新派官吏、新兴社会力量和洋人们的倾心支持，而这些人并不看好朝廷；他训练的军队只听他的命令，朝廷指挥不动；他举荐、培养的人才占据越来越多的职位，形成了袁氏势力。几十年的权力斗争让慈禧太后对潜在的威胁异常敏感。去年，慈禧调袁世凯为军机大臣、外务部尚书，明升暗降，解除他的兵权，调离直隶。不过，袁世凯保举的继任直隶总督杨士骧完全是铁杆袁党，直隶和北洋军队大小事务仍暗中操于袁世凯之手。袁世凯的所作所为已然对朝廷构成了威胁。

更可怕的是，实力膨胀的袁世凯和贪墨恋栈的奕劻勾勾搭搭，形成政治同盟。慈禧知道，袁世凯大肆贿赂奕劻。庆王府里无论是生了孩子，死了人，或是过个生日什么的，费用都可以拿到直隶总督衙门报销。奕劻担任领班军机大臣前不久，突然收到袁家送来10万两（有说是20万两的）白银。来人传述袁的话说："王爷就要有不少开销，请王爷别不赏脸。"奕劻也需要袁世凯势力的支持，让儿子载振与袁世凯结为兄弟。两人联合后，把目标先对准了张之洞。张之洞出身科举正途，在大江南北磨砺多年，是沿着帝国官员传统的晋升途径一步步走过来的，经验丰富。不过正如袁世凯所说，张之洞虽然为官几十年，依然是一介书生，"有学无术"，并未通晓中国政治实际，虽然地位、做事和李鸿章相仿，取得的成绩却远逊于李鸿章，也逊色于袁世凯。奕劻和袁世凯表面上以长辈之礼尊敬张之洞，却把无关紧要的事务，比如祭祀、改行金币等推给他主政，而各省疆吏、各部要臣则安置自己的亲信私人。慈禧年老多病，无力过问军机事务，便让奕劻和袁世凯把持了军机处。

如此看来，奕劻和袁世凯两个人都不能参与后事。慈禧下了一道命令，把奕劻调到东陵查看帝陵工程，在权力部署的节骨眼上不让他在北京；又将袁世凯心腹爱将段祺瑞的北洋新军第六镇全部调出北京，紧急调陆军部尚书、满人铁良统辖的几乎全部由八旗子弟组成第一镇接防——当然这一系列调动，事先都没让袁世凯知道。

万事俱备后，慈禧密召军机大臣载沣、张之洞和世续入宫，嘱咐后事。

首先是挑选新皇帝。光绪无子，只好从近支亲贵中选择。慈禧提议醇亲王载沣的儿子、3岁的溥仪为新皇帝。同治皇帝和光绪皇帝都是幼年即位，由慈禧太后垂帘听政。张之洞、世续二人见国家内忧外患，唯恐溥仪登基后再由后宫垂帘，对慈禧的提议委婉地表示反对：“国有长君，社稷之福，不如直接立载沣为帝。”慈禧凄凉答道：“我何尝不知道你们的顾虑，可是光绪是兄终弟及，现在再来一次兄终弟及，我的亲生儿子同治就断后了。我立溥仪，仍令载沣主持国政，公私都可以兼顾。”张之洞等人不敢坚持，新皇帝就这么定下来了。

当年光绪继承堂兄同治的皇位。这一变更祖宗家法的做法引起朝野大哗，慈禧曾允诺将来光绪的儿子将同时作为同治和光绪的继承人。现在，慈禧让溥仪继承同治，未提兼祧光绪之事。慈禧对光绪并无好感，溥仪如果不能同时作为同治、光绪两人的继承人，光绪的皇后就无法升为太后，地位将不伦不类。张之洞大胆提出：“当今皇上临御天下 30 多年，不可无后，古有兼祧之制，似可仿行。”慈禧沉默不言，过了良久才瞪着张之洞说：“此事姑且从你所请，拟旨吧。”

11 月 13 日，紫禁城命令：醇亲王载沣授为摄政王，代批奏折；载沣之子溥仪接进宫中教养，并在上书房读书。

同日，庆亲王奕劻回到北京，发现权力结构发生了天翻地覆的变化。他跑到宫中面见慈禧，慈禧“征询”他的意见。奕劻赶紧磕头，表示完全拥护老佛爷的英明决策。于是，慈禧颁布懿旨：赏给庆亲王“世袭罔替”的恩荣。这是清王朝封出去的最新的“铁帽子王”，也是最后一个铁帽子王。

同日，袁世凯发现自己已被排斥到核心权力圈之外，必将失势，伪称足疾（袁世凯儿时顽劣，曾经坠马伤脚，撂下终生伤病），由两个人扶着进宫表示拥护太后的决策，也算是自己给自己找个台阶下，避免尴尬。

同日，载沣在日记中记录心情“万分无法，不敢再辞”。他当天最重要的任务是把儿子溥仪送入紫禁城去。傍晚，他带着一大帮大臣、宫人回家，要带溥仪进宫。醇王府里顿时发生了一场大混乱。溥仪在《我的前半生》中描述道：“老太太不等听完儿子带回来的懿旨，先昏过去了。王府太监和妇差丫头们灌姜汁的灌姜汁，传大夫的传大夫，忙成一团，那边又传过来孩子的哭叫和大人们的哄劝的嘈杂人声。新就位的摄政王手忙脚乱地跑出跑进，一会儿招呼着随他一起来的军机大臣和内监，叫人给孩子穿衣服，这时他忘掉了老太太正昏迷不醒。一会儿被叫进去看老太太，又忘掉了军机大臣还等着送未来的皇帝进宫。这样闹腾了好大一阵儿，老太太苏醒过来，被扶送到里面去歇了，这里未来皇帝还在'抗旨'，连哭带打地不让内监过来抱他。内监苦笑着看军机大臣怎么吩咐，军机大臣束手无策地等摄政王商量办法，摄政王只会点头，什么办法也没有……"溥仪的乳母看小孩子哭得可怜，本能地拿出奶来喂他，这才止住了溥仪的哭闹。这个卓越的举动启发了束手无策的大人们，载沣和军机大臣商量，决定破例地由乳母抱溥仪一起进宫。溥仪入宫后，被抱去见慈禧太后。没有熟悉的屋子，没有了嬷嬷，3 岁的溥仪忽然发现自己被一群陌生人抱着，穿梭在一节节阴暗的过道中。这给他留下了模糊而强烈的可怕印象。半个多世纪后，他写道："在一个阴森森的帏帐中，露出一张瘦削的老太婆的脸，丑得要命。据说我一看见慈禧这副病容，立刻号啕大哭，浑身哆嗦不止。慈禧看我哭了，叫人拿冰糖葫芦给我，不料我一把拿过来就摔到地下，连声哭喊着：'要嬷嬷！要嬷嬷！'弄得慈禧很不痛快，说：'这孩子真别扭，抱到哪儿玩去吧！'"

▲ 载沣父子像，坐者为载沣，怀中为次子溥杰，右立者为溥仪

14 日，光绪皇帝病逝于瀛台涵元殿，终年 37 岁。慈禧下令：溥仪入承大统为嗣皇帝，考虑到时势艰难，而新皇帝年纪太小，暂由摄政王载沣监国，所有军国政事都由载沣训示裁度。第二天（15 日），朝廷真正的舵手慈禧也去世了。皇上、太后都停柩宫中，群臣哭临三日。按制，三品以上官员在乾清门外，四品以下则应在景运门外痛哭。这一次，官员无论官职大小都混入乾清门，人声嘈嘈，甚至有仆人、随从夹

杂其中，御史不纠礼，礼部不相仪，乱成一团，没见有人站出来纠正秩序。慈禧的死，对大小官员的打击实在太大了，大家一时都不知道怎么做了。

在一片混乱中，慈禧临终前经过缜密思考、反复权衡选定的继任班子，能接过权柄，带领清王朝走好下一段路吗?

1908 年 12 月 2 日，溥仪在紫禁城太和殿举行登基大典，宣布明年为宣统元年，尊光绪皇后为“兼祧母后”，上徽号“隆裕”。

登基大典对 3 岁的溥仪来说，简直是一种折磨。正式大典之前，溥仪要先在中和殿接受内廷大臣和侍卫们的朝贺。溥仪被他们折腾了半天，加上那天天气奇冷，等他被抬到太和殿、再被放到又高又大的龙椅上的时候，小孩子的耐性完全丧失了。溥仪放声大哭。可登基典礼刚刚开始，王公大臣文武百官正要对他三拜九叩呢！载沣单膝侧身跪在龙椅下面，双手扶住儿子，不让他乱动。溥仪挣扎起来，哭喊得更凶了：“我不挨这儿！我要回家！我不挨这儿！我要回家！”三跪九叩礼磕起头来没完没了，小皇帝的哭叫越来越响。载沣急得满头是汗，只好哄他说：“别哭别哭，快完了，快完了！”

典礼结束，文武百官窃窃私议起来了：“王爷怎么可以说什么‘快完了’呢？”“太不吉利了！”大家都垂头丧气地散去，觉得载沣的话给刚刚揭幕的宣统王朝罩上了不祥之兆。三年多后，小皇帝溥仪就宣布退位了，载沣的“快完了”成了一句谶语。

“隆裕—载沣体制”

清朝的最后三年多时间，是在“隆裕—载沣体制”下度过的，载沣是实际施政者。

隆裕皇太后是慈禧的亲侄女，又嫁给了慈禧名义上的儿子光绪。慈禧临死前，布置了由儿媳兼侄女的隆裕为太后，由侄子兼外甥的载沣为摄政王监国的权力格局。载沣掌握军国大权，隆裕则对朝政拥有一票否决的权力。慈禧希望在死后维持一个皇室专政的强势局面，一如她自己四十多年来的统治一样。她琢磨着，只要皇室大权在握，江山总会保住的。可惜，无论隆裕还是载沣，都没有慈禧那般能力，把持不住大局。

▲ 隆裕太后朝服画像

隆裕太后时年正好40岁。很多人把她描绘成一个昏庸、悍妒又专权的女人，仗着慈禧的宠信横行后宫。而在清人和民国的笔记中，隆裕是一个苦闷、平常的女子，并不受慈禧的宠爱。相反，慈禧相当喜欢聪明活泼的珍妃和工于心计的同治皇帝留下的妃子瑜妃。隆裕既得不到慈禧的关怀，又得不到丈夫光绪的爱，只能在后宫对坐枯灯，生活单调而枯燥。冷板凳一坐就是21年。老醇亲王奕譞逝世的时候，隆裕作为他事实上的儿媳妇，要上门诣祭。皇后驾到，总要犒赏门丁、仆媪等人，需要上千两银子。隆裕根本没有这个意识，同时也穷得拿不出这笔钱，就空着手去了醇亲王府。最后还是王府代她出了这笔赏银，对外宣称是"皇后有赏"。隆裕知道实情后，大惭。一年后，醇亲王府举办奕譞的周年殷祭，隆裕百般筹措还是没有凑足赏银，就借口生病不去祭奠奕譞，说来实在有些悲凉的感觉。

关于隆裕的为人处世，晚清时期经常出入紫禁城的德龄评价她"个性温和"、"不爱管事"。隆裕的弟弟德锡则回忆姐姐：作为一个女人，她遵循了旧体制下"无才便是德"的传统，所以她谨言慎行，从不嚣张跋扈，从不怨天尤人，她努力地生活在那个沉闷的世界里。隆裕曾对弟弟说："我知道在这个皇宫里，大家都不喜欢我，而且我也不明白为什么大家都不喜欢我。我每件事情都尽量做得小心，每件事情能忍则忍，能让则让，可为什么大家对我还是这样？”隆裕口中的“这样”包括他人的误解，也包括慈禧在世时自身的苦闷无助。她仿佛就是个邻家大姐，一心要过安稳的好日子，谈不上什么远大志向，也没有执政的能力。

这样的人做邻家大姐，一点问题都没有，可一旦被推上末代太后的位置，就是她个人和王朝的双重不幸了。

隆裕暴得富贵，又没有什么志向，“唯得时行乐而已”。她要把失去的21年的欢乐都弥补过来。一旦掌握后宫的大权，隆裕就宠用内监张德（即小德张），负责张罗玩乐享受事务。脱下孝服后，隆裕就钻进梨园，沉迷于京腔昆曲之中；又下令建筑长春宫，恢复宫市，买入欧美、苏广杂货。不过，隆裕的享乐也就局限于此，没有更过分的举动了。她毕竟是个邻家大姐，能想到的行乐手段也就是听听戏买买东西了，倒不会国家造成什么伤害。至于军国大事，她都推给了载沣处理，当起“甩手掌柜”。慈禧赋予她的最终决定权，隆裕在革命爆发前都没有使用过。

40岁的皇太后隆裕不成器，那么25岁的监国摄政王载沣又怎么样呢？

载沣热爱家庭，待人和善，生活简朴，喜欢读书、写字和观察天文。他是在传统贵族生活环境中长大的，衣食无忧，上有母亲管着家务，下有一大帮办事机构和仆人为他理财、酬应、供他役使，还有一群清客给他出谋划策以及聊天游玩，这就造成载沣的生活环境很狭隘，没什么社会阅历，对国情政情谈不上什么了解。更糟糕的是，他的父亲奕譞因为儿子当了光绪皇帝，一生都在提防着慈禧太后的猜忌，韬光养晦。载沣从小跟着父亲谨小慎微地生活，养成了怯懦畏缩、没有主见的性格。载沣刚开始监国时，很多人提议他移宿紫禁城，方便照顾溥仪和朝政。结果太福晋不同意。太福晋是奕譞的正妻，是慈禧的亲妹妹。她有一个儿子被慈禧抱入紫禁城成了永不能相见的光绪皇帝，因此对紫禁城有很强的抗拒感。太福晋坚决反对载沣住到紫禁城去，载沣不得不留在醇亲王府。载沣的两个弟弟载洵、载涛依仗着太福晋的支持，对载沣多有要求，载沣也不得不满足他们。载沣的正妻是荣禄的女儿，是个很强势的女人，利用丈夫是摄政王与外界交通关节，企图对朝政施加影响。结果醇亲王府的新老两任福晋都对载沣耳提面命，矛盾不可避免。载沣的福晋比婆婆更凶悍，太福晋争权争不过媳妇，就转向三个儿子求助。载沣是坐视不管，对老妈和老婆都无可奈何；载涛血气方刚，为母亲抱不平，曾经操刀向嫂子寻仇，几乎酿成大乱。王府闹翻了天，载沣退避三舍，在府外躲了起来，一连十几天不敢回家。大清朝的监国摄政王竟然如此狼狈，令人发笑。

▲ 摄政王载沣照片

遗憾的是，宣统王朝几乎完全由这么一个人在拿主意。载沣和军机大臣们同席议事，一切不敢自专，别人说什么都觉得有道理，就是提不出自己的主张来。一些躁进之徒、钻营小人就跑到他面前献言献策，载沣都欣然接受。往好了说是“监国性极谦让”，往坏了说就是“无能”。无能也就罢了，问题是载沣内心格局也不大，还不敢于任事。东三省总督锡良、湖广总督瑞澂入见，陈述各自辖区的政务。载沣召对时只劳慰了几句场面话，就说不出其他的了。瑞澂有政务想和载沣当面商量，开口说了几句，载沣就打断他：“你的痰病还没好吗？”瑞澂马上住嘴，不再说话。出使日本大臣汪大燮屡次上书密陈日本政治动向，提醒载沣关注日本势力的扩张，一直没接到载沣的回复。汪大燮干脆赶回国内，请求面陈机宜。他对着载沣慷慨陈词，载沣默然无语，最后提醒汪大燮说：“已经十点钟了。”说完就让汪大燮退下。

溥仪也回忆了一件事：“李鸿章的儿子李经迈出使德国赴任之前，到摄政王这里请示机宜，我七叔载涛陪他进宫，托付他在摄政王面前替他说一件关于禁卫军的事，大概他怕自己说还没用，所以要借重一下李经迈的面子。李经迈答应了他，进殿去了。过了不大功夫，在外边等候着的载涛看见李经迈又出来了，大为奇怪，料想他托付的事必定没办，就问李经迈是怎么回事。李经迈苦笑着说：‘王爷见了我一共就说了三句话：你哪天来的？我说了，他接着就问：你哪天走？我刚答完，不等说下去，王爷就说：好好，好好地干，下去吧！——连我自己的事情都没说，怎么还能说得上你的事？'”

说到执政理念，载沣没有成系统的政治思想，也没有提出新颖的执政思路。贵族生活和在德国的游历，只让他相信一点：执政者必须掌握大权，满族亲贵们只有大权独揽，才能迎接一个个挑战，带领王朝渡过一个个难关。这是载沣最大的政治原则，他三年多的执政都是围绕这个原则展开的。

掌权之初，载沣就开始抓军权。他重新编组了禁卫军，把京城军队掌握在自己手里，任命忠君报仇的满族亲贵良弼实际负责禁卫军。1909年，载沣以宣统的名义下诏，宣布皇帝是海陆军大元帅，因皇帝年幼暂由摄政王代理。其次，载沣重组了军事指挥机关，将军谘处从陆军部独立出来，变成一个直属摄政王的专门机构，指派弟弟载涛负责。军谘处后来发展为军谘府，类似于清军的总参谋部，剥夺了地方督抚、将军等原有的调兵权，并可以把载沣的军事思想贯彻到各级军队（尽管载沣并没有什么军事思想）。他又将海军处从陆军部中分出来，组建了海军部，让弟弟载洵当海军大臣，重建海军。张之洞提醒载沣，载洵、载涛二人年轻无知，恐怕不堪重任，军队是国家重政，应该挑选精通军事的人担任主持工作。载沣不听，他就是要把军权都掌握在兄弟三人手中。结果，载洵和载涛兄弟两人做上官之后最热衷的便是出洋考察。载洵前往欧洲各国考察海军，载涛就前往欧美各国和日本考察陆军。载洵回国一数，弟弟载涛比自己多去了日本和美国，不行，他又专程去了一趟日本和美国。

镇国公载泽是载沣的族兄，血脉出自嘉庆皇帝第五子。他和突然抖擞起来的载洵、载涛兄弟不和，仗着自己是隆裕太后的姐夫（慈禧的大侄女嫁给了载泽），气焰很嚣张。载泽走隆裕的路子，把度支部尚书兼盐政大臣的肥缺搞到了手。在任上，载泽贪污受贿，中饱私囊。广东道御史胡思敬两次参劾两广总督袁树勋贪腐，举证的两处赃款都涉及载泽。奏折上去的第二天，载沣就召载泽入见，把奏折递给他看。载泽供认不讳。载沣说：“既然确有此事，就不必交查了。”载泽走后，以为载沣肯定要处分自己，惴惴不安。过了好一阵子一点消息都没有，载沣将奏折搁置不办。载沣对亲戚的态度是，只要他们不觊觎自己的权力，对自己无所隐瞒，哪怕亲戚贪赃枉法他都不闻不问。

载沣的放纵和乏力，使得一时间满族亲贵尽出专政。这些皇亲贵戚多是猖狂少年，造谋生事，大大破坏了政治风气。可载沣就是相信他们，宁愿将权力交给他们，也不愿意选拔贤才。不要说汉族文武大臣，就是一般满族大臣，也在载沣时期靠边站了。比如良弼乃宗室多尔衮之后，忠于朝廷，留学日本，对近代军事颇有研究，是满族青年中难得的将才，就是因为和载沣关系不近而被安置在禁卫军，没有更大的舞台。年近半百的铁良先后任户部、兵部侍郎，和袁世凯并列过练兵大臣，参与创设北洋六镇新军，经验丰富且在新军中有一定影响，是满族将领中唯一可以与袁世凯相提并论的人选。可以铁良与载沣关系生疏，还做过荣禄的幕僚，得不到载沣的信任。载沣先免去他的陆军部尚书职位，又贬他为江宁将军，赶到南京去眼不见心不烦。经过一番人事清洗后，盘踞在清朝权力金字塔顶端的都是载沣、载洵、载涛、载泽等满人权贵小集团。

这个小集团是封闭排外的，因为权力本身带有排斥性。载沣为首的小集团势力膨胀后，就和袁世凯、奕劻、张之洞等人产生了矛盾。载沣等人对袁世凯恨之入骨，本想将他千刀万剐，后来在奕劻、张之洞等人的强烈反对下，给袁世凯办理了提前退休，赶回老家。

载沣在慈禧时期，对奕劻、载振父子非常厌恶，手握实权后却没有处置他们俩，还对奕劻倍加优礼。奕劻实权大大削弱，可还保持着仅次于载沣的朝廷二号大臣的名分。原来，奕劻和隆裕的关系很紧密，载沣要防备隆裕，同时需要拉拢奕劻势力来巩固权力。奕劻也乐得和载沣结盟，来保住权势。载泽则一心一意想把堂叔奕劻的权力夺过来，醇王府的人经常可以听见他和载沣嚷嚷："老大哥这是为你打算，再不听我老大哥的，老庆就把大清断送啦！"载沣总是半晌不出声，最后说了一句："好，好，明儿跟老庆再说……"到第二天，奕劻岿然不动，载泽又白费一次力气。

张之洞从洋务运动开始就活跃在政坛上，是硕果仅存的"中兴名臣"。1908 年，他 71 岁了，对朝政有经验、有看法，可惜心有余而力不足。《国闻备乘》说他"暮年才尽，执笔沉思，终日不成一字"。光绪皇帝的遗诏出自张之洞的手笔，其中有一句话是“在天之灵弥留不起”，读者皆掩口而笑。对于张之洞这样的老臣，载沣原本可以借用他的经验和人脉，让他办点具体事务。可载沣将张之洞也视为权力威胁，弃之不用，让他管些文化礼乐等冷衙门。张之洞晚年想提拔几个官员都做不到。比如一次安徽芜湖道出缺，张之洞举荐易顺鼎。载沣对张之洞举荐的人特别敏感，借口易顺鼎是著名诗人，诗写得好不一定能治好地方，搁置不用。遇到朝廷大事，张之洞极力谏争、百般陈述，载沣都怀疑张之洞的意见主张不是出于公心，全都不采纳。张之洞公开反对载洵、载涛独揽军权，最后载沣顿足呵斥他：“这不关你的事！”张之洞生平多处顺境，想不到晚年位极人臣了却遭到训斥，而且境遇越来越糟糕。老书生一时间想不开郁郁成疾。他干脆不管朝政，埋头将平日诗稿自编为《广雅堂集》，希望思想能流传下来。1909 年（宣统元年）夏，张之洞即因病请假，10 月病逝。朝廷追谥他“文襄”。

奕劻被搁置、袁世凯被罢免、张之洞郁郁而终，表明朝廷最高层真正有施政经验、踏实干事的力量的彻底消失。隆裕、载沣等人的最高权力，力图掐死所有现有和潜在的威胁，如今连能够制约他们的力量也消失了，成了不折不扣的绝对权力。在矛盾重重的王朝末日，绝对权力不见得是坏事——如果载沣能用好绝对权力，乾坤独断、雷厉风行、快刀斩乱麻的话。对于有作为的掌权者来说，权力只是工具，断不能成为目的。可惜，载沣不能用权力来为国家和爱新觉罗家族作些有益处的事情，一味迷信绝对权力能保证王朝长治久安，对朝政却得过且过，辜负了慈禧对他的信任和厚望，也白白浪费了飞到他手上的历史机遇。为了权力而追逐权力的人注定不是个有作为的人——而风雨飘摇的清王朝，多么需要一个强有力的、有作为的掌权者来扭转危局啊。

不愿面对的现实

理清了晚清皇权的最后更迭和“隆裕—载沣体制”的情况，我们来看看统治者们面对着什么样的乱世景象——这也是产生变革者的背景。

中国传统王朝崩溃的原因，可以归咎为末世的财富与权力的高度集中，导致整个社会丧失公正公平。有钱的人越来越有钱，当官的人家世世代代为官，好处都被他们占尽了。而占人口多数的、没有财富和权力的群体生活日渐困苦，且看不到改善的希望，于是走上推翻王朝的道路，建立新王朝。大乱之后必有大治，新王朝会打破财富与权力高度集中的趋势，做一个平均化的努力，缓解矛盾，让中国历史踏上典型的王朝更迭之路。晚清社会大体上也遵循着传统的王朝崩溃路径。

清朝末期，贫富差距悬殊是巨大的社会问题。富者动辄一饭千金，流连在酒池肉林之中。袁世凯向奕劻行贿，出手都是十万甚至几十万两银子。朝廷新贵们占据京城的核心地段，大起亭台楼榭。而贫者，如京杭大运河的纤夫，将船只从天津拉到北京，花费数天时间才能赚几个铜钱，雇主还不管饭。湖北《国风报》报道1910年湖北大水，襄阳荆州两府“被灾之民数十万，皆田庐荡然”。而“安陆府之潜江县、钟祥县、监利县亦连年受灾，所有受灾的地方，一片汪洋，数里不见烟火。灾民有生食野兽之肉者，有握泥果腹致毙者，有挖树皮草根以济急者，令人忍不目睹”，俨然是一副地狱景象。

如果说贫富差距是个人能力高低和奋斗与否造成的，那还能部分安抚弱势群体的不满情绪，问题是晚清的贫富差距是权力因素造成的。权力因素插手经济运营、干预财富分配，霸占了大批不应属于它的财富。富裕起来的少数人不是本身是官吏及其家眷，就是投靠官府的红顶商人，或者是前两者的爪牙走狗。在权力和财富既得者的垄断下，普通人通过个人努力积累财富的渠道几乎被封死了。按说，在社会转型和大变革时期，个人企业和巨富很容易出现。日本的大型财团许多就是在近代崛起壮大的，得到了日本政府的扶持。但晚清政府不去扶持个人企业的发展，相反设置了种种政策壁垒和无形的障碍，还千方百计地从民营经济中获取利益。我们悲哀地发现，虽然晚清中国企业家是有抱负、有社会责任感的群体，却没有发展出有势力的人物来。这一时期的胡雪岩、盛宣怀是后人津津乐道的官商，曾经富甲一方，可离开了政治支持后很快就被官府击垮了。张謇是人们常提的另一个大商人，但他的出名更多是因为将事业的摊子铺得很大，且具有开创性，真正的经济实力并不强大，并且很大程度上得益于他的“状元”身份和官场上的人脉——普通人去开办工厂、发展大型农场，不是要独立承担各种风险，还要天天和各种衙门打交道，没过硬的官府人脉是行不通的。对于官商勾结，权力和财富相互转化的恶劣行径，清政府是管不了也不想管，听之任之，任凭社会黑暗和人民对立情形加剧。清政府完全成了一个权贵政府。

更可气的是，本身负有扶贫济困、保持社会公正责任的官府，不但没有救济灾民、扶助弱小，而是变本加厉地横征暴敛。因为战争赔款和各项新政支出的增加，清朝的财政成倍快速增长。甲午战争前，清政府每年财政收支大体稳定在 8000 万两左右，到 1903 年清政府岁入 10492 万两，到 1908 年岁入达 23480 万两，到 1911 清政府编制的财政预算中，岁入要达到 29696 万两，支出为 33865 万两。十年间，政府的财政收支竟然增长了 4 倍，同期中国的经济和老百姓的收入肯定没有增长 4 倍。多出来的钱是怎么来的呢？只有一种解释：各级官府敲骨吸髓，从老百姓身上搜刮来的。一方面是个人收入的减少，一方面却是官府税赋的增加，晚清百姓的生活境遇只能是每况愈下。

既然权力把持财富，那么个人能否顺畅地进入官场，公平地获取权力呢？不幸的是，晚清政坛的流动性极小，几乎是一个封闭的小世界。尽管从理论上来说，任何人都可以通过科举考试获取权力，用十年寒窗苦读获取一官半职，但是科举发展到晚清，已经烂透了。每年科举考试期间，北京城和各省省城就炸开了锅，有能力者开始预做准备，或晋谒、或贿赂已经或可能成为考官的官员。入场之时，各分房考官暗中答应录取的考生加上正副考官属意的考生，再包括达官贵人们塞条子打招呼要求录取的考生，如麻如粟，有千百人之多。考官们与其是在阅卷，不如说是在权衡关系。关系户很多，录取名额有限，考官们必须反复推敲，比真正批阅考卷按真才实学来评定高下更加辛苦。录取名单上写上那些必须录取的考生之后就没有几个名额了，再挑选几个有真才实学的孤寒考生，列名其上，以塞人口。普通人家的子弟想金榜题名，难度越来越大。

就算你在种种巧合之下“侥幸”考中了进士，也当不上官。因为晚清官员的主要来源是捐纳的人，也就是花钱买官的人。《清稗类钞》载：“捐纳，到同治光绪年间，流品益杂。早晨交钱，晚上就换上了顶戴花翎，根本不管买官者是贩夫走卒还是富家小厮。小康人家的子弟，不读诗书，只想着积累资金捐职，作为将来吃饭谋食的工具，美其名曰‘讨饭碗’。至于富商巨室家财万贯的人家，即便是襁褓中的乳臭小儿，都有红顶翠翎，家长给捐了候补道台，又给加捐了二品顶戴花翎（省长、部长级别）。”其中苏南一带经济发达，买官的人多，而且购买的级别很高，《官场现形记》中说：“江南本来有个口号，是婊子多、驴子多、候补道多。”南京城里拥挤着成百上千的候补道台，都能填补全国的道台空缺了。官员太多了怎么办？唯一的办法就是不管是科举正途的还是旁门左道进来的官员，都要“候补”，有了实缺后，再按照资历先后上任。清末官员编制在4万人左右，候补官员队伍竟是正式编制的6倍多，候补队伍越来越庞大。天天穿戴整齐到衙门等待差使降临的候补官员们大有人在，更有一些候补者典当衣物，无处举借，带着妻子儿女啼饥号寒，坐以待毙。

当然了，真正有大钱或者靠上大官的人，是不需要候补的，甚至都不需要多少手续，可以由朝廷直接发文，任命为某某官衔。这可苦了那些兢兢业业的老实人，和那些背景不硬四处钻营的一般人了。这样，官场的封闭和拥挤，也在体制内造成了离心倾向，制作了一批“堡垒内部的反对者”。

进入官场以后，满目黑暗腐败，大小官吏腐朽不堪。纪实小说《官场现形记》记载了许多令人发笑的官场丑闻——据说慈禧看了这部小说以后，按图索骥查办官员。比如朝廷的华中堂宣称“最恨人家孝敬他钱”，但喜欢收受古董。他暗中开了个古董铺，而且只接受别人从他店里买来孝敬的古董。一边收古董，一边收下后就放回店里去卖，一件古董周而复始地不知道为华中堂带进多少银子。比如不学无术的毛维新被总督大人认为是“洋务中出色能员”，实际上毛维新的洋务本领只有两样：一是背诵过了时的《南京条约》，二是把辫子剪成了短发。又比如，南京候补道台田小辫子，为显示自己的“才能”，搜肠刮肚地给总督大人上了一个条陈，提出三条“富国强兵”的建议：一，不让兵士吃饱饭，

▲ 先后任军机大臣、内阁总理的庆亲王奕劻

打仗必然勇敢；二，把兵士的眉毛剃去一条，防止士兵逃亡；三，给兵士“一齐画了花脸”，可以吓退洋鬼子。而总督贾世文也是个不学无术的昏官，竟然一本正经地向幕僚下属们卖弄说得到了一本王羲之写的《前赤壁赋》，听说还是汉朝一个有名的石匠刻的（《前赤壁赋》是北宋苏轼写的，王羲之是南朝人）。清王朝内外交困，而皇亲贵戚还醉心于争夺权力的内讧。隆裕躲在紫禁城里，双耳不闻窗外事，任由宠任太监小德张在外界狐假虎威颐指气使。奕劻、载振父子本来就是一党，现在又多了许多皇室派系：载洵出任海军大臣，兼办陵工，党羽毓朗、载搏担任了训练禁军大臣，合为一党。载涛管理军谘府，又侵夺陆军部实权，和良弼等结为一党。溥伟自恃是道光长孙，身份特殊，向载沣力争官职，载沣只好任命他为禁烟大臣，权力在诸王之下。肃亲王善耆占据民政部，兼管警政，为一党。载泽把持财政全权，创设监理财政官、盐务处，为一党。载沣的福晋联络荣禄余党，收受贿赂，载沣不能制止。朝野议论纷纷，都说庆党贪鄙、肃党龌龊、贝勒党浮薄、泽公受人拨弄。宗室觉罗、八旗世家互有分歧，各有打算。载沣处于各伙人勾心斗角中，一会儿听这边的话，一会儿又信另一边的主意，一会对两边全说好，过一会又全办不了。弄得各伙人都不满意他。官场如此荒唐，令忠于朝廷的臣民寒心。胡思敬就在《国闻备乘》中感叹：“国统再绝而家无令子，识者早知其必有乱矣！”

晚清的末世乱象，还有两个之前王朝没有的特点。第一个是民族矛盾。清朝是满族人建立的少数民族王朝，满族人，尤其是贵族，拥有种种政治和经济特权，加剧了社会的不公和黑暗。邹容在《革命军》中就指出：“满洲人之在中国，不过十八行省中之一最小部分耳，而其官于朝野者，则以一最小部分，敌十八行省而有余。今试以京官满汉缺额观之，自大学士、尚书、侍郎，满汉二缺平列外，如内阁衙门，则满学士六，汉学士四，满蒙侍读学士六，汉军汉侍读学士二，满侍读十二，汉侍读二，满中书九十四，汉中书三十。又如六部衙门，则满郎中、员外、主事缺额约四百名，吏部三十余，户部百余，礼部三十余，兵部四十余，刑部七十余，工部八十余，其余各部堂主事皆满人，无一汉人。而汉郎中、员外、主事缺额，不过一百六十二名。”占人口大多数的汉族人的不满之情，始终存在。太平天国起义爆发后，清廷大量启用汉族能人，地方督抚提镇大多是汉族功臣。可到光绪二十年后，满族督抚又遍布天下，几乎没有汉人。一般八旗子弟有“铁杆子庄稼”，虽然不多但也能保障基本生活，加上还有在参军、从政和驻防等方面的种种便利，生活普遍好于同等的汉族人。在太平盛世，物质相对充裕的时候，汉人和满人的矛盾得到了稀释，没有爆发出来；当国困民穷、生活艰难的时候，民族矛盾越来越成为汉族人不满的重点问题。传统的农民起义领袖也好，新式的革命宣传者也好，纷纷抓住民族矛盾大做文章，争取支持。

在辛亥革命前后，革命党人宣传最多的还是民族革命，推翻满清统治，对其他革命主张宣传不多。原因就是民族压迫议题是一个堆满了硫磺干柴的房间，有一丁点火星就能烧起来。“反满”宣传容易发动百姓。而一般百姓，也将革命首先理解为推翻满族人统治。

乱象的另一个特点是外国势力入侵，抢占中国利权，殖民者压迫中国人，引发了中外矛盾。远的如输入鸦片毒害中国人，割占中国领土，掠夺中国白银也就不说了。清政府对外国势力从完全排斥，到羞答答地学习人家的器物技术，又到义和团时期的强硬宣战。八国联军用刺刀逼清政府签订《辛丑条约》后，杀戮了对外强硬的顽固派，扶持了外务部，并给清政府横加了强大的赔款和军事压力。清政府完全对外屈服，成了“洋人的朝廷”。清朝官吏遇到黄头发蓝眼睛的洋人，除了卑躬屈膝就是一味谄媚地点头说：“也是，也是。”

外国势力因此迅速在中国大地上蔓延，趾高气扬的传教士、外交官和水兵们横冲直撞。外资企业通过铁路和轰隆隆的火车，将中国的矿产、资源和劳动力掠夺走，输入鸦片和廉价的工业品。从 1903 年到 1911 年间，中国完工了许多干线铁路，在东北有东清铁路、南满铁路，在中原有京汉铁路、胶济铁路、正太铁路等，在南方有粤汉铁路、沪宁铁路、滇越铁路、广九铁路等，此外横穿华北通往西北的陇海铁路也通车了，构成旧中国的铁路干线，主导权和管理权都操纵在外国人手里。喷吐着浓烟的火车像一个个怪物，风驰电掣地奔跑在中国的广阔原野上，将沉睡地下千万年的财富抢走，彻底打碎了中国百姓田园牧歌般的自然生活。

志士仁人对外国势力侵略深恶痛绝："呜呼，铁路之于人国，犹静脉之于人身也。是故一县失其权则一县死，一省失其权则一省死，况全国南北（粤汉铁路）、东西（蜀汉铁路）交通之大关键乎？""经济上之竞争，其祸乃毒于政治上。何以故？譬之是犹人也，朝割其一手，夕割其一足，其人必痛，而其警醒也易，而其反抗之力大，而其人犹可以复生也。若举全身之精血而吸之，其犹茫然皇然莫知其由。"外国势力成了新的末世乱象和革命的对象。

中国曾经在历史上处于辉煌的顶点，强盛一时，傲视四海，如今突然跌落到谷底，成为列强争相欺辱的羔羊，其中的落差给中国人的心理带来难以抚平的创伤。这种心理落差很大部分转化为对现状和清政府的不满。

在种种因素作用下，1901 年到 1911 年，各地发生的民变超过了 1300 起，平均每两天半一起，其中既有抢米、抗税、兵变、盗匪、农民起义这样的传统王朝溃败的前兆，又有学潮、工人罢工、中外冲突和教案这样的新事端。光绪皇帝驾崩的时候，百姓们没有悲伤之情，生活照旧，很多人还抢在遗诏正式公布前剃发、嫁娶，北京城内鼓乐声昼夜不绝。这说明人们对皇帝的忠诚度已经很低了，朝廷的重大变故似乎与己无关。

李鸿章担任北洋大臣的时候，一次接待了一位入京陛见经过天津的巡抚。谈及边事，巡抚询问北洋水师实力如何。李鸿章笑道："苟延之局，何必认真。"说完，他苦笑着罚酒自酌："失言！失言！自己罚酒一卮。"李鸿章对时局看法清楚而悲观，认为在三千年未有之变局中朝廷处境危险，自己辛勤作为只不过是裱裱糊糊而已，维持着清朝这座纸房子不至于立即倒掉。可悲的是，发展到载沣时期，清朝统治阶层连这样的认识都不愿意有了。面对危局，他们像鸵鸟一样，把头埋进地下，不愿正视现实。

朝政舵手载沣话不多，口头禅是“照例”。重要节日如何庆祝，老爷生病了用什么药，小人们都不请示载沣，而是去找以前的做法，在载沣时期找不到就去找老醇亲王时期的做法，因为他们知道即使请示，载沣也是说一句：“照例，即可。”载沣刚上台时，还有些兴致，喜欢把奏折末尾恭维赞誉的套话浓墨圈点，后来懈弛得都懒得圈点了。浙江巡抚增韫举荐王丰镐为二品的交涉使，载沣批复“著照所请”。二品大员竟然连任命的圣旨都没有下发，朝野莫不怪诧。载沣还交办了一些密旨，办事之人经年累月没有答复，他也不过问或者干脆就忘记了。比如两广总督袁树勋被弹劾，载沣交瑞澂查办，朝野都很关注。瑞澂查复请旨，载沣在折子上还是写了那四个字“著照所请”，至于具体怎么办都懒得说。下面的大臣自然也就不敢查办。光绪、慈禧大丧，民政部、礼部各奏请奖赏有功办事人员超过百人，载沣还是“著照所请”。从此，各部门大开邀赏请封之门，导致官位和荣誉大大贬值。最滑稽的是，不同的奏折说的是同一件事情，但奏请不同的处理意见，载沣也都“著照所请”，让经办人员无从下手哭笑不得。庸官、小人便利用载沣的庸碌懒惰混日子、蒙事情。

宣统王朝是整个清朝政务办理最差的时期。载沣、奕劻等人视枢务为例行公事，一切墨守成规，批改奏章或者下发圣旨都让军机章京们按照之前的成案改动几个字了事，如果没有成案就让每个大臣各出己见，拼凑成文下发。载沣等人不求真正解决问题，只想着将政务处理干净，让清朝这艘破船继续航行下去即可。

载沣摄政之初，御史江春霖弹劾奕劻反被罢官。此后，监察部门凡是揭露问题、弹劾官吏的奏章，都被载沣扣留，石沉大海。御史们干脆噤不发声，一两个新进的年轻御史刚开始还恪尽职守，汇报实际情况，不过也很快沉默不语了——反正说了也没用，摄政王不需要听实际情况。朝臣不敢生事，都混吃混喝、尸位素餐而已，朝堂议事时万马齐喑、消沉一片。

载沣集团不愿面对残酷的现实，固执地认为把持住权力就能保住江山，终究要为此付出代价。

有个晚清的政治段子，生动地勾勒出了他们的面貌。载沣、载涛二人都嗜戏，载涛更以善演《盗御马》著称，经常召集家人串演。有一次，太福晋病重，载沣前来探视，在病房遇到载涛。兄弟俩见面，载涛马上拉住载沣说："正准备演《黄鹤楼》，缺一角色，二哥你来演周瑜正好。"载沣说："我从来未学过武生，你又不是不知。"老母亲听了，拍床怒骂："我都要病死了，你们还在歌舞娱乐，我死不瞑目啊！"

袁世凯"病退"

载沣掌权后，总做了些事情吧？他做的第一件真正有影响的事情，是斥退了袁世凯。

在 1908 年的中国，如果说掌权的载沣集团是保守、专制势力的代表的话，那么袁世凯就是体制内部寻求变革势力的代表，是清朝主动改革的旗手。前者不对清朝进行大的改革，或者说载沣他们找不到清朝的改革之路，而袁世凯从丰富的人生经验和政治阅历出发，倾向改革，推行改革。

袁世凯，生于 1859 年 9 月，河南项城人，字慰庭。他出生在一个军功世宦家庭，刚出生的时候前线传来了祖父辈的战斗捷报，所以得名"世凯"。家族希望袁世凯能在传统的科场上获取功名，为官宦人家增光添彩，父叔辈对袁世凯的学业督促甚严。无奈他生性顽劣，不爱读书，倒爱舞枪弄棒，骑马射箭，广交朋友，俨然是一副"失败者"的模样。不过，科场成功人士徐世昌在落魄的时候，偶然与袁世凯相逢，就认为他状貌伟然、气概不凡，他谈话后更发现他能纵谈当前国家大事，非常惊奇，就诚心诚意地和他交为朋友。

传统的科举仕进道路走不通了没关系，好在袁世凯所处的时代是乱世。他决心丢弃八股文章，在实际办事的道路上谋求成功。家族背景为他开启了良好的开端，22 岁时袁世凯前往山东登州，投靠嗣父的拜把兄弟、淮军大将吴长庆。吴长庆很照顾“世侄”袁世凯，立马给他安排了职位，不过对袁世凯的前途，吴长庆一开始也做出了错误的判断，希望能督促袁世凯好好读书考取功名，还让小有名气的幕僚张謇辅导他的学业。这对袁世凯和张謇两人，都是煎熬。所幸第二年（1882 年）朝鲜发生兵变，政局混乱，清政府派遣吴长庆率军对入朝平息事变。袁世凯随之入朝处理营务，有胆略，有机变，有权谋，整饬军纪，表现抢眼。吴长庆不得不承认，袁世凯去考八股文真是太屈才了，他天生是带兵打仗干实事的料。吴长庆奉调回国后，留部分军队给袁世凯；袁世凯被委派总理营务处，会办朝鲜防务。之后，袁世凯直接投靠淮系军阀首领、直隶总督李鸿章。1885 年，李鸿章荐举袁世凯负责“驻扎朝鲜总理交涉通商事宜”，作为清政府的全权代表处理中日朝三国关系。从此，袁世凯开始发迹，在对日外交、编练朝鲜新军等事务上成绩卓著，赢得了朝野的夸奖。

▲ 袁世凯穿晚清军装的照片

清朝在甲午战争中惨败后，朝野急需训练新式陆军。有新军编练经验的袁世凯成了当仁不让的负责人选。1895 年 12 月 21 日，袁世凯奉命到达天津小站操练新建陆军。这支最初 7000 人的军队后来发展为北洋六镇新军，成为当时中国最强大的武装力量。袁世凯给北洋新军装备了最先进的武器、教会他们最先进的战略战术，同时向官兵灌输了最落后最保守的思想，比清王朝教给旧式军队的“忠君爱国”思想还要落后和保守。袁世凯给北洋军队灌输的是忠实个人的私家军队思想，人人供奉袁世凯的长生牌位，视袁世凯为衣食父母，结果北洋六镇除了第一镇由八旗子弟组成、归陆军部直接管辖外，其他五镇都“只认袁世凯，不知有朝廷”。

紧接着的戊戌变法期间，袁世凯思想新颖，同情变法，练兵又卓有成效，受到维新派的重视。康有为希望借助袁世凯的军队发动兵变，消灭慈禧势力抬出光绪掌握实权。于是就有了谭嗣同秘访袁世凯策动他勤王，袁世凯当面慷慨答应转身就向荣禄告密、出卖维新派的经典一幕。这里面既有袁世凯并不赞同康有为等人激进变法的主观原因，也有袁世凯羽翼未丰不敢独自政变的客观原因。不过，前后这一切让慈禧误会了光绪，导致了光绪最后十年被囚禁的悲惨生活，也让载沣兄弟认定袁世凯就是出卖哥哥光绪的罪魁祸首、是挑拨帝后关系的奸佞小人。年轻一代的皇亲贵戚们恨透了袁世凯，比如载沣家的孩子们都痛恨袁世凯，看到袁世凯的相片，就用手剜去袁世凯的眼睛。

因为在戊戌变法中准确站队，袁世凯在义和团运动爆发后升任山东巡抚。他在山东镇压义和团运动，保护外国利益，让山东在八国联军侵略时期得以保全。他对于复杂局面的机敏处置，得到了中外一致肯定。李鸿章临终前向清廷保荐袁世凯："环顾宇内人才，无出袁世凯右者。"等于是将袁世凯推荐为自己的接班人。1901 年，袁世凯就被任命为署理直隶总督兼北洋大臣，第二年实授。晚清时期，中央权威衰落，地方督抚实权上升，而直隶总督兼北洋大臣是最重要的地方督抚。袁世凯在任上，抓住"新政"的契机，大刀阔斧地发展新式经济、社会事业，将原本并不发达的直隶建设成了新政模范省。他兴办了国有银行，从洋人手中回收或者自己开采矿山，支持詹天佑修京张铁路；广兴新式教育，中小学校在全省迅速铺开；建设现代警察制度，兴建发电厂、公交车和博物馆等。直隶在袁世凯主政之前近代工业资本不过区区数十万元，等他离任后超过了两千万元。袁世凯所驻的天津成为了清末新政的中心，从一座二三线城市跃升为北方经济中心和仅次于北京的政治中心。现代天津城的基础和众多人们习以为常的建筑、制度和事业都可以追溯到袁世凯主政时期。同时，袁世凯进一步推进军事改革，1903 年在他的建议下，清廷成立了练兵处，庆亲王奕劻为总理练兵大臣，袁世凯为会办大臣，实际负责练兵。北洋的势力进一步壮大。

袁世凯强大的政治势力和高超的政治手腕，他开明的思想和举办新政的巨大成绩，让他在新兴社会力量中间，在主张朝廷变革和立宪的力量中间，拥有很高的支持率。变革力量对袁世凯抱有深深的好感，比如立宪派领袖张謇就把袁世凯视作紧密的政治同盟者。

外国势力也对袁世凯的开明、变革形象非常认可。1908年，美国《民主与法制时报》的托马斯·密勒动情写道："现在的袁就是健康和精壮的化身。他目光炯炯，敏锐的眼神显示出了他身体的健康和心情的安定。在接下来的交谈中，袁说他每天清晨5点钟起床工作，一直到晚上9点钟才休息，其间只有短暂的用餐和休息时间，除非偶尔有别的任务让他离开日常工作。大清国缺乏能干的官员，这是清国政治中一个最大的缺陷，也使得大清官员中有限的几位先进人物都被委以重任，并不得不过度操劳。袁自己也承认了这点，然而他似乎不以为苦，倒更像是乐在其中。"《泰晤士报》文章则称赞："中国出现了改革的转机，大清国一个握有实权的改革家，他的名字叫袁世凯。"在重大问题上，外国人非常在意袁世凯的态度。

清廷原本就对中央权威失落、地方权臣势力上升的趋势很敏感，袁世凯的膨胀引起了清廷的忧虑。1907年袁世凯被慈禧明升暗降，但实力没有受到实质削弱。载沣上台后，权力之争和情感好恶缠绕在一起，袁世凯的处境危险了。虽然他还出现在一系列官方活动中，载沣接见外宾的时候还站在载沣的身后，但袁世凯日渐被排除在核心圈子之外。

载沣刚刚上台，肃亲王善耆和载泽就密告载沣："内外军政，皆是袁之党羽，从前袁所畏惧的是慈禧太后，如今太后一死，在袁心目中已经无人可以钳制他"，建议载沣迅速铲除袁世凯，不然"异日势力养成，削除更为不易，且恐祸在不测"。载洵、载涛等人要求杀袁世凯的原因则更简单：为亲哥哥光绪皇帝报仇！就连和载沣有过节的溥伟都拿着当年道光皇帝赐给他祖父的白虹宝刀，说要手刃袁世凯这个大凶巨恶。

载沣在众多因素推动下，迅速拟定了诛杀袁世凯的诏书，其中有"跋扈不臣，万难姑容"字样。载沣集团就等诏书颁布，坐看袁世凯人头落地了……

1909年1月2日，袁世凯顶着冰冷彻骨的寒风，迎着他人冷清的目光，像往常一样去内廷参加军机大臣议政。这几天的流言蜚语让他的心理忐忑不安。走到外殿的一处过道上，一名之前被买通的当值太监突然走到袁世凯的身边，轻声说：“袁大军机可不必入内，今日摄政王怒形于色，听说严惩谕旨即下，恐怕对袁大军机不利，宜早筹自全之策。谕旨如何严峻，则非我辈所能得知。”

袁世凯听后，方寸大乱。所谓的“严惩”，对高官显贵而言是抄家、流放甚至被杀的代名词。他赶紧折返出宫，失魂落魄地回到家中。稍微清醒后，袁世凯把幕僚、亲信都召来商议对策。情势危急，属下建议袁世凯赶紧乘火车前往经营多年的天津，投靠老部下、现任直隶总督杨士骧。袁世凯听后，立刻简单地收拾行装逃往天津。为防载沣在天津拦截，袁世凯没有在天津火车站下车，提前一站停靠，给杨士骧打电话，让他派人来接。杨士骧让袁世凯做好隐蔽，万不可让人看见。（也有说法是杨士骧怕因祸上身，避而不见。）袁世凯躲在火车上煎熬的时候，杨士骧派亲信带来了北京的消息，说：“罪只及开缺，无性命之虞。”袁世凯情绪这才稳定下来。

原来，朝廷内反对诛杀袁世凯的力量同样强大。军机大臣奕劻和大学士世续极力为袁世凯开脱，学部侍郎严修冒着极大的危险公开要求载沣收回成命，不被采纳后愤而辞职回籍。最后，张之洞半劝半吓地拉着载沣说：“杀了袁世凯，朝廷控制得住北洋军吗，万一军队叛乱了怎么办？”的确，袁世凯处境凶险的消息传出后，“北洋陆军，皆袁旧部，闻之大哗，个个摩拳擦掌，慷慨急难，几将肇绝大风潮”。载沣还真控制不住豺狼虎豹一般的北洋新军。张之洞趁机说，让袁世凯罢官回籍就可以了，这样一来便于安抚军心，二来彰显皇恩浩大。载沣这才把杀袁世凯改为罢官。袁世凯的脚不是残疾吗，那就提前退休，回家养伤去吧。

圣旨改过来了，可北京城里找不到袁世凯了。袁大军机失踪的消息在城中不胫而走，谣言四起，有人说袁世凯被秘密处死了，有人说袁世凯畏罪自尽了。大学士世续为袁世凯求情成功后，本想连夜去安慰袁世凯，得知他逃往天津后，赶紧给天津挂了长途电话，说：你逃亡是自寻死路，赶紧回来。世续担保朝廷不会严惩袁世凯，没有后续的迫害。[1]

1 有人说是张之洞给袁世凯挂了一个电话，说：皇上恩准你养病，你怎么不入宫谢恩啊？袁世凯闻言，恍然大悟，这才意识到情况没恶化到生死关头。

袁世凯的老朋友、英国公使朱尔典也派人来传递消息，担保袁世凯的安全。袁世凯这才决定立刻回京，预备第二天早晨入朝谢恩，不然怕引起更大的麻烦。张之洞听说袁世凯回来的确切消息后，心里的一块石头也落了地。他对左右调侃道："人家都说袁世凯不学无术，我看哪，他不但有术，而且是多术，你看他这次仓皇出走，能找的地方都找遍了，谁能知道他躲在哪里？我现在算是知道什么叫'术'了。"

第二天，袁世凯跪接上谕："内阁军机大臣外务部袁世凯，夙承先朝屡加擢用，朕御极复予懋赏，正以其才可用，俾效驱驰。不意袁世凯现患足疾，步履艰难，难胜职任。袁世凯着即开缺回籍养疴，以示体恤之至意。"此时此刻，袁世凯的委屈、不满和愤怒可想而知。在他年富力强的时候，在他成绩显著的时候，在他正想进一步作为的时候，突然被剥夺了工作的权力，而且被赶回老家。可就算有再多的怨恼，袁世凯还是要谢恩。幕僚代他写谢恩奏折的时候，当中有"属当宪政垂成之时，正值两宫升遐之日"二语。袁世凯对"宪政垂成"四字极为敏感。他和载沣除了私人恩怨，还有政见不同：载沣信奉绝对权力，倾向保守维持，袁世凯是革新和立宪的鼓吹者。敏感时刻，袁世凯怎好在谢恩奏折上再鼓吹"宪政垂成"，他赶紧取笔把这四个字涂去，换以"庶政待理"。

三天之后，袁世凯离开了北京。一般官员不敢前来相送，可依然还有杨度等人在风口浪尖上前来送行。不久，袁世凯一大家子人抵达河南，辗转汲县、辉县，最后选定彰德洹上村定居。此后，袁世凯在政坛上销声匿迹了两年多。袁系势力也受到清洗：直隶总督杨士骧在袁世凯被排挤后，忧郁异常，当年去世；邮传部尚书陈璧因为贪污受贿，被载沣"抓了典型"而遭革职；东三省总督徐世昌内调为邮传部尚书；黑龙江布政使倪嗣冲被查办；民政部侍郎赵秉钧被斥退；江北提督王士珍自请开缺……袁世凯培养的或者认同袁世凯革新思路的在朝势力，遭受重创。

但是，袁世凯并没有在社会上消失，依然是人们心中务实和革新的旗帜，在报纸杂志和人们的口耳相传中始终保持了良好的出镜率。有关袁世凯的新闻不断出现在大城市的报纸上，就连未经核实的有关袁世凯的传闻和那张明显"摆拍"出来的袁世凯蓑衣钓鱼的照片，都堂而皇之地刊登在头版头条。革新派和西方势力在他隐居期间，一直没有忘记他，关注着他的一举一动。时局越糟糕，人们对袁世凯的同情和期望就越深。

袁世凯在河南乡下隐居期间，表现得醉情田园无所作为，暗地里却与旧部以及北京、天津地区保持密切联系。当时还十分罕见的电报设备，在袁世凯的乡间居所就有一部。徐世昌、冯国璋等旧部还专程去乡间听袁世凯传授机宜。对于袁世凯说，也许在受载沣迫害之前尚且是清朝的忠臣，起码没有暴露出不臣的举动，侥幸存命后逐渐与清王朝离心离德了。在满汉矛盾紧张时刻，袁世凯被罢官难免在朝野汉族官吏的心理产生微妙的变化。

载沣斥退袁世凯，没有收到消灭仇家政敌的目的，反而助长了袁世凯在渴望变革的人群心中的影响和在西方势力脑中的分量，失败至极。载沣下了一步臭棋。

新政是清朝最后的机会

载沣主政，做的第二件事情是继续推动“新政”。

所谓的“新政”是相对于传统王朝的政策而言的。清朝面临着传统王朝没有遇到过的问题，一只脚踏进了近代另一只脚还踩在古代。一方面，王朝末世的内忧外患、财政窘迫、权贵无能、政治黑暗，清朝都遇到了；另一方面，近代的器物、制度、思想乃至社会形态，随着西方势力的进入，扑面而来。后者既是对清朝的严峻挑战，也给清朝提供了硕大的历史机遇，一个近代化的机遇，一个运用近代资源实现社会进步和王朝长治久安的良机。

八国联军用刺刀强迫清廷完全屈服的同时，清廷也在思想上被迫接受西方压倒东方的事实，承认西方列强的优越与进步。之前清朝体制内部人士开眼看世界也好，洋务运动也好，都是坚持中国文化和制度的优越性，只是学习西方器物的皮毛。1901 年后，中国从上到下承认西方的进步是全方位的进步，要全方位地学习西方的经济、社会和制度。慈禧太后高调宣布要奉行新政，希望通过向西方学习化解内外矛盾，维持统治。之后，新政在全国铺开，走得比慈禧太后亲手镇压的戊戌变法想走的还要远。

首先是清朝在外交制度和国际法上向西方靠拢——虽然这是被迫的；接着在国内“育才兴学”、“整顿中法”、“吸收西法”：奉行千年的重农抑商政策被更改，清廷鼓励工商业，尤其是近代工商业的发展，制定了专门的商业法律，消除了部分障碍。国内掀起了一股官办和商办企业的高潮。1911 年，中国的商税超过了 20700 万两，成为政府财政收入的主要组成部分，可见经济改革的成效。在教育上，科举制度于 1905 年在张之洞和袁世凯的联合奏请下被废除，取而代之的是全国推广的新式教育体制，朝廷并鼓励留学，对“海龟”人士量才录用。在社会领域，清廷进行了内政改革，设置巡警，改革司法。原先一本《大清律》囊括一切的局面被各种专业的法律所分割，并起码在审判程序上做到公平公正，让监狱看起来不再像是地狱。

改革，在中国是一件吃力不讨好的事情。清政府的最后十年在重重阻难中，取得了不小的成绩。一座座近代城市，如上海、天津、广州、武汉等拔地而起；一座座矿山、工厂、码头和车站得到了开发。中国社会出现了些许宽容、自由和发展的空气。1902 年清廷发出上谕，劝诫女子不要缠足。同年开放满汉通婚的禁令，随后对汉人开放了原先只能由满人担任的职位如将军和都统等。对于满族人被封固在某地只能驻防不能从事其他生产的“驻防制度”，清政府也废除了，授予旗人土地，责令耕种，让普通旗人们自谋生计。满人入关后驻防在各地，两百多年来世代为兵，大多数人连满语都不会说，和汉人已无区别。清政府破除满汉隔阂，对缓和社会矛盾大有益处。1906 年，清廷下令禁烟，还派出使臣与英国交涉禁止输入鸦片事宜。1909 年，上海召开了万国禁烟会，中国的禁烟运动得到了国际舆论的普遍同情。在经济和社会改革快速推进的同时，清朝对传统的内阁和六部官制进行了改革。虽然袁世凯等人倡导的废除军机处，施行责任内阁的主张被慈禧太后否决，但原来的六部被彻底重组，并裁撤了部分中央和地方机构——这在官本位现象严重的中国，是一个不小的进步。民政部、度支部、陆军部、邮传部、商部等新衙门纷纷成立，以便与新政相适应，也为了进一步推进改革。

难能可贵的是，清政府在社会、经济改革之后，把变革的矛头对准核心的权力结构，启动了政治改革。在一片立宪声中，1905 年清朝大臣满世界考察宪政，1906 年清政府颁发上谕，宣布“预备立宪”。虽然预备立宪的实质内容是“大权统于朝廷，庶政公诸舆论”这句话，而且预备期长达 9 年，表明最高统治者不愿意放弃绝对权力，可毕竟国家权力如何构建、如何制约在神州大地上第一次成为可以讨论的话题。很多国民热烈地参与权力话题的讨论。慈禧太后在逝世前几个月还颁布了《钦定宪法大纲》，在政治改革道路上迈出了更大的一步。

载沣上台的 1908 年末，新政事业已经进入到第七个年头，政治改革也已经开启了长达 3 年之久了。容易改革的、能改的，都改革得差不多了，剩下的都是硬骨头。被隐藏的问题和新冒出的问题也都粉墨登场了。整个改革进程进入到最为关键、也最艰难的阶段。

问题的根源和改革的焦点都指向专制皇权，专制政体受到越来越多的诟病。改革派认为要破除专制政体，皇权自实现我限制，希望仿效当时世界上多数国家建立君主立宪政体。

新政到底是王朝复兴的机会，还是将王朝推入覆灭深渊的凶手，就要看载沣等人怎么做了。

非常遗憾，载沣虽然有出洋经历，却对世界局势和洋务蒙昧不通。溥仪回忆说父亲载沣对那些曾被老臣们称为奇技淫巧的东西，倒是不采取排斥的态度，可他对新事物的态度也只是停留在不排斥的阶段，要他采用、推广新事物、新制度就超出他的能力范围了。一次，太福晋患乳疮，请中医总不见好，载沣就听从兄弟们的意见，请来了一位法国医生。医生打算开刀，遭到了醇王府上上下下的反对，只好采取敷药的办法。敷药之前，医生点上了酒精灯准备给用具消毒，载沣吓坏了，忙问翻译道：“这、这、这干什么？烧老太太？”载洵看他这样外行，忙对翻译摇头咧嘴，不让翻给洋医生听。因为载沣不同意，医生留下药就走了。后来，医生发现老太太病情毫无好转，觉得十分奇怪，就叫把用过的药膏盒子拿来看看。载沣亲自把药盒都拿来了，一看，原封未动，根本没给老太太敷过。同样，载沣对新政的理解也很浅薄，只是把它看作是慈禧既定的大政方针而已，照办就是了，至于如何把新政办好、如何创新，全然无知。

改革已经触及了核心权力结构问题，载沣等人却还在固执追逐绝对权力的政治理念。宪政的许多事务，比如国会、宪法和选举等，在载沣看来只是形式的不同而已，目的都要保持天赋皇权万世不变。载沣继续推进慈禧开启的新政改革，不紧不慢地推动着，呈现出复杂的矛盾心态。一方面，载沣集团也承认国事糜烂，必须变革，而变革必然要放弃部分既得利益，对新兴力量甚至敌人妥协；另一方面，他们不肯妥协退让，不肯将祖宗流传下来的权力、制度和政权付诸茫然不确定的变革洪流中。他们觉得可以妥协的内容，之前已经被慈禧做了，留下来的他们不愿意妥协。比如，他们觉得慈禧已经把消除满汉隔阂的改革都已经做了，至于剩下来的彻底废除八旗军队在全国要塞和重要城市的驻防、完全取消满族人的政治和经济特权，是不能碰的内容。也就是说，载沣集团守护着改革的硬骨头，自己不去碰也不希望别人碰。改革进入了蹒跚徘徊阶段。

慈禧在启动新政改革的时候，曾说："误国家者在一私字，困天下者在一例字。"多好的一句话啊！之后的改革表明，"例"倒是不断被破掉了，但"私"字一直存在满族亲贵的脑海中。

除了晚清末代统治阶层的顽固、保守外，新政改革还有两大硬伤。

首先，成功的改革必须是可控的，不能成为脱缰野马。遗憾的是，1901年开始的新政，是激烈的全面改革。清王朝在保守了几个世纪后，同时由于近代历次对外战争的失败导致政治权威极速衰落的情况下，突然走上了激烈的全面改革道路，经济、社会、文化、军事、法制和官职等各种改革齐头并进，新旧矛盾像火山熔岩喷发一般暴露了出来。内外交困的清政府不具备控制这场大变革的能力。这就像一条漏洞百出的航船，一边在茫茫深海中航行一边进行大刀阔斧的整修，不断出现新的裂缝和漏洞。所以说，大刀阔斧的整修是不明智的——但是不大修又不行，这是晚清政府主导改革的悖论所在。

载沣等人的集权思路，让晚清新政企图将久已散在地方的权力收回中央，扭转太平天国运动时就开始的地方壮大中央衰落的局面。比如载涛管理的军谘府剥夺了地方督抚的调兵权，练兵处收集全国之力编练北洋新军。又比如载泽掌握财权后推行两大政策：一是在各省设监理财政官，尽夺当地布政使的财权；一是在北京设立盐政处，尽夺各地盐政盐运使之权。政策的本意是加强中央集权，尤其是为中央谋财，可无端助长了朝廷和地方的矛盾，让原本就不和谐的中央地方关系紧张了起来。再比如官制改革中的设立责任内阁，虽然废除了每部各有一套满汉班子的制度，每部以一个尚书为最高长官，但新设立的十一个部众，汉人只占五人，比以前六部满、汉各一的比例还小了。朝廷本意可能是想改变满轻汉重的局面，结果是激起了汉族官员的不满。

其次，改革必须让多数人受惠。一个剥夺百姓来推进的改革势必不能长久。不幸的是，清政府是在八国联军侵占北京、国家衰微至极的情况下进行的改革，战争赔款和日常开支就让它喘不过气来了，新政所需的费用只能靠向老百姓征收额外的苛捐杂税来筹集。在镇压太平天国时期兴起的厘卡制度，不仅没有因为战争结束而撤销，反而越征越多。当时清廷和地方政府在传统的税收外，又增加了许多新的税捐，如粮捐、房捐、新捐、学捐、铺捐、膏捐、统捐、摊捐等等，这都以前所没有的，也是清末新政经费的一个重要来源。如袁世凯督抚直隶期间规定"每户售酒百斤，抽捐制钱一千六百文，并准其于常价之外，每斤增加十六文发售"。新政成了套在老百姓头上的一条新的紧箍咒——尽管它的长远效果对老百姓是有益的。

多数情况下，钱成了新政推进缓慢的主要因素。为了推进新政，更为了维持统治，新旧官府一心向"钱"。比如商部原为扶持工商业的衙门，有人愤而指出："自商部设立，而当事诸公，纷纷聚议，不曰开统捐，即曰加关税，不曰劝募绅富慨助巨金，即曰招来南洋巨贾责令报效……自有商部，而吾市井乃转增无数剥肤吸髓之痛。""自有商部，而吾商人乃转增无数剥肤吸髓之痛。"商部变成了向商铺和工厂强行摊牌、捐款的衙门，学部成了向学生和家长征收额外捐税的部门，于是各地涌现的百姓抗捐抗税、冲击新式学堂的行为也就有了合理解释。

在看似轰轰烈烈的清末新政中，占据人口 90% 以上的农民是沉默的大多数，他们对于新思想毫无认识，但对日渐恶化的生活状态感触尤深。人口的增长导致资源供给更加紧张，生活一天比一天艰难。国内官府压迫和外国势力侵入使得农村旧秩序正在消退，农民们渴望在动荡中寻得安定的新秩序。新政并没有带来新的秩序，带来的只有新的负担。没有人给广大农民在残酷的现实中提供生活的避风港，他们就等着陈胜吴广来挑头揭竿而起了。同样，占城市人口多数的贫民，也和广大农民一样，没有分享到新政的雨露，只看到多一项新政就多一重压迫。于是，人们对新政的反感就被体制外力量所利用，成了攻击新政的理由。比如 1909 年 1 月，清政府计划进行全国人口普查。这是预备立宪的需要。从技术层面来说，人口统计是推行选举的基础。应该说是一件好事，很有必要。在革命党人的鼓动下，普通老百姓理解清朝此举是清查“黑户”，是增加赋税的前奏。各地出现了抵制人口普查的骚动。

总之，新政对清王朝来说是一把双刃剑，既可能是它的救命稻草，也可能是它的催命咒符。从晚清的实践来看，新政的作用是后者。

孙中山先生在 1904 年指出：“满清政府可以比作一座即将倒塌的房屋，整个结构已从根本上彻底地腐朽了，难道有人只要用几根小柱子斜撑住外墙就能够使这座房屋免于倾倒吗？……显而易见，要想解决这个紧急的问题，清除妨害世界和平的根源，必须以一个新的、开明的、进步的政府来代替旧政府。”清政府的衰亡不是利用小修小补的新政可以轻易拯救或者衰亡的。载沣等人要想复兴祖宗基业，必须对王朝进行伤筋动骨的深度“新政”，遗憾的是他们不具备这个能力。

普通老百姓可不管你是新政还是旧把戏，他们关心的是日子怎么过下去、能不能过下去。日子已经过不下去了。到 1910 年前后，清朝建立已经超过 270 年了，评书和演义中的朝廷兴亡让他们知道，现在是“改朝换代的时候了”。

走向共和

中国变革的新力量、新选择

清王朝已经病入膏肓，传统的社会力量都找不到解决的方法：最高统治者不愿意做深入变革，体制内的变革势力被斥退，传统的士大夫阶层和农民大众不知道怎么变革——因为大家面临的问题是新旧交替的“三千年未有之变局”。旧路不通，寻找新路的重任就落在了新的社会力量身上了……

1905年，在一艘欧洲邮轮上有两位新派的中国乘客。一个是在反清起义失败逃亡欧洲的孙中山，另一个是在清朝驻法国公使馆当随员的张静江。张静江是朝廷命官，孙中山是朝廷钦犯。所以，孙中山躲着这个同胞，生怕张静江对自己不利。最后还是张静江主动拦住孙中山说，你就别躲了，我知道你是朝廷钦犯孙中山，你们造反肯定会遇到资金困难，我可以资助你们。这话说得孙中山惊喜万分，喜的是有人为革命雪中送炭，惊的是这人竟然是清朝官员。作为接受西方教育的新式知识分子，孙中山希望中国走上西方的民主共和道路。张静江也是中国新兴的社会力量。他是在近代发达起来的江浙巨商的子弟，花巨资买了一个道员当，不过他出洋当官的主要目的却是照顾张家在巴黎、伦敦、纽约等处公司的生意。和孙中山不同，张静江不愿意做职业革命家，却倾向推翻清朝建立共和国。后来，孙中山在窘迫之时尝试着向张静江发电求援，革命同志们都将信将疑。不想，张静江马上汇来三万元钱，之后陆续支援武装起义数以十万计，成为革命党人最大的幕后资助者之一。

这个故事可以说明：中国新兴的各个阶层经历迷茫之后，最终选择了推翻朝廷、救国图存的道路。

洋人不是好东西

近代以后中国历史与古代历史最显著的不同是它是一个“全球史”。中国的命运和世界的运动，和其他国家的力量盛衰紧密联系在了一起。西方列强涌入中国，给清朝带来了近代经济、科技和制度等等，也创造了新的社会力量。清王朝再也不能像之前一样关起门来独善其身了。遗憾的是，在近代对外交往中，中国是一个“受害者”。近代西方势力在中国的形象，就像那块挂在上海外滩公园的牌子“华人与狗不得入内”一样，傲慢蛮横、欺压中国人、剥夺中国人的尊严，成了寻求变革的中国人要打倒的对象。

“华人与狗不得入内”这块牌子很能激发中国人对洋人的愤怒，也折射出洋人形象在中国的变迁。

当时上海公共租界外滩公园不让中国人进入，同时期禁止中国人加入的外国人专用场所还有不少，著名的跑马场、英国总会、德国总会等娱乐场所都禁止中国人入内，从来没接受过华人做会员。租界的电车也分头等、次等车厢，前者由洋人乘坐，后者专供中国人乘坐。为什么独独外滩公园的这一条规定，掀起了中国人的怒火呢？

因为各国总会和跑马场是私人经营性场所，采取会员制，人家不吸收中国人入会，这是人家的权利。但是外滩公园是负责租界市政建设的工部局修建的，经费来自租界的税收。华人占公共租界纳税人的多数，也就是说公园修建的经费主要来自华人。同时，外滩公园的英文名称是Public Park，意思是公共花园。既然是“公共”的，它应属于整个租界的居民共有。用中国人的钱在中国人的土地上造的公园，而且还标明是“公共”的，为什么就不能让中国人进入呢？

1885年，工部局打算扩建外滩公园，遇到了中国人的第一次抗议。唐茂枝等8人联名给工部局写信：“中国人与外国人在使用公共花园方面遭受到不同的对待是令人不满的，希望工部局想些办法来消除这种招人怨恨的矛盾。”他们指出：“工部局拒绝华人入园，仅仅是从种族方面来区别，这不管以权宜之计或国际礼仪作为理由，都是站不住脚的。”

唐茂枝等8人的身份很能说明问题。唐茂枝是怡和洋行的买办，其余7人或是海关总翻译，或是房地产富商，或是教堂牧师，总之都属于“上等华人”之列。在上海这座由小渔镇发展为远东大都会只花了半个世纪的爆发型城市中，唐茂枝等人是身份尴尬的一群人。他们既不属于传统的“士农工商”中的任何一类，是传统社会分类以外的群体；他们的身份和财富来源于洋人的事业、依附于洋人，可又不被洋人所接纳和尊重。最让唐茂枝8人气恼的是，外滩公园向日本人和朝鲜人开放，就是不允许他们这些喝咖啡吃黄油面包的新派中国人进入！总之，他们迫切希望能在变化的社会中得到认同，找到属于自己的空间。唐茂枝等人在抗议的同时建议工部局给那些“高贵阶层的中国居民”发券，允许他们入园。

西方势力进入中国，培养了一批处境和唐茂枝类似的社会新力量。他们的抗议得到了新兴力量的声援。《申报》连篇累牍报道此事，上海的华商团体也为此联名上书工部局。最终，工部局在压力下同意外滩公园从1886年5月起有条件向中国人开放，让华人凭券入园。

华人进入公园后，因为素质欠高，做了许多违反公德的事，激起了外国游客的抗议。1890年，管理公园的“上海公共娱乐委员会”向工部局报告说，有中国人在游园券上弄虚作假，更改券面日期（游园券有效期只有一周）。华人入园后，“有挟妓以入者，此已犯西人之所忌，而妓又爱花成癖，往往一见鲜花，必欲折取”。“中国人入适园后，往往不顾公益，任意涕唾，任意坐卧，甚而到于大小便亦不择方向……”在租界的华人公园开放后，有华人游客“一人欲独坐一凳，不肯与人共坐……巡捕遂斥此人之非是，彼即骂詈不绝。又有游园诸华人见此人与捕忿争，亦不问事之是非，咸助此人，大有与捕为难之势”。工部局决定收紧入园券发放的范围，限制素质低下的华人入内。为了分流华人游客，工部局将苏州河边一片河滩改建为华人可以随便进的“华人公园”。华人公园虽然设备简陋、环境卫生也差，但此后华人的抗议之声就基本平息了。

这就是整个上海外滩公园接纳中国人入园与否事件的来龙去脉。

那么，这一件被租界当局及时平息的“群体性事件”为什么在近代中国人语境中就成了外国人欺压侮辱中国人的典型案例了呢？

争论的焦点是那块“华人与狗不得入内”牌子。有许多人，包括近代名人，都言之凿凿地声称看到了类似内容的警示牌。同时也有许多人否认在公园看到过类似的牌子，后人也找到类似的实物或者当年的老照片、老报纸来佐证。租界当局是否出示过这块警示牌就成为争论的焦点。查 1885 年的《公共租界工部局巡捕房章程》，其中的第 24 项第 1 条说“脚踏车及犬不准入内”，第 5 条说“除西人之佣仆外，华人一概不准入内”。有人就说可能后人将这第 24 项的其中两条规定合二为一，得出了洋人将狗和华人并列的结论。在民族主义情绪的刺激下，人们很容易从中品出辱华的味道，把繁琐的规则演变为简单的“华人与狗不得入内”。1928 年，面对中国人汹涌的抗议浪潮，租界工部局宣布：外滩公园对所有中国人开放。但是为时已晚，“华人与狗不得入内”的恶劣印象无法从中国人脑海中抹去了。

必须承认，西方列强在中国还是干了许多好事的。最明显的表现是中国兴起了近代经济。先是中国人简单模仿西方，建造星星点点的近代企业，进入 20 世纪后近代经济在华取得了突飞猛进的发展。1905 年到 1911 年七年时间内，中国近代经济的投资总额同以前 30 年的总和相等。投资的对象，面向国内市场的棉纱、造纸、面粉等行业遥遥领先。从 1895 年到 1913 年，中国民族工业的发展速度年均 15%，比第一次世界大战期间的发展速度还略高一点。而在第一次世界大战期间，趁着列强无暇东顾，中国的民族资本主义迎来了一个黄金时期，1912 年到 1920 年的发展速度为 13.8%。近代经济发展的直接结果是让中国社会出现了一群“新”人，他们抓住中外通商契机进行中外贸易、或兴办近代工商业、或给外国势力打工做中外沟通的中介，富裕起来。他们被称为民族资产阶级、近代工商业者、绅商或者买办阶层。

西方人还告诉晚清的人们，地球不是方的而是圆的、打雷不是雷公在发威而是一种叫做电的物质在碰撞、清朝只是世界上的一国而不是全部，等等。他们又告诉中国人，妇女是可以不缠足的、有的国家是没有皇帝的、国家和王朝是两码事情、人生下来虽然物质上不平等但在精神上是绝对平等的，等等。闻所未闻的思想文化冲击着中国人的心灵，加上新式教育的推广，西方势力在中国培养了一批新式知识分子。这些读书人不再像祖父辈那样苦读四书五经、钻研八股文，自然也就不再以科举考试和做官为唯一的出路。他们有的参与新式事业，有的继续出国留学，有的成为买办或者官员的对外幕僚。因为中国新式教育的蓬勃发展是在新政之后，所以事实上，中国新式知识分子多数都还是学生——想一下，短短的十年时间，刚好可以把一个懵懂的少年儿童教育成为独自思考的青年，却来不及让他们进行社会角色的分化。他们比新兴富裕阶层年轻，思想活跃，更容易接受变革。

新的富裕阶层和读书人的出现，表明一向高度官僚化的中国社会松动了，出现了传统体制囊括不了的新力量。他们的财富和知识不是依附朝廷得来的，这让朝廷非常担心。更担心的是他们学会了独立思考，比如抗议外滩公园不向华人开放的那批“上等华人”头脑中就有“反抗不公”和“正当权益”的概念，进而发出了自己的声音。这对坚持绝对权力的清朝统治来说是个噩耗。最终，这些富裕阶层和读书人，不能被传统体制所包容，自身权益又得不到舒张和保障，都走到了朝廷的对立面去了。我们会发现，改良也好，革命也好，新兴阶层都是运动的精英。

话说西方势力在中国客观上做了许多好事，催生了新兴的社会力量，传播了近代科学文化，带来了丰富多彩、光怪陆离的新生活，应该能让中国人产生好感。的确有很多中国人对西方人和西方文化抱有好感。开风气之先的上海人在 19 世纪都以西化为时髦。洋人在上海举行的各种运动，虽然不对华人开放，依然有许多华人欢天喜地去观看。比如跑马场赛马，上海人倾巢出动，万人空巷，连附近的苏州、杭州、嘉兴等城市的人们也不顾劳顿，奔波赶来。由于观众实在太多，那些简易的看台常常发生倒塌伤人事故。租界的重大庆典，比如法国国庆、英女王登基等活动，上海人均踊跃参加，积极性比庆祝慈禧的生日要热烈得多。长三角地区许多人千方百计移居租界，投奔相对自由宽松和富裕的生活环境。1883 年，上海《申报》刊登《论引见验看代以照相说》一文，主张把朝廷选拔官吏时不必再让候选者亲自到被京“验明正身”，改为查看候选者的照片即可，希望以此杜绝官场上的行贿受贿现象。

然而，进入20世纪，情况大不相同。洋人的形象大幅下降。

这完全是西方人咎由自取。西方势力的进入，刺激中国社会进步只是“副产品”，他们是带着枪炮、抱着获利的目的来的。西方列强在对华问题上坚持两点：第一是坚持维持和扩大在华特权利益，包括广被中国仁人志士诟病的治外法权、租借地和耀武扬威的驻军权等等；第二是欧美始终不愿意一个强大、平等的中国的崛起，幻想中国永远被他们剥削、掠夺和“教导”。这就导致国内排外情绪在逐渐积累。有趣的是，依靠西方势力产生、之前还以西化为时髦的新兴阶层，如今走到了抨击洋人的队伍前列。

在畅销的政论小册子《猛回头》中，留学日本的新知识分子陈天华激愤地列举了列强的罪行：“海禁大开，风云益急，来了什么英吉利、法兰西、俄罗斯、德意志，到我们中国通商，不上五十年，弄得中国民穷财尽。这还罢了，他们又时时地兴兵动马，来犯我邦。他们连战连胜，我国屡战届败，日本占了台湾，俄国占了旅顺，英国占了威海卫，法国占了广州湾，德国占了胶州湾，把我们十八省都画在那各国的势力圈内，丝毫也不准我们自由。中国的官府好像他的奴隶一般，中国的百姓，好像他的牛马一样。又有那一班传教的教士，如狼似虎，一点儿待他不好，使办起教案来，要怎么样，就怎么样。我中国虽说来曾瓜分，也就比瓜分差不多了……可怜北京一带，被八国杀得尸体遍野，血流成河，足足杀了数百万。俄国乘势占了东三省，无故的把六千人赶入黑龙江。”面对这些血淋淋的事实，西方势力不仅不思考如何修复与中国的关系，平息中国人的愤怒，反而变本加厉地从中国窃取利益。租界是越来越多、越来越大，一批批的矿藏和宝物被装船运往海外，一队队中国人被捆绑着押上海外苦役的道路。

主管开平煤矿的张翼原本在醇亲王府饲马，是两代醇亲王奕譞、载沣信任的人。八国联军侵华期间，北方局势动荡，开平煤矿不稳，张翼忧心忡忡。英国人利用张翼不懂洋务，采取坑蒙拐骗的手法，骗得张翼将矿产以极低的价格卖给英国人，“得以保全”。舆论大哗。朝廷也逼张翼去伦敦诉讼，要求赎回开平煤矿。载沣监国后，张翼仗着载沣的信任，颠倒黑白，吹嘘自己“中外合办”煤矿的功劳，还进一步将开平附近的唐山、西山、半壁店、马家沟、无水庄、赵各庄、林西等处地脉相接的矿产以及秦皇岛通商口岸附近土地，承平、建平等地金矿银矿，都交给英国公司经营。河北士绅联名反对，要求惩办卖国贼张翼。载沣念旧，加上老福晋在一旁说张翼的好话，他非但没有惩处张翼，还追认了张翼的卖国行为。清朝自办矿务以来，开平周边矿产获利最多，最后竟然被英国人侵吞，有识之士莫不扼腕叹息。

20 世纪初的世界，是一个殖民的世界。西方列强争相瓜分殖民地，弱国坠入苦难的深渊。有识之士放眼望去，不能不对中国的前途忧虑万分——尤其是东亚邻国纷纷成为列强殖民地后，也断不会对西方列强产生好感——谁能保证列强明日不会瓜分中国呢？随着欺辱凌掠日重，国家危机日深，洋人成了新的斗争对象。自然，洋人乘坐养车，用“文明棍”敲打被大车压弯身子的中国车夫的后脊梁骨，催逼加快脚步的镜头，成了中国人爱国主义教育的经典反面教材。

革命党人疾呼：“以吾四万万之同胞，脑量不减于人，强力不弱于人，文化不后于人，乃由人而降为奴，是稍有人血人性者所不甘，而谓我志士而忍受之耶？以此原因，睹外患之迫在燃眉，遂不能不赴汤蹈火，摩顶断脰，以谋于将死未死之时。”最终，西方势力进入中国既推动了社会进步，也因为压迫行为产生了反抗。1903 年，广东人温生才在南洋锡矿做工，一次遭到技师无理鞭打。他愤怒地说：“你是人，我也是人，凭什么打人？瞧不起弱国国民吗？”温生才挥拳将那个技师打得血流满面而逃。

李达回忆自己 1905 年进入新式学堂读书时的情景说：“十五岁的时候，我考入一所享受公费待遇的中学，并开始接触一些新的知识，逐渐知道一些国家大事。如从看地图中，知道过去常常谈论的‘洋鬼子’国家就是英、美、德、法、意、日、俄、奥等国，他们都是侵略中国的；中国的贫穷落后是由于政治的黑暗，清廷的媚外……开始有了一点爱国观念，知道爱国了。”这种敌视、反抗情绪将伴随着中国人度过 20 世纪的前期。

没有根的反叛者们

新兴社会力量的政治倾向具体如何呢?

之前中国历史上是没有专门的工商业者群体的，即便是少数人通过工商业暴富了，他也会选择将财富消耗在购买田地和建造园林豪宅方面，自我改造为一个大地主。朝廷也将工商业视作“盆景”，赏玩而已，断然不会让“盆景”成长为参天大树的。历史上出现过多次朝廷镇压大工商业主的案子。但是，如今新兴的富裕群体是通过近代工商业致富的，要想转身去做地主，难度很大。而且接受了新思潮的他们也不愿意像祖辈那样做个地主。比如，江浙是鱼米之乡，自古盛产巨富。在光绪朝之前，江浙财阀闷头发财，不多说话，不过问政治，衙门吩咐什么事情就恭敬地听着。而成长于光绪朝的江浙财阀们，思想新潮，发现自己的利益和朝廷的利益不尽一致，又感慨国事日非，开始小心翼翼地涉足政治。在戊戌变法、创办新式学堂等活动中都有他们的身影。参与的政治实践越多，他们对清朝的所作所为就越不满，胆子也就越大。比如出生在 19 世纪后期的张静江就是浙江南浔巨富子弟，资助孙中山起义。同是南浔巨富的长辈庞云鏳望子成龙，向清廷献银十万两“报效”，给儿子庞青臣买来了朝廷的嘉奖和官职。庞青臣拒领奖赏，对顶戴花翎不屑一顾，还改名为“青城”表示不做清朝的臣民。后来，庞青城也走上了资助革命的道路。大革命发生的时候，上海周边的起义军军械和物资，多半是由江浙巨富们资助的。

如果说新兴富裕阶层还是偷偷摸摸、遮遮掩掩地“反叛”朝廷的话，那么年轻学生们的离经叛道就显得直白、激烈和沸腾得多了。

新政废除科举、鼓励留学后，中国的年轻人多数进入新式学堂，或者漂洋过海，去学习近代知识。新式学堂的学生人数从 1902 年的 10 万人增加到 1912 年的将近 30 万人；而在中国留学生最多的日本，中国学生在高峰时维持在七八千人的规模。他们是中国人数最多的新力量。这些洋学生们接受了西方思潮，不可能再按照朝廷所希望的忠君报国的条条框框生活了。国家的贫弱和危亡，使得反叛情绪和革命思想在年轻人中间半公开地传播——在官办的新式学堂中、在留学监督的眼皮底下传播。1910 年前后，年轻学生们传阅的是《中国日报》(香港)、《国民报》(日本东京)、《苏报》(上海)、《警钟日报》(上海)、《湖北学生界》(东京)、《浙江潮》(东京)、《江苏》(东京)等报刊以及邹容的《革命军》和陈天华的《猛回头》、《警世钟》等鼓吹革命的小册子。一队队少年，满怀美好的憧憬进入学堂，毕业时大多是新锐激愤的反叛者了。

1900 年，年仅 13 岁的福州少年林觉民在科举考卷上留下“少年不望万户侯”7 个大字，毅然决然地退场。进入全闽大学堂后，林觉民不止一次地声称：“中国非革命就不能自强。”有一天晚上，林觉民慷慨激昂地当众评述时局，说到沉痛之处拍案捶胸、声泪俱下，听众无不动容。该校的学监恰好听到，忧心忡忡地对人说：“亡大清者，必此辈也！”留学生们在国外，做得就明目张胆多了。日本留学生监督姚某，拖着一条辫子对学生颐指气使，管束很多。他的保守思想和留学生们格格不入。青年学生们就想寻机惩治他。一天，学生们堵住姚监督，邹容抱住他的腰，张继捧头，陈独秀挥剪，咔嚓一声剪下了姚监督的辫子。三个血气方刚的少青年，顿时成了留学生们的英雄。

1903 年的“据俄事件”让留学生们对朝廷普遍失去了信心。事情的起因是：沙俄趁八国联军侵华，趁火打劫，出兵占领了东北地区，赖在那里迟迟不肯撤兵。1903 年，东京留学生组成了拒俄义勇队，抗议沙俄霸占中国领土，还选派代表回国运动。此时的留学生还对清政府多少抱有希望，希望政府能够支持他们的爱国举动。不想，上海的《苏报》刊载了一封密电以及清廷的一道密谕。在密电里，驻日公使蔡钧指称留学生“名为拒俄、实为造反”。那道密谕更电令两江总督严拿归国留学生，“即行正法”。官府对留学生组织这样新生事物心怀疑虑，采取镇压态度，彻底冷了年轻学生的心。这样的政府还有什么值得留恋的呢？因此，尽管清政府也意识到要笼络留学生，为朝廷所用，尤其是要拉拢留学生中的精英分子，朝廷每年举行考试，对通过考试的留学生授予等同翰林、进士、举人等的出身，但并没有招揽到什么人才。绝大多数留学生都没有，也拒绝进入王朝体制，为朝廷所用。除了少数信奉“堡垒最容易从内部攻破”而混入王朝体制中的革命者，比如徐锡麟、吴禄贞等人外，多数为清政府任用的留学生是滥竽充数的平庸之才。北京曾出现过翰林不识字的笑话来。光绪末年，一位留学生归国被授予翰林职位，竟然将“秋辇”读为“秋辈”、“奸宄”读为“奸究”，真实学问如何可想而知。

必须指出的是，留学国外的读书人也好，国内兴起的富裕阶层也好，几乎都没有对西方思想文化，尤其是西方政治有深入的了解，更谈不上研究了。留学欧美的中国人以学习理工科为主，留学日本的中国人虽然很多进入法政专业，但一来日本为了接收中国留学生专门设立的各类“速成学校”的教育质量很成问题，二来大多数留学生不是流连在勾栏酒肆和艺妓的怀中，就是将主要精力放在社会活动和激烈的批评中，没有沉下心来认真学习、思考和研究。国内依靠西方势力富裕起来的群体，都是从直观的接触中认识到西方器物文化的好处，痛陈国内的黑暗与落后，但对中外制度的深层次利弊、对中国到底应该走向何方，他们并没有明确的认识。除了极少数人对西方政治真正有研究外，比如孙中山和宋教仁等，多数人只是接触了西方政治的皮毛而已。另一方面，近代工商业者也好、新式教育下的年轻人也好，对中国现实的了解也非常有限。不像他们从土地中走出来又回归土地的祖父辈，工商业群体的事业是近代的、西方的；不像读着四书五经去考试做官最后回乡当绅士的前辈读书人，新一批的读书人旧学根底薄弱了许多，加上年轻，也谈不上有什么社会阅历。他们可能知道土壤的酸碱度问题，却不了解土地对中国人的重要性；他们可能知道京杭大运河的长度，却不明白有多少人（漕帮、盐商、水手、商贩等等）靠着这条河吃饭；他们可能同情干旱地区农民的极端贫困，却搞不清楚他们为什么要排斥去帮助他们的神父和修女们。中国的实际情况错综复杂，身处其中几十年的聪明人，如李鸿章、张之洞之辈，都感叹没有真正了解实情。接触了几年洋人活着、读过几年洋学堂的新人们，更不能说了解中国实情了。最后，这些新兴群体，游离在西方理论和中国现实之间，两边都不靠，成了没有根的人。而这些人中恰恰产生了革命的领袖和精英。

对于一个体制来说，不能包容新出现的社会力量，是非常危险的事情；而这些新兴力量走到了旧体制的对立面去，是非常可怕的事情。清王朝不能赢得新兴力量的效忠，于是社会呼唤着一场大的变革。

体制内外的变革路径

中国社会不变是不行了。围绕着“变多变少”、“怎么变”的问题，中国的政治力量分化组合为四大派别。

摄政王载沣代表了满族亲贵和保守派官僚的利益。他们也承认国家出了问题，需要变革，但是只愿意在保证皇室绝对权力的前提下，进行可以控制的、有限的变革。他们掌握着国家的大权，指挥着灾难深重的中国蹒跚前行。

被载沣斥退的袁世凯则代表了王朝体制内寻求变革的开明势力。他们认为小修小补已经挽救不了危局了，因此要进行大规模的、深层次的变革。西方社会表现出来的软硬件的优势，值得中国学习。袁世凯掌权时期，就推动废除了科举制、鼓励民间办厂、改革官吏考核制度，还推动官制改革，企图废除军机处设立责任内阁。在开明和保守两派势力的争斗权衡中，有些变革启动了，有些变革则夭折了，但阻止不了越来越多的人加入开明势力的阵营。这其中有和袁世凯一样在仕途中摸爬滚打上来的实干人物，更包括了许多新兴的富裕阶层。国内工商业阶层，多数支持开明势力。毕竟，旧体制进行改革更新，总比用暴力手段锻造一个新体制，对社会的损害要少得多，也符合工商业发展的利益。比如著名实业家张謇就支持袁世凯，是开明势力的重要成员。

张謇，1853 年出生于江苏南通一个普通人家，早年曾在吴长庆军中做幕僚，因此短期做过袁世凯的老师，后来离开军营回乡应试。他文名出众，科场却不得意。翁同龢、潘祖荫等人对张謇一心提携，多次想在科举考试中拔他为状元，不料都误把他人卷子认作张謇的卷子，反而让张謇蹉跎了几年。1894 年，张謇终于考中状元，授翰林院修撰。甲午战争中，张謇因父丧循例回籍守制，萌发“实业救国”的念头，创办了大生纱厂。从此，他弃官经商，一口气创办了多家实业，兴建了港口，资本不断积累。南通因此成为我国早期的工商业基地，城市面貌和社会风气焕然一新。

▲ 张謇

张謇等新兴力量和袁世凯等实权人物相互结合，使得开明势力虽然不能掌权，但社会影响不降反升，始终是潜伏在体制内部的暗流。在他们看来，国家贫弱的根源在于“宪法未立”、“民权未伸”，而解决之道就是“立宪”，建立国会奉行宪法，让中国成为宪政国家。对于皇室，他们不反对，更不会推翻，因为当时世界上多数国家还是君主国家。大多数君主国，尤其是富强的君主国家，比如日不落帝国英国和立宪成功的日本都是君主国家，所以张謇他们希望中国也朝着君主立宪的方向发展。这一派因此也可以被称为“立宪派”。

载沣、袁世凯两派都是提倡在体制内进行变革的力量。而在王朝体制之外，梁启超等人要求和平改良，孙中山则代表对清王朝完全失望、要求用革命推翻旧有体制的力量。他们两派因为和朝廷有直接冲突，在国内难以立足。1904 年，清政府允诺在国内实行改革，以慈禧七旬万寿的名义下诏赦免了一大批人。诏书说：“从前获罪人员，除谋逆立会之康有为、梁启超、孙文三犯，实属罪大恶极，无可赦免外，其余戊戌案内各员，均著免其既往，予以自新。曾经革职者俱著开复原衔，其通饬缉拿，并现在监禁，及交地方管束者，一体开释。”

在三个“罪大恶极”的人物中，康有为和梁启超先登上中国政治舞台。他们二人都是“半新不旧”的知识分子，都是从儒家经典转向西方政治的一代人。康有为，1858 年生，广东南海人。他在 20 多岁后开始接触西方学说的中译文，又亲身游历了香港，有感于西方的强盛和优越，开始钻研西学，提倡变法图强。梁启超，生于 1873 年，广东新会

▲ 康有为

人。梁家是耕读世家，梁启超从小聪明好学，有“神童”美誉，12岁就中了秀才。17岁又中了举人。因为仰慕康有为，中了举人后的梁启超不顾世俗偏见，拜还是秀才的康有为为师，跟随康有为鼓吹变法维新。从此，“康梁”成为维新变法运动的领袖和一代知识分子的代表。

戊戌变法中，康梁和慈禧太后爆发了激烈的权力冲突，导致变法失败，戊戌六君子就义。康梁难以在国内立足，不得不流亡海外。他们的政治主张其实与立宪派没有本质区别，但是比立宪派激进、高调，又被排斥到体制之外，走上了不同的发展道路。

流亡后，康有为影响降低，梁启超后来居上，成为体制外立宪改良势力的领袖。

康有为此人恃才傲物，自信、自负到刚愎自用。康有为的文章、言行多有夸张，章士钊认为这是其性习使然，又系政治作用为之也。他以为“南海诗文，向欠洗伐之功，笔端起处，即倾河倒峡而出；其勉强趁韵处，往往活剥生吞，无暇咀嚼，以诗律言，诚达不到一个细字”。变法时候流亡海外后，康有为对光绪皇帝感恩戴德，在海外组织保皇会，鼓吹保皇，又把自己包装成当代孔子、圣人，逐渐失去人心。梁启超不再热心保皇，和老师分道扬镳。他花大量精力研究西方政治，提倡君主立宪制。梁启超着眼于普通中国人的素质提高，认为国民文明程度的高低决定国家的兴亡。当时中国人智慧不开，缺乏现代意识，迫切需要进行教育提高。“新民为今日中国第一急务。”于是，梁启超创办和主持《新民丛报》，批判中国人思想落后素质低下的同时，普及近代政治文化思想。他是支持君主立宪的，但觉得中国人还没有实行宪政的心理和能力准备。

尽管身处体制内外，国内立宪派和海外梁启超等人的思想本质是相同的。从1903年开始，国内有张謇，海外有梁启超，发起了君主立宪运动。1905年底，清廷派载泽、端方等五大臣出国考察政治。五个人考察了一圈，不知道如何写考察报告，竟然找上朝廷的通缉要犯梁启超，请梁启超做枪手起草考察报告。梁启超欣然接受，系统提出了实行两院制、责任内阁制和地方自治制的政治主张。梁启超同时指出中国人民智未开，立宪过程不宜过快，新宪法的程度不能太高，可以缓慢推进。这份报告得到了包括慈禧太后在内的最高层的认同，之后清廷的“预备君主立宪”基本照搬了梁启超的建议，只是在速度上更加缓慢，释放的民权更加微弱而已。朝廷钦犯竟然主导国家政治改革，这可以说明晚清历史是多么复杂，多么有趣，也表明立宪派的主张很有市场。

▲ 梁启超

另一个朝廷钦犯孙中山，各方面都更像是“钦犯”。

孙中山生于1866年11月，广东香山（现中山市）人。他原名孙文，字逸仙，流亡日本期间曾化名“中山樵”，后来就用化名为称呼，被人称为“孙中山”。孙中山出身农家，小时候没有条件接受系统的儒家教育，却在13岁时因为哥哥孙眉在美国檀香山务农致富而移居檀香山生活。从此，孙中山接受了系统的西方教育，深信民主共和，一度还准备加入基督教。他是全新的知识分子，在之前中国历史上找不到类似的群体。连孙眉都对弟弟的西化倾向感到担忧，将孙中山强行送回国内。

返回家乡后，孙中山对故乡的落后和同胞们的愚昧无法忍受，和好友陆皓东一起捣毁了家乡的神像。结果，孙中山两人为父老乡亲所不容，被迫避走香港。1892年，孙中山在香港结束学业，专业是西医，此后在港澳和广州等地行医和活动。年长后的他，开始参与政治活动。孙中山一度倾慕康有为的维新变法主张，但因为康有为自大自狂，要求孙中山拜为门生，两人没有进一步接触。孙中山又寄希望于朝廷权臣主动

▲ 孙中山

改革。1894 年初，孙中山起草了上李鸿章书，希望国家“人能尽其材，地能尽其利，物能尽其用，货能畅其流”。他说：“此四事者，富国之大经，治国之大本也。”是年春夏之交，孙中山和陆皓东一起从广州北上，费尽周折找到关系把建议书交到了李鸿章手上。李鸿章当时是直隶总督、北洋大臣，手握重兵，正忙于一触即发的中日战争。他并没有接见默默无闻的年轻孙中山。上书的建议也就石沉大海。孙中山失望之际，清军在中日战争中溃败的消息再次袭来，他对朝廷的自我变革彻底失去了信心。孙中山悄然前往檀香山，着手组织革命团体，开始职业革命家的道路。1894 年 11 月，孙中山成立了兴中会，提出了“驱除鞑虏，恢复中华，创立合众政府”的秘密誓词。朝廷不可救了，那就推翻它再造一个新天地。先后加入兴中会的有 126 人，大多是富裕华侨，身家顾虑较重。他们有爱国心，也同情革命，但不赞成孙中山采取激烈行动。第二年初，孙中山来到香港，同杨衢云的辅仁文社联合，成立兴中会总会。它的成员主要是新式知识分子和传统的会党分子，态度比较激进，开始采取实际行动：武装反叛朝廷。此后的十多年，孙中山筹措经费，组织武装，发动起义，屡败屡战。孙中山曾对蔡元培说：“我不善处成功，而善处失败；愈失败，我的精神愈焕发。”这种无畏的坚持，让孙中山成了朝廷通缉的要犯，也使他在革命团队中的声望越来越高。

孙中山起义的一再失败，表面看是革命武装太弱，完全与清朝军队不成比例。他往往购买几百条枪支，联络绿林好汉就敢进攻官府。比如第一次广州起义，孙中山以为从香港运送几百人到广州，就能一举占领广州。由于计划泄露，起义未及发动即告失败，好友陆皓东被杀，他也被迫流亡日本。深入分析，孙中山的失败是因为他没有获得国内多数人的支持。支持他起义的基本是海外华人，国内精英分子热衷于立宪，改良政治，很少有人愿意接受武装革命。在传统语境下，孙中山更多的是一个“江洋大盗”。他只能孤独无援地飘荡海外。期间，孙中山于1896年9月被中国驻英国公使馆诱捕。他在英国同情者的支持下获释，将坏事变成了好事，营造了著名的“伦敦蒙难”事件，让自己和中国革命党的名声传遍了欧洲。

1905年夏，孙中山抵达日本。留日学生将他视为革命领袖，兴奋地围绕在他周围。当时日本聚集着许多从国内流亡而来的革命者，有许多革命组织。孙中山便主张建立统一的革命组织。黄兴等人的华兴会力量是华中地区最大的革命组织，陶成章、章太炎等人的光复会则是江浙地区的主要革命组织，他们都同意统一。在孙中山主持下，国内外的革命者成立了中国同盟会，以孙中山提出的“驱除鞑虏，恢复中华，创立民国，平均地权”为行动纲领。众人推举孙中山为同盟会总理，黄兴为执行部庶务长，协助总理主持工作。黄兴，字克强，湖南长沙人，1874年生，是官派留学日本的秀才。1903年，黄兴参加据俄活动，并回国在长沙邀集陈天华、宋教仁等人成立革命团体华兴会，被公推为会长。随后，他联络会党，计划次年秋乘慈禧70岁大寿在长沙起义。事泄，黄兴逃亡日本，研究军事。黄兴结识孙中山后，大力支持孙中山筹组同盟会，成为会中仅次于孙的领袖。此后“孙黄”并称于世。同盟会总部的主要职员则有章炳麟（章太炎）、汪精卫、宋教仁等人。

▲ 民报

同盟会建立了机关报《民报》，孙中山在《〈民报〉发刊词》中，系统地阐述了民族主义、民权主义、民生主义的“三民主义”的理论纲领。他以中国的现代化为方向，认为民族要独立，政治要民主，社会要均富，提出了三个层面的奋斗目标。

同盟会的成立和“三民主义”的提

出，标志着革命势力的成熟和联合。这对朝廷来说，实在是个坏消息——因为要推翻它的人越来越强大了。

要革命，还是要改良

同盟会成立后，在海外华人中爆发了一场到底是要革命还是要改良的争论。这场思想争论蔓延到国内，对中国人起到了类似思想启蒙的作用。

激进的革命力量汇集后，作为立宪派首领的梁启超首先发动了思想进攻。他在《新民丛报》上和《民报》上的革命者进行了激烈的论战。中国要救亡图强，路在何方？立宪派不赞成革命，主张和平的改革；革命者认为和平的改革已经救不了中国了，只能进行革命，推翻清朝建立共和国。

梁启超重提中国人民素质低下，不具备民主共和的政治能力的观点，认为民主共和不适合中国。从理论上说，民主政治离不开一定的社会基础和人民素质的支撑。共和民主政体和专制政体对国民的素质能力要求不同。大体上，民主制下国家大权和社会发展都取决于国民的认知和选择，而且每个人要在自由多元的环境中充分竞争，独立满足个人生存和发展的需要。因此民主政体对每个国民的素质和能力要求很高；在专制政体下，国民只要按照统治者设定的规范去行动和生活就可以了。专制社会不需要百姓有独立的思想，也不让愿百姓有创造性，结果造成人人循规蹈矩、没有尊严但安稳地生活着。所以，素质低下的人群比较适合生活在专制政体之下。梁启超对中国人素质的判断比较悲观，认为中国人还没有自治、自理的能力，也没有民主宪政的迫切要求。如果中国骤然变成民主共和国，人们对民主共和制度都不了解，更谈不上当家做主的能力，只怕会引起国家的混乱。革命者也承认中国人的政治能力的确不高，但认为革命可以提高国民素质，普及政治。不能说一个人素质低，就剥夺他享受优良制度的权利，更不能消极地等待这个人素质慢慢提高。革命本身可以大大提升国民素质，推动大家对民主共和的认同。章太炎就说："人心之智慧，自竞争而后发生，今日之民智，不必恃他事以开之，而但恃革命以开之。"

立宪派又认为，革命的激烈形式和暴力行为，会对社会造成破坏。中国社会承受不了大的破坏。一来，他们怕革命给濒临绝境的百姓生活雪上加霜，担心革命威胁新兴工商业的发展，引起社会紊乱。二来，立宪派担心中国革命给列强提供干涉的借口，引起列强侵略，进一步丧权辱国甚至是国家灭亡。然而，在革命者眼中，革命不只是破坏，同时也是建设。革命打破的是旧枷锁，带来的是新秩序；百姓付出的是血汗和财产，得到的是全新的国家和宽松自由的空气。为了美好的明天，必要的破坏成本是值得的。很多革命者着迷于革命中间"凤凰涅槃"的神奇和美丽。旧体制没有值得留恋的东西了，打碎了有什么值得可惜的呢？(而立宪派中许多人是新兴的富裕阶层和旧体制中的既得利益者，担心革命的巨大破坏性。)章太炎就说："公理之未明，即以革命明之；旧俗之俱在，即以革命去之。革命非天雄大黄之猛剂，而实补泻兼备之良药矣。"

双方争论的第三个问题是革命者鼓吹的革命到底是种族革命还是民主革命。清王朝是满族人建立的王朝，多数革命者在宣传革命的时候将推翻清朝统治等同于"排满复汉"，宣称要推翻满族，光复汉室。梁启超就批评这种排满理论是狭隘的种族革命。他说，中国的问题是君主专制的政治问题，而不是种族问题。如果仅仅是推翻满族王朝，那么这个革命也是狭隘的，成果是可疑的。

种族革命和民主革命的问题，很复杂。一方面，垄断政权的满族和专制保守的清王朝是融合在一起的，很难区分清楚。在普通百姓看来，二者就是一回事，而且占人口绝大多数的汉族人对满族人的特权统治早已不满。所以，以种族革命相号召，革命者就容易动员群众，赢得支持。种族革命的宣传比民主革命的宣传要简单得多。比如章士钊说："今日世袭君主者，满人；占贵族之特权者，满人；驻防各省以压制奴隶者，满人。夫革命之事，亦岂有外乎去世袭君主，排贵族特权，覆一切压制之策者乎。是以排满之见，实正为革命之潜势力，而今日革命者所必不能不经之一途也。”革命宣传中，排满复汉和民主共和是合二为一的。蔡元培在《释仇满》文中说：“然而满人之名词，则赫然揭于吾国，则亦政略上占有特权之一记号焉耳……近日纷纷仇满之论，皆政略之争，非种族之争也……盖世界之进化已及多数压制少数之时期，风潮所趋，决不使少数特权独留于亚东之社会，此其于政略上所以有仇满之论也。”另一方面，诚如梁启超所言，多数革命者在这个问题的理解上存在偏颇。三民主义是由三个部分组合而成的，可革命者最关注的、着力最多的只是其中的“民族主义”。比如，辛亥年前后湖北的报刊在揭露清政府的腐败落后方面刊登了大量的文章，对三民主义的宣传局限在民族主义的反清宣传，几乎没有涉及民权、民生的内容。革命党人推翻清王朝的迫切心情可以理解，但宣传和思想上的局限性在清王朝推翻之后会马上显现出来。一来，如果革命仅仅是推翻一个旧的王朝，那和老式的改朝换代有什么区别呢？二来，当民族独立的任务宣告完成，国家进入民主改革和民生建设时期，人们的思想毫无准备，行动怎么能跟上呢？三来，要知道，集中在反清民族主义大旗下的革命者不一定是赞同民主共和、建设均富民生的同道中人。这些问题在同盟会的宣传动员工作上没有加以考虑，革命胜利后三民主义偏废的后果就将显现出来。

综合种种问题，梁启超力主最适合中国的是“开明专制”，实行君主立宪。立宪派盛赞光绪皇帝是数千年一遇的圣人：“皇上之圣德，亦为数千年之所未有，天生圣人以拯诸夏，凡我获此慈父，无上幸运。”他们捧出一个旷世明君来进行自上而下的宪政，以此对抗革命。针对立宪派捧出来的“圣主明君”，革命者攻击所有的皇帝都是独裁者，所谓的“开明专制”本身就是个相互矛盾的概念。至于在立宪派眼中十全十美的光绪皇帝，则是虚构的神话。不能因为光绪皇帝无权，没做过什么伤害百姓、愚昧保守的事情，就想当然地认为他是爱护百姓、开明豁达的好皇帝。章太炎就直斥光绪皇帝是“载湉小丑，未辨菽麦”。

平心静气地讲，孙中山和梁启超两派各有道理。梁启超一派缺乏革命热情，而为革命热情所左右的革命者们没有认真深入地研究中国国情和民心。两派争论的客观结果是，多数留学生血气方刚，接受了孙中山的理论。因为孙中山的革命理论“提供了一个使中国立足于世界最新型政府的行列的捷径，不仅可以赶上西方，而且可以很快超过西方。他不像梁启超那样麻烦，要掌握中国的历史，还要尽培训公民知识的义务。他要的是大跃进。学生们喜欢同盟会”（[美]费正清著:《伟大的中国革命》）。同时，梁启超和立宪派在争论中提出的一些远见卓识也为革命的热情所忽视。

这场争论起源于海外，很快就被引入国内，并不局限在新式学生群体中。即便如此，革命与改良争论所涉及的对象还仅仅是占中国人口极小比例的知识分子阶层。“尽管革命党人做了大量的宣传工作，但是影响所及，基本上限于知识阶层。下层民众对于革命的理解，极易误会为反清复明。同时，革命党也难以跟会党划清界限……多数革命党人其实自己也往往更在乎排满，而对共和理想不甚了了，甚至有人在进行革命鼓动时，居然操着跟会党差不多的话语……对于会党自己和旁观的老百姓来说，革命对他们更多的意味着一次成功的改朝换代，一次汉人取代满人的朝代更迭。”（张鸣著:《民意与天意》，载于《辛亥革命与20世纪的中国》）底层百姓对此闻所未闻，没有受到思想的洗礼和组织动员。他们还生活在日复一日的艰难之中，对前途没有什么设想。同时，这场争论是粗线条的思想论证，并没有深入到具体的国计民生内容。它所争的是“要不要革命”的问题，至于“如何革命、如何改良”则没有涉及。比如孙中山“平均地权”的重要主张，就没有得到宣传推广。革命胜利后，孙中山曾希望革命力量强盛的广东革命政府予以实施。广东省都督府向省议会提交了包含有平均地权政策的换契案，财政司长廖仲恺专门向省议会作说明，结果还是被省议会否决。中国的问题层层叠叠千丝万缕，不是一两次争论能够说清楚，更不是争论本身可以解决的。

宪政的诱惑

立宪派和革命派思想争论的时候，绝大多数立宪派相信君主立宪的道路在中国是可行的。为什么他们这么自信呢？因为清政府正在自上而下地推行“预备立宪”。

如果能和平地在中国实现宪政，那立宪派就会欢天喜地地迎来自己的春天，经济发展有保障，政治权力能够扩大。至于爱新觉罗皇室，权力受到宪法的制约，不能再像以前那样为所欲为了，再向他们称臣也无妨。从 1903 年起，立宪派就积极鼓吹君主立宪，要求早日召开国会。之后的日俄战争，两个君主国在东北大打出手，最终立宪的日本打败了专制的沙俄。立宪派们抓住这个典型案例，说明君主立宪就是比君主专制厉害，中国“非立宪实不足以救之”。一时间“立宪之声嚣然遍天下”，不仅立宪派、开明官僚宣传立宪，就连思想封闭态度保守的一般官员，对立宪的态度也开始松动。

1905 年，清廷高调派大臣出洋考察外国宪政，作为国内立宪的参考。出发之前，慈禧太后特意召见了考察大臣端方，真诚地询问：“如今新政都已经实行了几年，你看还有什么该办，但还没有办的？”端方直言：“尚未立宪。”慈禧太后问：“立宪有什么好处？”端方说：“立宪后，皇位置则可以世袭罔替。”慈禧太后让他细细说来，端方遵命讲了半个多小时。他的观点代表了清朝官员对立宪的主流看法：用立宪来对抗革命。慈禧太后听后，若有所思。

不想，端方等人刚上火车就遭遇革命志士吴樾的自杀性袭击，入院治疗。吴樾由此名垂千古，但当时国内主流舆论对这次暗杀事件评价不高。报刊评论大多认为朝廷大臣出洋考察是为立宪作预备，事关国家和民族的前途命运，爱国者应郑重其事以祝其行，所以对吴樾的暗杀行动一般都持谴责态度。不仅如此，立宪派们很担心这次暗杀事件会影响到清廷考察宪政的行动，进而影响到宪政的实施，于是纷纷在报纸上撰文敦促清廷要不畏艰难，奋勇前行。民间对于出洋考察大臣挨炸一事也大都表示同情，他们纷纷发来慰问电，如上海复旦、南洋等三十二所学校就联合发了慰问电。这说明，国内主流民意支持立宪，还不支持革命。

同样，列强也希望中国立宪。和立宪派一样，列强也要保护在华利益，不希望中国爆发革命，发生激烈的动荡。立宪了，很可能就稳定了。最终，清朝五位大臣还是出洋考察宪政去了。五大臣正式起航后，《泰晤士报》发表了一篇题为《中国人的中国》的文章。作者满怀热情地评

▲ 1906 年，载泽考察英国，在伯明翰留影

论道：“人民正奔走呼号要求改革，而改革是一定会到来的……今天的北京已经不是几年前你所知道的北京了。”

宪政真的能在中国实现吗，能够阻止革命吗？

清朝大臣考察宪政，主要是从日本和德国那里吸取“经验”。日本和德国都是君主掌握实权、民主程度不高的立宪国家。清朝大臣在日本、德国看到的是，实行宪政后，国会也好、宪法也好，君主都有解散和否决的权力，依然掌握最终的权力，皇权并没有旁落。君主受到的约束只是要遵守宪法和公布的其他法律。法律一旦公布，上自皇帝下到庶民，都得遵守。专制君主虽然不似往常那样可以奉天承运、恣意妄为，但法律同样可以用来约束和控制百姓。清朝政府从德日两国的宪政中领会了这两点：保证皇权不旁落和用宪政来维持统治。专制帝王向后退一小步，遵守双方约定的法律（在实践中，法律其实主要还是帝王制定的），换取臣民新的支持。

清朝决心以德国和日本为立宪摹本，但在德日两国的基础上清朝皇权向后退的程度更小，民主程度更低。朝廷权贵们看到的主要还是宪政对皇权的维护作用，忽视了皇权的自我限制。比如出洋考察宪政的载泽回国后上书，陈述立宪有三个好处：一是君主神圣不可侵犯，君位万世不易，相位旦夕可迁，君主不负行政责任；二是外患渐轻，立宪是国际潮流，立宪后可以改善清廷的国际形象；三是内乱可平息，实行立宪

▲ 1906 年，戴鸿慈（右）、端方（左）在美国芝加哥考察宪政时的照片

后，革命党人也无话可说，即使想作乱也无人跟从。据说，慈禧太后对载泽的折子足足看了有三个时辰，默然不语。

1906 年 9 月 1 日，清廷正式颁布“预备仿行宪政”的谕旨。谕旨的实质内容是“大权统于朝廷，庶政公诸舆论”这句话。但毕竟意味着中国立宪的大幕打开了。

终于立宪了，立宪派十分兴奋，在当年 12 月成立预备立宪公会，推郑孝胥为会长，张謇、汤寿潜为副会长。而梁启超则在东京组成政闻社，鼓吹立宪，与国内相呼应（后来政闻社回国发展，被清廷查封）。从 1907 年开始，立宪派推动请愿活动，要求“早开国会”。

清廷还是按部就班地缓慢推进，在 1908 年 8 月颁布《钦定宪法大纲》。宪法既然是“钦定”的，其中自然大谈特谈“君上大权”。第一条就说“大清皇帝统治大清帝国，万世一系，永永尊戴”。紧接着，第二条就说“君上神圣尊严，不可侵犯”。第三条则限制了国会的立法权：“钦定颁行法律及发交议案之权。凡法律虽经议院议决，而未奉诏命批准颁布者，不能见诸施行。”这就把法律依然等同于“诏命”，国会通过的不算法律，只有“奉诏命批准颁布”才算。宪法还规定皇帝有权黜涉百官、设职制禄、宣战议和、解散议院、统帅海陆军、总揽司法权等。除了设立一个权力非常有限的国会之外，中国的政治体制并没有做根本的变动，人民的权利也没有实质增加。同时，清廷宣布预备立宪以九年为限，公布《九年筹备清单》，详细列举了每一年中需要做的准备工作，比如核查人口、宣传宪政、教化选民、各省在一年之内成立谘议局等等。

按照清廷的设想，要等 9 年以后，中国才能开国会、将宪法大纲完善为正式宪法。这时间是不是太长了？

钦定宪法颁布不久，光绪和慈禧逝世。载沣集团上台后，很快在 1909 年初重申要立宪，一个主要的举措就是命令各省当年内成立谘议局。谘议局类似于议会，议员选举产生，但通过的决议必须经过本省总督或巡抚“裁夺”，并无实权，也解决不了实际问题。选举的结果是立宪派在各省谘议局中占据了领导地位。立宪派很重视谘议局，聚集在谘议局周围，联络同志，批评现实。现实有许多不尽如人意的地方，但正朝着宪政方向发展。最大的问题是“预备期”太长了，立宪派要求“早开国会”，希望能把持日后的国会，纠正现在的种种问题。11月，在江苏谘议局议长张謇的发起下，直隶谘议局议长孙洪伊、四川谘议局议长蒲殿俊等人纷纷响应，十六省谘议局代表组成国会请愿同志会。同志会的宗旨就是向朝廷请愿，要求缩短立宪的“预备期”，尽早召开国会。为此，他们发起了三次请愿活动。

1909年底，孙洪伊领衔，率领请愿代表到都察院呈递请愿书，请求在一年内召开国会。朝廷以“预备既未完全，国民只是程度又未画一”为借口，加以拒绝，坚持9年预备立宪期不变。第一次请愿活动失败了，国内立宪声音却就此高涨起来。立宪派的情绪非但没有受到打击，反而更积极地鼓吹立宪。梁启超于1910年2月在海外创办了《国风报》，开始解释国会、责任内阁和政党的运作方式，对国民进行政治理论的普及工作。当时，革命声音也开始高涨，同盟会在南方的起义屡败屡起。为了和革命派抢时间，立宪派在喧嚣之余，决心发动更大规模的请愿，用请愿盖过起义，用立宪阻止革命。

第二次请愿在1910年6月举行，超过150名代表入京请愿。请愿

▲ 清末福建省谘议局开会时的情景

代表除了谘议局成员外，还有商会、教育会、华侨等代表，自称代表国内外30万多人。这表明国内外有一大批人不喜欢暴烈革命，倾向于和平的改良。第二次上书的言辞比上次激烈。清政府也比上次更不客气，申斥代表“以为召开议会就能达到政治清明，古今中外都没有这个道理”，坚持要9年后再召开国会，同时警告代表们“毋得再行渎请”。

革命迫在眉睫，朝廷还不愿意早日立宪，立宪派们急在心里、喊在嘴上。第二次请愿被拒绝后，随即发生了日本吞并朝鲜的事件。朝鲜千百年来都是中国的藩属，朝鲜灭亡不免让中国人“唇亡齿寒”。再不立宪，恐怕国亡将至。革命党人高喊革命救国，立宪派也不敢耽搁，随即发动更大规模的请愿。

清廷也不是无动于衷。为了所谓“预立议院基础”，朝廷在1910年10月3日召开了中央资政院。清廷遴选和各省谘议局选举，各产生100名议员，组成资政院，职权是议定国家收支预算、决算、税法、公债、制定法规、弹劾大臣等。这是字面上的权力，为了限制资政院的实际权力，朝廷规定资政院讨论和决定什么事项都要奏请圣旨，皇帝同意后资政院才能行使职权。因此资政院貌似西方议会，实为清廷装饰宪政的机关。朝廷想控制资政院，却不料资政院一成立也站到了立宪派的一边，要求早日召开正式国会。资政院给出的日期是1911年。

▲ 立宪成为清末社会热点话题之一。图为威海百姓庆贺立宪

为了推动第三次请愿的成功，许多省的谘议局议长都前往北京，到处活动。各省谘议局联合会因此成立，推举湖北谘议局议长汤化龙为会长，蒲殿俊为副会长，孙洪伊为执行长，联合会得到了资政院和大多数地方督抚的支持。大家也不照例去都察院请愿了，直接在10月7日聚集摄政王府门前呈递请愿书。请愿代表团整队出发时，奉天（今沈阳）在京学生牛广生、赵振清等十七人突然赶来。他们交给请愿代表一封信，表示“国家瓜分在即，非速开国会不能挽救，今第三次请愿势不能再如前之和平”。牛广生和赵振清两人要“拔刀剖腹，以明心迹”。请愿代表苦苦劝住，两人还是趁人不备，各从自己腿上和胳膊上割肉一块，涂抹于请愿书上，并高呼“中国万岁！”“代表诸君万岁！”随后忍痛踉跄而去。请愿代表们也泪流满面。场面让人动容。

同时，外省各界纷纷声援请愿运动。天津、开封、保定、奉天、福州等地都有数以千计的百姓聚集官署门口，递交请愿书，要求地方督抚代奏。开封各界绅民3000余人还召开请愿大会，又到谘议局提出“此次请愿如仍不得请，学则停课，商则罢市，工则休作，谘议局亦不许开会”。保定各学堂学生集体罢课，要求速开国会。群情激昂，地方督抚纷纷对请愿活动表示同情。全国多数督抚都致电朝廷，奏请立即组织内阁，定明年开设国会。还有督抚要求尽快设立责任内阁。资政院开院，有议员发言：“现在国民之断指、割臂、刲股者相继，皆表示国民以死请愿之决心。”全体与会者一致起立通过“速开国会”的议案。10月28日，资政院总裁溥伦把请速开国会的奏稿连同三个附件，一并上奏朝廷。

请愿的形势一片大好，看似人人支持。资政院通过速开国会议案后，有议员跳起来欢呼“大清帝国立宪政体万岁！”。

面对这么大的压力，朝廷也不敢轻视，专门召开御前会议讨论。请愿代表要求第二年就召开国会，载沣集团不愿意。他们还想用“预备期”来拖延时间，不愿意早日承担“大权旁落”的危险。但是，看样子，再固执9年预备期会得罪大批请愿民众，会触犯众怒的。载沣权衡后，宣布缩短年限，将预备立宪期九年改为五年，提前到宣统五年（1913年）开设议院，1911年先成立内阁。载沣觉得这已经是莫大的让步了，“应即为确定年限，一经宣布，万不能再议更张”。如果有人再请愿，“均足扰害治安，必即按法惩办”。

载沣并且下令各省举行欢庆活动，以表示对朝廷“五年立宪”决策的拥护；同时驱散各地请愿代表。各地在官方的组织下，敲锣打鼓，张灯结彩，“欢呼”提前立宪。12月下旬，来京请愿的东北代表被强行押送回籍。倡议联合全国学界罢学的直隶代表温世霖则被发配新疆，交地方官员严加管束。大批立宪派人员遭到了打压。被捕入狱的湖南商会会长禹之谟，在狱中以血作书：“要知清政府下诏立宪，专制的凶暴却有进无已。”朝廷是要用立宪来巩固皇权，立宪派希望立宪来限制皇权，立场和目标都是南辕北辙的，结果自然好不了。

火辣辣的立宪激情，遭到一盆冷水袭来。朝廷答应的立宪，仿佛是悬在拉磨的驴头前的胡萝卜，永远是一个诱惑。而那沉重的磨盘就是万世一系的清朝皇权。立宪派的心凉了一大截。

现在不革命，就没有命了！

国内立宪道路缓慢艰难，清政府顽固保守依旧，内忧外辱纷纷，立宪派说话不像以前那么硬朗了。在和革命派的争论中，立宪派显得理屈词穷，对舆论的影响越来越小。在东京，梁启超遭到了“围剿”，穷于应付，自称“多汨多辨”之人。

革命的声音逐渐占据了压倒性优势。

人们倾听和接受革命宣传，不都是明了革命道理之后的信仰。很大程度是客观形势“逼”出了革命者。陈天华在《警世钟》中说的话很有代表性：“要革命的，这时可以革了，过了这时没有命了。”在他的另一本小册子《猛回头》中，陈天华痛陈：“十八省中愁云黔黔，怨气腾霄，赛过十八层地狱。怕只怕，做印度，广土不保；怕只怕，做安南，中兴无望。怕只怕，做波兰，飘零异域；怕只怕，做犹太，没有家乡！”亡国的命运就在眼前，载沣等人找不到路，立宪的道路也走不通，就只剩下革命一条路了。革命带有的破坏性和重建天地的快速可能，给迷茫中的人们指出了一条光明的道路。孙中山总结的“毕其功于一役”的革命深深吸引着急于改变现状的中国人，人们不能接受立宪、教育等旷日弥久的办法。1902 年 5 月，《苏报》发表《敬告守旧诸君》公开倡言革命：“居今日而欲救吾同胞，舍革命外无他术，非革命不足以破坏，非破坏不足以建设，故革命实救中国之不二法门也。”

▲ 国内外涌现了一大批宣传革命的报刊、图书。《浙江潮》就是其中之一

革命的对象自然是清朝政府。清政府无力解决种种问题，就让一个新政府来替换它。同时，八国联军占领北京后，意识到列强没有能力瓜分统治中国，选择清政府作为代理人来保障列强在华利益。清政府为了维持统治，采取了“结万国欢心”的媚外妥协政策。官员怕洋人，一心维护洋人利益。陈天华于是痛斥清朝政府是“洋人朝廷”。清朝政府集结了“洋人”和“专制”两重罪过，不推翻不行了。

革命风潮风起云涌，一年胜过一年。多少人像陈天华一样认为“革命者救世救人之圣药也”，力主拿起武器进行暴力革命。陈天华在《猛回头》、《警世钟》里，大声疾呼“改条约，复政权，完全独立；雪国耻，驱外族，复我冠裳”；高呼“万众直前，杀那洋鬼子，杀那投降洋鬼子的二毛子”，“推翻‘洋人的朝廷’清政府”，“建立民主共和国”。形形色色的报纸和小册子，昌言无忌、鼓吹革命。邹容的《革命军》直接号召人们推翻清朝，通篇激烈言辞，风行天下，达到了令人不敢置信的 110 万册销售额。冯自由说，天底下读书识字之人，“几于人手一册”；章太炎后来回忆，在印行几版、清廷开始禁绝以后，其销量不降反升，“远道不能致者，或以白金十两购之，置笼中，杂衣履糍饼以入，清关邮不

▲ 陈天华

能禁”……凡此种种，无不表明革命日渐深入人心，开始成为中国人寻求变革的主要选择。

即便如此，陈天华还是觉得革命来得太慢，国民太无知和封闭了，毅然跳海自杀，希望能够唤起国民的革命激情。1906年的春天，陈天华的灵柩从日本运回国内。从上海到家乡湖南，人们都为他举行了隆重的祭奠，痛哭流涕地宣读他的绝命辞。长沙各界不顾官方阻挠，决定公葬陈天华于岳麓山。葬仪举行时，长沙全城各校师生纷纷参加，送葬队伍达数万人，绵延十余里，凄凄哀歌。“适值夏日，学生皆着白色制服，自长沙城中望之，全山为之缟素。”清朝军警站立一旁，亦为之感动，不加干涉。人心的向背，一目了然。

在此背景下，孙中山的反清起义虽然全部失败，依然在海外漂泊不定，但他开始得到国内人民的深深同情，成了人们挂在心里的名字。

铁血年华

革命志士的努力与牺牲

1895 年，因为广州起义被清廷通缉又被香港当局驱逐出境的孙中山逃亡日本横滨。日本报纸以《支那革命党首领孙逸仙抵日》报道孙中山的到来。孙中山抚掌大叫："好，好！自今以后，但言革命，勿言造反。"从此，"革命"二字引进中国语言，代替了"造反"和"起义"。名词虽然换新的了，但其中流血牺牲乃至悲壮惨烈的内容并没有换。革命，不是请客吃饭，也不是动动嘴皮子，而是要革命者做好牺牲的准备，做好杀人的准备。

同盟会成立后，孙中山和黄兴在海外到处买枪，今天买三五支这个型号的枪支，明天买几支其他型号的，东拼西凑，然后聚集 200 多支，每支枪所配子弹最多也不过 200 发。他俩带着这么点武器，就敢偷渡回国和清军鏖战。其中的大无畏精神令人叹服。以自杀警醒国人的陈天华曾谈及自己能为国做的无非两件事，"其一作书报以警世，其二则遇可死之机会而死之"，只要能达到救国的目的，就愿意以身相殉。革命烈士林觉民在广州起义前留言："此举如果失败，死人必然很多，定能感动同胞——嗟乎，使吾同胞一旦尽奋而起，克复神州，重兴祖国，则吾辈虽死而犹生也，有何遗憾！"这份舍生取义的信念和虽死犹生的荣誉，支撑着年轻的生命们慨然冲进枪林弹雨。

正是革命志士前赴后继的努力和牺牲，最终迎来了胜利的曙光。

热血青年汪精卫

北京什刹海的前海和后海之间的水道上，有一座南北向的单孔石拱桥，因形似银锭而得名银锭桥。每天，摄政王载沣从什刹海的醇亲王府到紫禁城去上朝，都要经过这座银锭桥。1910年（宣统二年）三四月间，有几位新式打扮的年轻人频繁出现在银锭桥周围。好几天深夜，桥下都响起叮叮当当的声音。原来，这是几个立志舍生取义的青年革命党人，计划在载沣路过时炸毁银锭桥，暗杀摄政王。而为首者，就是汪精卫。

暗杀，是晚清革命党人经常采用的手段。

革命党人多是血气方刚的年轻人。他们痛感国家贫弱不堪，忧心于国家灭亡的噩运，迫切地希望改变现状。革命是他们的选择，但一城一地的光复，年复一年的宣传动员，并不能满足他们的迫切要求。于是，很多年轻人倾向于更快捷的手段：暗杀。

用极端的方法来表达对黑暗现实的愤怒，往往是弱者的手段。国内黑暗了千百年，清朝的庞然大物不是一朝一夕能够推翻的，往往让人束手无策，看不到光明的前景。于是，有人宁愿舍弃生命，也要给敌人造成眼前的、更大的杀伤。暗杀就应运而生了。最早约为1902年冬，留日学生杨毓麟在《新湖南》撰文，声称“非隆隆炸弹，不足以惊其入梦之游魂；非霍霍刀光，不足以刮其沁心之铜臭”。1905年9月，年仅27岁的吴樾在出发刺杀出洋考察五大臣前写下《暗杀时代》一文。在文中，他说：“体质为小我，精灵为大我……奴隶以生，何如不奴隶而死”；他说，愿他死后，“化一我而为千万我，前者仆后者起，不杀不休，

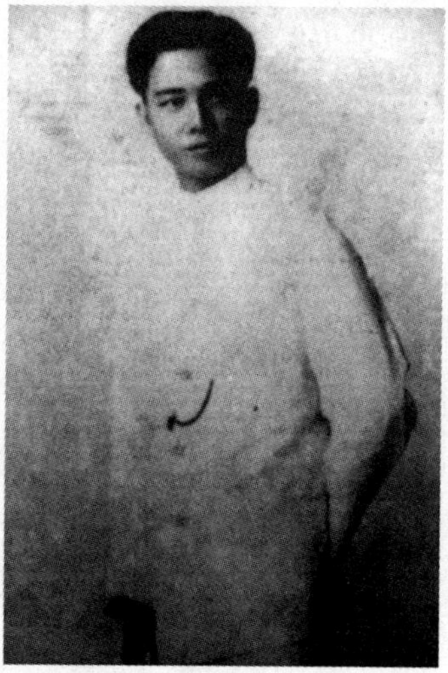

▲ 青年汪精卫

不尽不止”。他并且认为：“今日之时代，非革命之时代，实暗杀之时代也。”陈独秀当年20岁，与吴樾相争刺杀五大臣。两人竟然扭作一团、满地打滚。精疲力竭后，吴樾问：“舍一生拼与艰难缔造，孰为易？”陈独秀回答：“自然是前者易后者难。”吴樾说：“然则，我为易，留其难以待君。”对于革命大业，暗杀是小事，建设是大事；暗杀是容易的、一时的，但是建设是长期的，艰难的。但是，青年革命者等不及了，宁愿先杀身成仁，而将艰巨的建设事业留给同志们了。

国内因此爆炸声隆隆。著名的暗杀事件有1906年杨卓林谋刺两江总督端方，1907年徐锡麟刺杀安徽巡抚恩铭，1911年李燮和、陈方度谋刺广州巡警道王秉恩。1911年广州两次发生暗杀事件，林冠慈等炸伤广州提督李准，新任广州将军凤山则刚踏上广州码头就被李沛基炸死。而其中最著名的暗杀事件，莫过于1910年汪精卫刺杀摄政王载沣了。

汪精卫，1883年出生，广东三水人，原名汪兆铭，“精卫”是他的笔名。汪精卫毕业于日本政法大学，1905年加入同盟会，一度主编过《民报》。之前，同盟会在两广发动的多次起义都失败了，勇士流血牺牲，生者情绪日渐消沉。汪精卫悲愤欲绝。1910年，他写信给胡汉民说：“至于暗杀，不过牺牲三数同志之性命，何伤元气之有？”透露出以死激励革命的决心。

既然抱定必死之心，就要死得有价值，就要用自己的生命去换取仇敌首领的性命。汪精卫决定混入北京，刺杀清廷的皇亲权贵们。他邀请同龄的黄复生和小自己3岁的喻培伦等同志一同前往北京从事暗杀。黄复生、喻培伦二人都是四川人，都赞同暗杀行动，而且都自学了炸药学。黄复生曾经在配置炸药时受过伤，喻培伦则钻研出配置炸药的“喻氏法”，被同志们称为“炸药大王”。他们当即接受了暗杀邀请。从汪精卫邀请的对象来说，他就想轰轰烈烈地在北京大干一场，用爆炸的方法不仅能多杀清朝权贵，而且能把事情闹大了，做出“爆炸性”效果来。至于个人生死，他也好，黄复生和喻培伦也好，都没有过多的考虑。不然，他们大可可以采取下毒、狙击等容易隐蔽自己、事后方便逃脱的手段。行前，汪精卫写信给胡汉民说：“此行无论事之成否，皆必无生还之望。”“弟虽流血于菜市街头，犹张目以望革命军之入都门也。”

汪精卫等人慷慨来到北京，在琉璃厂开设“守真影相馆”以为掩护，因为照相馆的暗室最适合配置炸药，照相馆里飘出化学药品的味道也不会引人怀疑。他们还在东北园租赁一屋，作为集合同志的场地。

一行人最初的爆炸对象是庆亲王奕劻，无奈奕劻深居简出，没有找到下手机会。接着，他们想刺杀出洋考察海陆军归国的载洵、载涛，计划在火车站下手。不想火车站人多眼杂，载洵、载沣在重重护卫下快速离开，汪精卫等人又没有找到机会。最后，众人把目标锁定在摄政王载沣身上。载沣符合暗杀对象的许多条件：具有重要的政治价值，日常活动很有规律，安全护卫存在漏洞——每天要通过狭窄的银锭桥。几个年轻人很快制定了预埋炸药在银锭桥，汪精卫藏身于小桥附近的一条阴沟，等载沣过桥时用电线引爆炸弹，和载沣同归于尽的计划。

制造炸弹倒是颇费一番周折。喻培伦将炸药从海外偷运进入北京，没有组装成型。为了增加威力，他们在骡马市大街鸿泰永铁铺铸造一个可盛四五十磅炸药的“铁西瓜”，再填入炸药，组装成了一个巨大的炸弹。接下去就是把炸弹安装到银锭桥下，配上引爆系统了。这项任务落在了黄复生、喻培伦的头上。两人本想用一个晚上完成安装，不想银锭桥全桥由大石块砌成，难以找到理想的安放点。他俩只能凿石头，叮叮当当了一个晚上，还没有把大家伙给装上，只能做持久准备，改天再来。

不想，就在这个环节上出了问题。4月2日夜，黄复生、喻培伦继续到银锭桥下埋设炸弹，正挥汗猛干着，突然发现桥上蹲着一个黑影注视着自己。原来，什刹海附近有个居民，当晚和妻子发生了纠纷，心情不好在岸边游荡。静静的黑夜中，银锭桥下传来清脆的叮叮当当声，那人好奇地过来，蹲在桥上观看。他原以为是江洋大盗在埋赃物，想见者有份，讹桥下人一笔钱财。慢慢地，他觉得不对劲了。这分明是在埋设炸弹嘛！黄复生、喻培伦发现了他，他也看到两人，双方都惊散而去。那人赶紧跑去报告了官府。黄复生、喻培伦则丢下炸弹，跑到远处藏起来观看动静。不一会儿，警察包围银锭桥前后，搜走了大炸弹。两人这才跑去报告了汪精卫等同志。计划失败，怎么办？是逃离北京还是铤而走险，再行暗杀？几个年轻人惊魂稍定后，商定先在北京看看情况再决定去留。

第二天，银锭桥下发现炸弹的新闻上了北京各家报纸。人们猜测这可能是清朝内部倾轧的结果，有的报道说炸弹中包炸药的报纸是伦敦字样，猜测是刚从欧洲归国的载洵等人要谋杀亲哥哥；也有报道说是庆亲王奕劻幕后主使，要刺杀载沣。总之没有人往革命党人身上想。汪精卫等人悬着的心稍微放下了点。过了两天，有报纸刊登新闻说银锭桥爆炸未遂案的嫌疑人被抓住了。汪精卫等人大大松了口气。几个人决定再干一场，继续刺杀载沣。因为进口的炸药用完了，喻培伦去日本重新购买弹药。汪精卫与黄复生留在京城，图谋再举。

其实，这都是官府使用的障眼法。在麻痹汪精卫等人的同时，警察们正抓紧追查刺客。他们以遗留的大炸弹为线索，将庞大的炸弹外壳遍示京城铁匠铺，终于在鸿泰永铁铺查到了订货人。16 日，警察冲进“守真影相馆”逮捕了汪精卫和黄复生。

审讯时，汪精卫、黄复生两人争相承担责任，力图为对方开脱。黄复生奋笔直书：“此次之事，纯予一人所为，精卫不过客于予处。”审问者说：“这一句要改。”黄复生说：“事实是这样的，我怎可攀诬我的好朋友呢？”审问者说：“奇怪，汪精卫也说是他一个人干的。”原来汪精卫早已将暗杀罪责完全揽在自己身上，为黄复生等人开脱。他称：“又自以平日在东京交游素广，京师如宪政编查馆等处，熟人颇多，不易避面，故闻黄君有映相馆之设，即以三百元入股，至京居其处。黄君等皆不知精卫之目的所在，故相处月余。后见精卫行止可异，颇有疑心，故映相馆中有人辞去。”

利用写供状的机会，汪精卫洋洋洒洒，将“罪状”写成了鞭挞朝廷鼓吹革命的“檄文”。他说：“今号称立宪，而其目的在于巩固君主之大权，是其强权，较昔加厉，其终于为民族民权两主义之敌。”“立宪之不可望如此，以故革命诸人，以为欲达民主之目的，舍与政府死战之外，实无他法。”在黑暗的牢房中，汪精卫仿佛又回到了当年的东京，回到了当日编辑《民报》的案桌前，激扬文字指点江山。

在狱中，汪精卫以决死的心，写下了“慷慨歌燕市，从容作楚囚；

引刀成一快，不负少年头”一诗，迅速传唱于革命党人中。女革命党人陈璧君参与了刺杀载沣的谋划，已经离开了北京，听到汪精卫入狱的消息，毅然返回北京，勇敢地和狱中的汪精卫结为夫妻，成就了一番佳话。

汪精卫的案情，依照大清律都够得上满门抄斩的标准了。载沣也想处死汪、黄，但是遭到了内部的反对。同盟会员程家柽正在肃亲王、民政部尚书善耆府中任家庭教师，他对善耆说：“国家如杀汪、黄，则此后党祸日夕相寻，非朝廷之福。”善耆对汪精卫很欣赏，从中劝说。根据溥仪的回忆：“汪精卫被捕之后，受到肃亲王善耆的很好的招待。我父亲在自己的年谱中说这是为了‘以安反侧之心’，其实并非如此。我有位亲戚后来告诉过我，当时有个叫西田耕一的日本人，通过善耆那里的日本顾问关系告诉善，日本人是不同意杀掉汪精卫的。摄政王在几方面压力之下，没有敢对汪精卫下手。”4 月 29 日，清廷以汪黄二人“误解朝廷政策”为理由，下令将汪黄永远监禁。汪精卫能够免死，实在出乎人们的预料。

身陷囹圄的汪精卫，在北京狱中发誓“张目以望革命军之入都门”。

革命者的铁骨柔情

时间整整过了一年。1911 年（宣统三年）的春天，福州城内花儿竞相开放。城中老街巷林家在日本庆应大学留学的儿子林觉民突然回到家中。嗣父林孝颖对儿子的不告而返非常惊异，一再追问原因。林觉民说：“学校放樱花假，有几位日本同学要去江浙一带游览风光，临时叫我陪去，所以来不及写信通知。”虽然还有疑惑，一家人对林觉民的回国非常高兴，尤其是怀有身孕的林妻陈意映更是喜上眉梢。厅堂中充满了欢笑。

林觉民却没有时间享受家庭的温暖，整天在外联络他人。没有人知晓此时他内心的纠结与苦楚。陪伴着老父娇妻幼子，奔走在熟悉的故乡街巷，林觉民从事着的却是极端危险、很可能要付出生命代价的事情：

▲ 林觉民

武装起义。林觉民在日本加入了同盟会，此次是受同盟会日本东京学生支部委托，回故乡联络福建义士赴广州参加新的起义。

同盟会决定在广州举行大规模起义。之前，同盟会发动的历次起义都失败了。去年（1910年）11月，孙中山在马来西亚槟榔屿召集黄兴、赵声、胡汉民等人商议起义计划。清朝编练的新军倾向革命，是重要的争取对象。之前安庆马队、广州新军都爆发过起义，因各种原因失败了。孙中山等人意识到仅仅依靠新军的力量是不够的，还需要革命党人作为骨干力量从中领导。于是，他们决定挑选五百名优秀的革命党人为“选锋队”，潜入革命基础良好的广州首先发难，带动新军起义。为此，孙中山等人指定了广州起义的计划，将“选锋队”兵分十路进攻两广总督署、广东水师行台、警察署、军械局、炮营、电信局等，然后打开广州各城门迎接城外新军入城，光复广州。起义时间定为1911年4月13日。攻占广州后，同盟会计划由黄兴率领一支革命军出湖南，攻湖北；赵声率领一支革命军出江西，攻南京。林觉民回福州，就是吸收志士加入“选锋队”。而他本人，早已决心为其中的一员。

一边是国，一边是家，林觉民几次想将参加广州起义的事情告诉陈意映，可又念及爱妻已怀孕八个月，对自己爱恋深沉，恐怕接受不了如此危险的计划，几次启口却又几次将话吞回。3月19日，林觉民恋恋不舍地告别家人，从马尾港上船经香港赴广州参加起义。临行前，满腹话语又无法倾诉的连觉民与前来送行的同志举杯话别，豪饮狂歌。

与他同行的，还有几十名和林觉民情况相似的革命志士。

华南和南洋各地的“选锋队”纷纷奔赴广州。当他们在路上的时候，4月8日，革命党人决定赵声担任起义总指挥，黄兴为副指挥。赵声，江苏丹徒（今镇江）人，17 岁中秀才，之后接受清朝的军校教育，并东渡日本考察。但他倾心革命，秘密加入同盟会。1907 年后，赵声在广东新军任职，先后担任新军管带（营长）、标统（团长），并曾参加 1910 年的广州新军起义，失败后脱险逃到香港。他是同盟会内突出的军事人才，应孙中山之召与黄兴等再次筹划广州起义。因为赵声被广州城内官吏所熟识，不便入城活动，所以留在香港负责指挥协调，由黄兴去广州做前期准备。

也就在当天（4 月 8 日）发生了温生才暗杀广州将军孚琦的事件，严重影响了起义计划。

温生才，广东梅县人，出生于贫苦家庭，少年时被骗到南洋各地做苦力，种过烟草、在锡矿做过工，一度曾回国投身行伍当兵。坎坷的人生和对西方制度的了解，让温生才接受了革命思想，并加入了同盟会。1910 年广州新军起义前，温生才谋划刺杀广州将军增棋，因无炸药而作罢。1911 年 3 月下旬，温生才潜回广州，伺机谋刺广州将军孚琦。

4 月 8 日这一天，广州将军孚琦应邀参观法国人的远东飞艇社，返回路上遭到温生才行刺。温生才手持快枪向孚琦连续射击，孚琦太阳穴、脑门、颈项、身部各中一枪，当场毙命。温生才逃离途中被巡警逮捕。温生才被捕后，两广总督张鸣歧和广东水师提督李准亲自审讯。温生才气宇轩昂，镇定自若地说："击孚琦者是我，主谋者也是我，何必多问！"张鸣歧问："为什么暗杀？"温答："不是暗杀，是明杀！"张问："为什么明杀？"温答："满清无道，政治腐败，民不聊生，都是此辈官吏所造成。只恨我川资不足，不然到京师，可成大事！"张说："一将军死，一将军来，于事何济？"温答："杀一儆百，吾愿一偿。"张说："此处刑罚厉害，你难道不怕？"温答："何不拿来一试？"张鸣歧威逼利诱不果，李准便施用酷刑，用抬杠轧伤了温生才的双脚，温生才都不屈服，终在 15 日被押赴刑场。途中，温生才神色自若，毫无怯色，对着人群高喊："今日我代同胞报仇，各同胞务须发奋做人方好！"既而又说："许多事归我一人担任，快死快生，再来击贼！"

孚琦被杀，清廷震惊，将张鸣歧提拔为两广总督兼署广州将军，加强对广州的监管控制。广州城内流传：革命党人在 4 月底前举事。张鸣岐和李准二人不敢怠慢，在广州实行全城戒严，派出大批警察、侦探，加强巡查，四处搜罗革命党人的蛛丝马迹。一些革命机关和储藏军火的地点遭到破坏。考虑到新军倾向革命，张鸣岐和李准将新军枪机全部卸去，严加看管。广州城中一片风声鹤唳。鉴于清廷在广州严密戒备，革命党人处境恶化，加上从日本运来的一船武器和从美国、荷属东印度汇来的款项误期，黄兴决定起义时间推迟到 4 月 27 日。

在日益加重白色恐怖中，革命党人仍然陆续混入广州。这些年轻人，大多数不是广东本地人，不懂粤语，而且许多人穿着西服或学生装，言行殊异，特别惹人注意。4 月 23 日，黄兴写下“本日即赴阵地，誓身先士卒，努力杀贼”的绝笔书，离开香港潜入广州，统一指挥越来越多的“选锋队”。

林觉民一行人也在此时到达香港。4 月 24 日，林觉民夜宿香港临江楼。当天夜里，林觉民在床上辗转反侧不能入眠。窗外，香江之水缓缓流淌，倒映着一轮皎月。林觉民触景生情，恍惚中仿佛回到了家乡福州的马江，飘回了老街的家里。那是一座不大不小的庭院，入门穿廊，过前后厅，又三四折有小厅，厅旁的一个房间就是林觉民和妻子陈意映的卧室。这对小夫妻在里面双宿双栖。“初婚三四个月，适冬之望日前后，窗外疏梅筛月影，依稀掩映”，他和爱妻“并肩携手，低低切切，何事不语，何情不诉”。陈意映对丈夫爱意深重，难舍难分。林觉民东渡日本，她也永夜长开眼，日夜思念。林觉民回家，她多次提及要随丈夫游学。林觉民都婉拒了，现在想想，夫妻二人在一起的时间真是太少了。如今，妻子怀胎八月，让林觉民如何割舍得下。

四五年前，林觉民曾对妻子说：“相比我死在你前面，我更希望你先我而死。”陈意映闻言生气，经林觉民一再解释才消减怒意。林觉民的本意是妻子娇弱，担心她经受不起丧夫之痛，林觉民当时就怕自己先她而死，将悲伤与痛苦都留给妻子，于心不忍，所以宁愿爱妻先死，让自己一个人承担所有的悲苦。可惜，如今林觉民就要冲入刀光血影，在死亡的悬崖边徘徊，想必要先爱妻而死了。林觉民在心中默念：“爱妻，吾真不能忘汝也！吾诚愿与汝相守以死。”

给家人留言吧！林觉民起身，提笔写遗书。首先，他给年老的嗣父写了一纸短信："不孝儿觉民叩禀，父亲大人，儿死矣，惟累大人吃苦，弟妹缺衣食耳，然大有补于全国同胞也，大罪乞恕之。"父亲辛勤持家，支持自己留学深造，却要承担白发人送黑发人的痛苦，更要承担今后家庭的困顿。林觉民想到此就心痛，但如果自己的死能够"大有补于全国同胞"，便只能咬牙请求老父亲谅解了。

对妻子，林觉民有太多的话要说，却几次"不能竟书而欲搁笔"，不知道如何下笔。他在笔端沾满了爱意柔情，字斟句酌，怕妻子不能理解自己的苦衷，写到最后"泪珠和笔墨齐下"，直到天色将明才停笔。

在这份写在手巾上的千字长文中，林觉民深情地表白对妻子的爱，表达了舍家为国的决心乃是由爱而生。"吾至爱汝，即此爱汝一念，使吾勇于就死也。吾自遇汝以来，常愿天下有情人都成眷属；然遍地腥云，满街狼犬，称心快意，几家能彀？司马青衫，吾不能学太上之忘情也。"古人说"老吾老以及人之老，幼吾幼以及人之幼"，林觉民希望爱妻能够理解"吾充吾爱汝之心，助天下人爱其所爱，所以敢先汝而死，不顾汝也。汝体吾此心，于啼泪之余，亦以天下人为念，当亦乐牺牲吾身与汝身之福利，为天下人谋永福也，汝其勿悲！"他继续写道："吾诚愿与汝相守以死，第以今日事势观之，天灾可以死，盗贼可以死，瓜分之日可以死，奸官污吏虐民可以死，吾辈处今日之中国，国中无地无时不可以死！到那时使吾眼睁睁看汝死，或使汝眼睁睁看我死，吾能之乎！抑汝能之乎！即可不死，而离散不相见，徒使两地眼成穿而骨化石，试问古今来几曾见破镜能重圆？则较死为尤苦也。将奈之何？今日吾与汝幸双健，天下人之不当死而死，与不愿离而离者，不可数计；钟情如我辈者，能忍之乎？此吾所以敢率性就死不顾汝也。"

林觉民还内疚地说："吾家后日当甚贫，贫无所苦，清静过日而已。"

和着泪水写完遗书，林觉民不忍再读，将两封家书委托给友人，嘱咐"如果你听到我死讯，劳把信件转到我家"。随后，他毅然决然地赶赴广州城。

来到广州，林觉民看到了舍小家为国家的同志们，他们有34岁的同乡，出身清朝高官家庭的日本大学毕业生林文；25岁的同乡、曾在日本学习陆军的方声洞；在闽江口炮台任职、毅然辞别病重的父亲及妻子参加起义的冯超骧，当时31岁；26岁的体格魁梧、慷慨善斗的会党人士刘元栋；四川陆军速成学校毕业、游历南北的清军军官饶国梁；福建连江县丹阳镇农民、30岁的陈发炎和29岁的陈清畴；40多岁出身广东少林寺、教拳为生的李德山；23岁的日本早稻田大学学生陈与燊；年仅17岁却参加过之前镇南关起义、钦廉上思之役的越南华侨游寿；广东嘉应（今梅县）人、19岁的木材商子弟周增；30岁的小学教师饶辅廷和南洋华侨、中学教师林修明；20岁的华侨、耶稣会传教士李炳辉，30多岁的华侨陈文褒……大家真正是来自五湖四海，之前的人生轨迹相差巨大，在广州，在这座春意正浓的五羊城中，大家的人生轨迹都汇集到了一点上：广州起义！

4月25日，张鸣岐、李准调巡防营二营入城，加强戒备。参与起义指挥的陈炯明、胡毅生等人闻讯大惊，认为敌情变化，主张起义缓期。喻培伦、林文等人担心起义拖得越久败露的可能性越大，坚决反对延期起义。黄兴再三思考，慎重决定采纳陈炯明等人缓期的意见。他电告在香港的胡汉民："省城疫发，儿女勿回家。"暗示还在香港集结待命的大批"选锋队"不要再到广州来。同时，黄兴命令已到广州的"选锋"分批撤回香港。部分革命党人奉黄兴的命令，开始返回香港。

眼看起义就要夭折，喻培伦、林文等人心急如焚。他们找到黄兴，慷慨激昂地陈述："花了海外华侨这么多钱，南洋、日本、内地同志不远千里而来，决心拼搏一番，但举事一缓再缓，怎不令人灰心？万一不能再举，岂不成了骗局，堵塞了今后革命道路？巡警就要搜查户口，人、枪怎么办？难道束手待擒？革命总是要冒险的，何况还有成功的希望！即使失败，也可以用我们的牺牲作宣传，振奋人心。现在形势紧急，有进无退，万无缓期之理！请再三深思！"喻培伦主张按期起义，情绪激动地表示："就是大家都走了，剩下我一个人，也要丢完炸弹再说，生死成败，在所不计！"黄兴虽然下令了暂时撤退的命令，他的内心也还在挣扎。本次起义倾注了革命党人和海外华侨的巨大心血和期望，已经做了长期准备耗费了众多的人力物力，一旦取消全部努力付诸东流。他感到没有脸面去面对革命同志和节衣缩食资助起义的华侨们，内心非常痛苦。喻培伦、林文等人的劝说，说得黄兴热血沸腾。他决定不顾一切，争取按期起义，并且表示："余人可迈步出五羊城，惟我克强一人必死于此矣。"林文马上说："大举不成，尽可做一场大暗杀。克强既决志，吾人拢在一起同拼命耳。"

黄兴等人重新部署起义，紧急召集开始撤退的城内同志。26日，李准从顺德调巡防三营入城。这支部队中的军官，包括哨官温带雄在内的多数人热心革命，其余军官持中立态度，只有极少数人反对革命。陈炯明等人闻讯，改变主意，向黄兴表示可以在4月27日按期起义。黄兴于是在小东营召集会议，决定新的起义计划。因为起义人数大为减少，革命者由十路缩减为四路，于27日下午5时同时发动。黄兴率领第一路进攻总督署，杀掉张鸣岐；姚雨平率领第二路进攻广州小北门，接应倾向革命的新军进城；胡毅生率领第三路守大南门；陈炯明率领第四路袭取巡警教练所，吸收该所200名学生参加起义行列。

会后，黄兴立即给香港去电："母病稍痊，须购通草来。"意思是让香港的同志们如期前来参加起义。非常遗憾的是，这封重要电报直到26日夜间10点钟才传到香港。

在香港，赵声之前听说黄兴要取消起义计划，内心既反对又担忧，本来计划27日亲自潜入广州协调指挥，26日深夜接到黄兴如期起义的电报后，知道事情尚且可为，心中大喜。此时尚有300多名"选锋"滞留在香港，200多支枪和许多子弹还在香港待运广州。而开往广州的最后一班船早已启航。香港的同志们要按时参加27日的起义，时间上很困难了。赵声当机立断，决定将所有300多名同志全副武装，搭第二天（27日）早班船去广州；如果能混入城中，就参加黄兴等人的起义，如果在广州码头即被发觉，就开枪攻击，就势发动起义。应该说，这不失为一个能够响应黄兴的冒险计划。但是，胡汉民和谭人凤等同志反对赵声的这个计划。他们认为300多人携带武器，从香港赶赴广州，危险太大，沿途随时可能出差错。他们提出了一个折中的计划：第一，让同志们分批潜入广州，一部分人可乘早班船走，大部分人乘晚班船去广州；第二，紧急电告黄兴，要求将起义日期推迟到28日，争取在28日发动有准备的、更大规模的起义。

为了做好协调，谭人凤乘27日的早班船去广州找黄兴。赵声、胡汉民带领大部队搭乘晚班船前往广州。

黄花岗

1911年4月27日，阳光照在广州城上，照在城内越华路小东营5号。

这里是同盟会广州起义的指挥部。下午四点左右，黄兴在此召集同志们慷慨誓师。起义者们脚穿黑面的树胶鞋，用白毛巾裹在臂上做记号。恰巧赶到指挥部的朱执信本来有其他任务，见状当即决定加入起义队伍。他身上穿了长衫，来不及脱掉，就把长衫的下截撕去，成了短衫，要和大家一同出发。

搭乘早班船的谭人凤不顾已到花甲之年，紧赶慢赶，在起义之前辗转进入了指挥部。他见到黄兴，转告了香港方面的决定，游说推迟起义的理由。黄兴说了一句："老先生，不要多事，来扰乱我军心！"也许是受到群情激昂的革命热情的感染，本是来游说推迟起义的谭人凤转而赞同立即起义，并向黄兴请战，要加入起义。黄兴见谭人凤年事已高，不便参战，劝他："先生年纪已老，后方事还要人办，这是决死队，望你不必加入。"谭人凤坚持："难道你们敢死，我独怕死吗？"黄兴只好掏了两把手枪交与他。谭人凤根本不懂枪，抚摸枪身的时候一不小心，把机头打开了，手指头一动，突然"砰"地响了一枪。屋里人多，但幸好子弹穿向屋壁（一说射伤了一位同志）。黄兴一把从谭人凤手里夺过了枪，连声说："谭胡子不行，不要捣乱，误了大事！"枪响后，大家吓了一跳，害怕暴露了目标，把清军吸引了过来。众人屏气凝神，紧张地听着外面的动静。幸亏当时街头响声很多很杂，把刚才的枪声给冲淡了。大家这才放松下来。

下午5时30分，臂缠白布、脚着黑鞋的革命党人打响了起义的枪声。黄兴率领主力冲出小东营5号，杀向两广总督府。喻培伦肩挎盛满炸弹的竹筐，左手持号筒，右手持手枪，冲在队伍的最前面。这次起义基本上是黄兴这一路130多名"选锋队"在孤军作战。赵声率领的香港同志还在赶来的路上；广州城内的其他三路，因为陈炯明、胡毅生等消极等待，擅自决定停止起义。三路起义者无人领导，很多人没有领到武器，未能参加战斗。少数人听到黄兴一路的枪声后，不顾身单力薄，零零散散地冲出隐蔽所响应起义。一时间，广州城内枪声四起。

▲ 谭人凤

黄兴这一路从小东营的指挥部到总督衙门的路并不长，不到500米。傍晚的街头，行人也不多。广州人看到角落里吐出杀出一队拿枪持弹的年轻人，纷纷躲避。黄兴把队伍分为前后两队，自己和喻培伦率领前队人马，迅速杀向督署。徐维扬率领后队掩护。总督衙门正面有张鸣岐卫队数十人守卫。林文和两三个同志冲上前来，扔出炸弹一阵猛击。卫兵们猝不及防，被炸死多人，幸存的人慌忙逃入衙内，依托门房、廊柱负隅顽抗。黄兴的前队一时无法从正门攻入，和清兵展开了枪战。督署门前地形空阔，没有遮挡物，起义者躲在两个大石狮子后面与敌人对射。付出了很大的伤亡后，黄兴带领十几人从西边侧门强行攻入；前队的其他人在喻培伦的率领下，把督署的围墙炸了个大洞后，也冲入衙门内。不久，徐维扬率领的后队人马杀到了，与督署正面残存的清兵遭遇，经过激烈的枪战后也成功杀入总督衙门。只听着总督衙门内杀声雷震，子弹横飞，硝烟弥漫，“枪声喧于急雨，弹烟浓于乱云，喊呐崩天，血花溅地，此惫彼兴，前仆后继”。

两广总督张鸣岐不等起义者杀到，就已经翻窗爬墙，仓惶逃入水师行台和李准回合。惊魂未定，张鸣岐即命李准调集部队镇压起义。

黄兴等人基本控制总督衙门后，遍寻张鸣岐不见。进攻的目标不见了，又不知道其他各路同志的进展，怎么办？空空如也的总督衙门不宜久留，黄兴迅速决定撤离。有人放了一把火。火光中，大家重新杀出衙门。沿途还有清兵射击起义者，黄兴双手持枪和同志们一起奋勇击退残敌，成功地从正门冲了出来。

一行人冲到东辕门，遭遇了李准派过来的一支清军。林文听说有许多清军官兵倾向革命，便上前高呼："我等皆汉人，当同心戮力，共除异族，恢复汉疆，不用打！不用打！"话音未落，回应林文的是敌人的一阵子弹。林文击弹倒地，当场牺牲。刘元栋、李炳辉等5人也相继中弹。黄兴右手中指的第一节和食指的第一节都被打断，他忍痛用断指反击。双方胶着僵持，起义队伍如果和清兵纠缠下去，势必遭遇各处清兵的合围。黄兴果断命令大家脱离战斗，将所部分为三路分头行动。其中喻培伦、徐维扬等两路人分别去接应新军响应起义或者进攻督练公所；黄兴自率方声洞、朱执信等出南大门，接应防营入城——在起义计划中，起义军的主力原本就是清朝新军和巡防营。

广州起义发展到现在，能否成功，主要希望就在倾向革命的清朝官兵的态度了。

起义爆发后，这些革命官兵心情激动。可惜的是，多数人的武器在起义前被清政府收缴了，还有许多人因为联络不上没能参加起义。能够响应起义的清军寥寥无几。

李准调入城内的巡防营哨官温带雄是同盟会员。事先，他与黄兴约定在起义之日以保卫水师行台为名，活捉李准，响应起义。双方秘密商定，起义的清军臂佩白手巾作为标记。27日起义枪声打响时，温带雄和他的部队正在吃晚饭。巧的是，水师提督李准传令该哨前去保卫行台。温带雄迅即扣留传命之人，宣布起义。他率全队官兵，整装冲向行台，准备捉拿李准。因为怕恐途中遇到清兵阻碍，温带雄和起义官兵们手臂上并未缠上白巾。更巧的是，这支起义的清军在南大门遭遇了黄兴、方声洞、朱执信等人。双方因为误会，发生了鏖战！

黄兴这一路本是为了接应起义的巡防营的。结果，方声洞看到一支没有缠白毛巾的清军队伍冲了过来，误以为是镇压起义的顽固官兵。他举手就是一枪，恰恰击毙了领导起义的温带雄。起义的巡防营官兵见首领被杀，纷纷反击，击毙了方声洞。两支革命队伍越战越激烈，在南大门一带死战。此情此景，令人至为痛惜。

黄兴的队伍与温带雄的队伍在内讧中战死多人。黄兴的队伍伤亡惨重，队伍被冲散了，各自为战。黄兴独自一人藏在附近的一家洋货店里，以门板作掩护，坚持枪战。而起义的清军官兵在温带雄死后，群龙无首，最后各自散去。

天色已晚。喻培伦、徐维扬等人的队伍也与清军展开巷战，逐渐陷入困境。他们转战于广州的大街小巷，对抗越来越多的清军，寡不敌众。最后，喻培伦、徐满凌、李德山、林盛初等人退入高阳里一家米店。起义者将米包垒成掩体，与清军激战一昼夜，击退清军数次进攻。血战中，米店周围留下了许多清军的尸体，革命者韦统钤、韦统淮、韦树模等也不幸中弹牺牲。战到最后，清军不能近前，还是张鸣岐下令泼油烧街。一时间火光冲天，浓烟滚滚。坚持在米店中的十几位起义者或者死于烈火浓烟之中，或者在烟雾中突围被击毙，或者在突围中被抓。牺牲者中，广西来的韦树模、韦统钤、韦统淮、韦荣初四人为族兄弟，都是太平军后代。米店战斗停歇，标志了本次广州起义以失败告终。

喻培伦参加了米店的激战。他杀得性起，挂着一筐的炸弹，只身冲向敌阵，一边高喊杀贼，一边抛掷炸弹，吓得清军慌乱躲避。在烈焰的映衬下，喻培伦“容色威猛，若能吃生人者”。最终他因负伤被俘遇害。就义前，喻培伦还慷慨高呼：“学说是杀不了的，革命尤其杀不了！”年仅 25 岁。

徐维扬在危急中，让受伤的徐佩旒等 6 人潜伏回乡里养伤，自己继续杀敌，最终杀出重围，成功逃出了广州城。奉徐维扬命令扶伤回乡休养的 6 人，分别是广东花县农民 30 岁的徐佩旒、30 岁的徐廉辉、29 岁的徐应安、24 岁的徐昭良、20 岁的徐保生和 28 岁的越南华侨徐松根。他们沿着粤汉铁路慢慢行走，走到江村高塘火车站附近铁路桥时，忽遇敌兵。当时，六名革命者弹尽人伤，无法迎战，不幸全部被捕，送到水师行台后英勇就义。

许多起义者知道广州巡警教练所有同志，所以在失败后跑到教练所去寻求避难。所长夏寿华见状，急中生智，将教练所的学生制服都取来，向起义者们说：“你们这些学生，还不快些穿好军服出去巡逻？”起义者们听了，立即领悟，赶紧改换装束，扮作巡警学生出巡，分别脱离了危险。

包括林觉民在内的43名起义者被捕。混战中，林觉民被一颗子弹打中腰部，扑倒在地。他扶墙挣扎着起来，举枪还击，最后因伤瘫倒在墙根而被俘。被俘后，林觉民滴水粒米不进。

在总督衙门的审讯中，林觉民不会说广东话，用英语回答问题。他慷慨陈词历数清廷的腐败、宣扬民主自由思想。主审的李准为林所折服，准许去掉林觉民的镣铐并给他座位坐下，准备好纸墨，让他书写供状。林觉民提起笔来，想到起义失败，胸中充满愤激之情，竟至捶胸顿足。一度，林觉民想吐痰，李准竟然亲捧痰盂过去。在"供状"中，林觉民奉劝清朝官吏洗心革面，献身为国，革除暴政，建立共和。张鸣歧亲自阅读了林觉民的"供状"，叹道："惜哉！此人面貌如玉，肝肠如铁，心地如雪，真奇男子也！"一个幕僚哈腰低语："确是国家精华，大帅是否要成全他？"张鸣歧正襟危坐，说道："这种人留给革命党，岂不是为虎添翼？"于是，张鸣歧下令处决林觉民等"顽冥不化分子"。

几天后，林觉民坦然迈进刑场，从容就义，年仅24岁。

不久的一个清晨，福州林家的门缝里被人塞进来林觉民的遗信。陈意映在那一条方巾上看到："意映卿卿如晤：吾今以此书与汝永别矣！吾作此书时，尚为世中一人；汝看此书时，吾已成为阴间一鬼。……吾至爱汝！……吾居九泉之下，遥闻汝哭声，当哭相和也。吾平日不信有鬼，今则又望其真有。今人又言心电感应有道，吾亦望其言是实，则吾之死，吾灵尚依依旁汝也，汝不必以无侣悲！"一个月之后，陈意映早产，两年后抑郁而亡。

起义失败后，负伤的黄兴在珠江河畔辗转。他想呼唤渡船去南岸，因为语言不通未能如愿，又忘记了附近革命党机关的门牌号码，仅记得是假托胡姓人家娶亲的。茫茫夜幕中，他摸索到一户门上有红色对联的喜庆人家，冒险叩门而入。可惜革命同志不在，仆妇不让他进入，黄兴请求了好一会才放他进去。驻守这处机关的是女同盟会员徐宗汉。徐宗汉，生于上海，在槟榔屿加入同盟会，到广东组织广州同盟会分会。她参与了广州起义的筹划，带领亲友将枪械弹药秘密运进广州分发给同志们。徐宗汉回来后，赶紧对黄兴做了包扎，并在第二天护送他出城。

第二天，在广州城门口，乔装打扮的黄兴遇见了率领300多名同志风尘仆仆赶来的赵声。昨日，同志们的鲜血染红了广州街巷，一切都已不可挽回。黄兴和赵声唯有抱头痛哭。

第三天晚上，黄兴在徐宗汉亲自护送下，乘轮船潜回香港就医。黄兴有一根手指将断未断，十分痛苦，需要动手术。徐宗汉以黄兴妻子的名义签字，又在医院悉心照料黄兴。黄兴出院后，两人结为夫妻。

起义的失败对赵声打击尤其巨大。赵声悲痛过分而病倒，仍然扶病赶赴顺德，谋划再次起义。革命党事先联络了广州周边的会党相助，广州城内大乱时，周边会党也闻风聚集。但是李准迅速调集兵力，加以驱散。赵声再次起义的计划失败，擎枪自杀，幸亏被同志阻止。此后，赵声郁郁寡欢，回到香港，大病一场。5 月初，赵声腹痛不止，经诊断是盲肠炎，非割不治，手术时发现赵声肠有腐烂，血黑。术后，赵声口吐紫血，坚持到 5 月 17 日午后，回光返照。他勉励身边的革命同志坚持到底，并吟诵“出师未捷身先死，长使英雄泪满襟”之句，泪随声下。同志们受他感染，悲伤流涕，不想赵声突然张目喊道：“吾负死难诸友矣！雪耻唯君等。”说完，他闭眼流泪不已，此后不能再说话了。18 日下午一时，赵声逝世，年仅 32 岁。

4 月 27 日的起义，随黄兴出发的有 130 多人，此外从各处自发出来参加战斗的队伍有数股之多，又有反正的清朝官兵，具体人数无法统计。生还者寥寥可数。牺牲的革命者尸体，多数横陈街巷，没人收敛。5 月 1 日，两广总督衙门通知地方各善堂出面收拾各处起义者尸体，共收集 72 具烈士尸体集中于谘议局门前旷地。但是，就义的革命志士绝对不止 72 人。

怎么安葬这些尸体呢？广州所属的南海、番禺两地县令商议，葬于臭冈。城内没有暴露的同盟会员潘达微闻讯后，心急如焚。因为臭冈是掩埋死囚尸骨的地方，让革命志士与作奸犯科的盗匪恶棍地下共处，污了革命的名声，有负志士的牺牲。潘达微冒着生命危险，多次哭诉于广仁善堂，动之以情，晓之以理：“诸义士为国捐躯，纯未国民谋幸福，彼此均为国民一分子，如此藁葬，心实难安。”善董们受到感动，向衙门通融，得到允许将起义者尸骨葬于红花冈。潘达微又以“红花”不雅为由，改名为“黄花岗”，取黄花晚节之义。由此，本次广州起义又被称为“黄花岗起义”，牺牲者有了专门的名字：黄花岗烈士。

27日下午劝阻起义的谭人凤在起义前被护送到安全处隐藏了起来。几个小时后，与他站在同一屋檐下的那些年轻的生命，纷纷陨落。这些志士都是同盟会的骨干、精英，本是未来中国的栋梁之材。谭人凤痛哭流涕：“是役也，死者七十二人，无一怯懦士。事虽未成，而其激扬慷慨之义声、惊天动地之壮举，固已碎裂官僚之胆，震醒国民之魂。”孙中山先生在《黄花岗烈士事略序》中如此评述本次起义：“吾党精华，付之一炬，其损失可谓大矣。然是役也，碧血横飞，浩气四塞，草木为之含悲，风云因而变色。全国久蛰之心，乃大兴奋，怒愤所积，如怒涛排壑，不可遏抑。不半载而武昌之大革命以成，则斯役之价值，直可惊天地，泣鬼神，与武昌革命之役并寿。”

盼来的竟然是皇族内阁

革命如潮水般汹涌，清廷不能无动于衷了。官府的主要对策仍然是用缓慢的“预备立宪”来对抗革命，如今所做的就是加快立宪的步伐。载沣等人以为如此就能阻挡革命浪潮。

即便到了这个时候，清廷所释放的“宪政诚意”还是异常有限。广州起义发生的第二个月（1911年5月8日），清政府宣布裁撤原先的权力核心军机处，建立责任内阁——这是开明官僚和立宪派们之前疾呼力争的。

因为没有国会，所以这个责任内阁不可能是选举产生的，而是由朝廷指定的。内阁设总理一人，协理二人，分为十部，每部设大臣一名。一共13名大臣组成了责任内阁。具体名单如下：总理大臣是庆亲王奕劻（宗室），协理大臣（副总理）分别是那桐（满族）和徐世昌（汉族），外务大臣梁敦彦（汉族），民政大臣肃亲王善耆（宗室），度支大臣载泽（宗室），学务大臣唐景崇（汉族），陆军大臣荫昌（满族），海军大臣载洵（宗室），司法大臣绍昌（宗室），农工商大臣溥伦（宗室），邮传大臣盛宣怀（汉族），理藩大臣寿耆（宗室）。

载沣集团本想通过责任内阁来显示朝廷对宪政的“理解”和立宪的“诚意”，却从这份名单里暴露了他们的专制欲望和对宪政的侮辱，达到了相反的效果。

首先，内阁掌握在清朝皇室成员手中，从根本上违背了宪政的本意。

责任内阁设立的目的就是限制皇权，皇室设立内阁就是对皇权的自我限制。因此，“皇室成员”不进入内阁是一个不成文的规矩，或者说是常识。人们分析新内阁的13名大臣，却发现满族占了9名，汉族只有4名。而9名满族大臣中又有7人是皇室成员。[1]皇室成员在内阁中占据数量上的绝对优势，总理大臣又是庆亲王奕劻，实际上整个内阁都由皇室成员把持着。人们很自然将这个内阁讥为“皇族内阁”。

其次，内阁成员几乎都是老官僚，是之前执政班子的延续。

总理奕劻之前就是领班军机大臣，如今平稳“过渡”为新内阁的总理。他头脑中有多少新思想，对宪政有多少理解，非常可疑。其他人，如溥伦、载洵等，也不是支持民主、推动宪政的人物。荫昌则完全是载沣用来控制军队的人选。我们再来看来其他大臣的情况：

那桐，1856年生，满洲镶黄旗人，叶赫那拉氏。他举人出身，沿着传统官僚的成长道路一步步得到提升，之前也是军机大臣，如今“过渡”到新内阁中来。如果说他和其他传统官僚有什么不同的地方，

▲ 那桐

1　奕劻、溥伦等人的宗室身份是明确的，有争议的是绍昌。按照清朝皇室成员的认定标准，“显祖玄皇帝（太祖努尔哈赤之父）本支为宗室，伯叔兄弟之支为觉罗”。绍昌虽然不是出自努尔哈赤一支，但属于“觉罗”的范围，算是远支宗室。

那就是他参与了辛丑条约的谈判，之后负责过外务部，对外交事务有所了解。对外部世界和民主共和，他也就停留在了解的程度，要他赞同民主共和，那是万万不可能的事情。

徐世昌，1855 年生，天津人。徐世昌被认为是袁世凯势力的重要成员，是开明官僚。徐袁二人在青年时代就相识，并结拜为兄弟。按年纪算，徐世昌是袁世凯的大哥。之后，徐世昌虽然考中了进士做了翰林，但在中下级官僚的位置上蹉跎了十多年。袁世凯在小站编练新军时，徐世昌主动加入，成为新军中仅次于袁世凯的二号人物，由此奠定了日后发达的基础。徐袁二人思想相近，在清末新政中徐世昌也多有表现，不过在仕途上二人拉开了一定的距离。徐世昌在八国联军侵华期间，积极追随慈禧太后逃亡，得到后者的赏识，开始平步青云。所以袁世凯后来被免，徐世昌受到的影响不大。这次，徐世昌能在内阁中排名第三，一来可能需要借重他丰富的行政经验和对新政的理解，二来可能是用徐世昌来堵住汉族人、袁世凯势力参与和开明官僚的嘴（徐世昌符合这三项条件）。总之，徐世昌是个政治点缀。

其余三个汉族大臣中，名列各部之首的外务部大臣梁敦彦是广东顺德人，1856年出生。他的祖父和父亲曾在香港、南洋闯荡，家庭风气开放，梁敦彦从小就学会了英语，并作为清政府首批留美幼童之一在美国接受了教育。回国后，梁敦彦选择在旧体制中做官，一步步升迁。他从事的主要是洋务活动，属于典型的技术官僚。从他日后参与张勋复辟来看，梁敦彦应该算不上是拥护民主共和的人物。

学务大臣唐景崇是同治年间的进士，从翰林编修做起，历任侍郎、御使和多地的学政，1910 年“专业对口”升为学部尚书，此次进入内阁做学务大臣也是平稳“过渡”。唐景崇生平喜欢读书，喜欢治史，加上老迈，怎么看都是个传统得不能再传统的老官僚。

排名靠后的邮传大臣盛宣怀则值得重点关注一下。

盛宣怀，1844 年出生于江苏常州，他是中国近代民族工业和洋务运动的开拓者与奠基人。盛宣怀不擅长科举考试（只考中过秀才），优越的家境却让他有机会从事参与社会事务。1870 年，盛宣怀被李鸿章招入幕府，得到后者的赏识。从此，盛宣怀跟从李鸿章举办洋务活动，创办了一系列采矿、交通、金融事业。同时，他自己也从事商业活动，是与胡雪岩齐名的“红顶商人”。因为既当裁判员又做运动员，盛宣怀的商业活动非常成功，资产丰裕。丰富的政治和实业经历，让盛宣怀谙熟帝国体制，对国情有深入的了解。和李鸿章一样，盛宣怀思想开明，支持改革，但反对激进的革命。戊戌变法前后，他对维新改革是支持的，但反对康有为的急躁和贪功。李鸿章死后，其势力很大程度上为袁世凯所继承，而精神衣钵很大程度上为盛宣怀所继承。

盛宣怀长期游离在官和民之间，亦官亦民又非官非民。他控制着许多企业和社会事业，既向清政府谋求政治支持图谋发展又以此为筹码向清政府要求个人地位，陷入了政治体制的旋涡。这是他最大的缺点，也是“红顶商人”的悲哀。李鸿章死后，盛宣怀郁郁不得志了多年。载沣集团上台后，盛宣怀贿赂载泽60万两白银，谋得邮传部尚书一职。据说载泽知道盛宣怀善于理财，将贪腐所得的百万银子委托他理财生利。盛宣怀大赞自己控制的萍冶矿局的好处，怂恿载泽入股。载泽就用家当换来一纸股份。清朝灭亡后，排满风气浓厚，盛宣怀将载泽的股份占为己有，载泽也不敢吱声。话说回来，抛却道德和政治纠葛，单从能力和经历上来说，盛宣怀是邮传大臣的合适人选。

“皇室内阁”中除了徐世昌、盛宣怀二人略有亮色之外，基本上是一个保守沉闷的团队，对朝廷忠诚有余，却无民主风范和强国富民的能力。清廷一不小心泄漏了假立宪真专制的面目，责任内阁“名为内阁，实则军机；名为立宪，实则专制”。一般的人都能从中看出蹊跷了，对政府的“诚意”感到失望，更不用说立宪派了。立宪派的宪政幻想随着责任内阁的公布而破灭。1911年6月11日和7月5日，各省谘议局联合会两次上书请都察院代奏，要求撤销皇族内阁，均被拒绝。湖北谘议局议长汤化龙和湖南谘议局议长谭延闿发布《宣告全国书》，指出立宪的“希望绝矣”。和平的宪政道路在中国走不通了，因为朝廷不让走，那么立宪派只能转向它的对立面，“内阁甫成立，而推翻之动机已伏矣”。

这样的内阁成立后，会有什么举措呢？

内阁成立后的第一个举措就是盛宣怀提出的，立即引起了轩然大波。

盛宣怀高龄当官，还有心作为。他对发展经济有自己的一套想法，迫切想付诸实施。在思想上，盛宣怀这一代知识分子成长于王朝体制的强力控制之下，对国家的力量抱有一种近乎迷信的敬畏、信任和依靠。在中国漫长的历史中，国家力量极其强大，民营事业没有独立的空间，难免让知识分子过分看重国家的作用。在实践中，盛宣怀举办的众多事业依附于政治权力，其盈亏发展和官府的支持或打压密切相关。两相作用，盛宣怀信奉“权力经济”，认为经济的发展离不开政治权力的推动，认为国有经济比民办经济优越。因此，盛宣怀就任邮传大臣后，力主推动邮政和交通事业的国有化。他的第一个目标就是全国各地久拖不决的商办铁路建设事业，第一项政策就是“铁路国有”政策。

这项政策的出发点是好的，也是针砭时弊有感而发。铁路是近代工商业的命脉，收益丰厚，加上中国已有的铁路干线为列强所控制，无论是从经济角度还是爱国角度，中国人在20世纪初年就力主自办铁路。1903年7月，四川总督锡良上奏清廷，请求“自设川汉铁路公司”。这一建议得到上至朝廷下到各省绅商的一致支持，民间自筹资金的铁路商办运动一时进入高潮。几年热情过后，中国民办铁路的事业进展缓慢，弊端重重。首先是缺乏资金。铁路建设需要大量资金，而各地从来没有筹集到足够的资金。比如川汉铁路兴办以来仅筹集到全路所需款数

▲ 宣统元年（1909），四川铁路公司成立典礼合影

的十分之一，照此速度还须 90~100 年的时间方能完成川汉铁路（四川在 1949 年前仍无铁路）。其次是管理混乱，严重拖累了铁路建设。比如川汉铁路公司经营财目混乱，存在严重的贪污浪费。筹集到的 1600 万元路款，被层层贪污挪用。据说四川铁路公司驻上海提调、四川人施典章在上海投机买橡皮股票亏空，挪移铁路款项 400 万，因此首先奏请将川汉铁路收归国有。而宜昌、成都两地的四川铁路公司人员，也造成数百万的亏空。结果川汉铁路只造成不足 50 里的路基而已。其他商办铁路也不容乐观："数年以来，粤则收股及半，造路无多"；"湘、鄂则开局多年，徒资坐耗。"如此发展下去，中国的铁路事业就耽误了。原本支持商办铁路的人们，也开始反省民营铁路是否可行了。很多人转而支持国家控制铁路事业。

有民意基础，有主管大臣盛宣怀的推动，又有主管财政的载泽的支持，再和摄政王载沣小范围商议后，"铁路国有"政策就在内阁成立的第二天（5 月 9 日）以上谕的形式（《铁路干线收归国有谕》[1]）直接发布了——没有通知中央资政院的议员们，各省谘议局更是不知情。盛宣怀与度支部被要求"悉心筹划，迅速请旨办理"。

枪声在四川响起

"铁路国有"上谕颁发以后，得到了许多省份的支持。不过这些省份都是民间资本匮乏、无力修路的边远省份，比如云南、广西、贵州等。他们大喊"国有化"的好处，但在铁路建设事业上基本是"打酱油"的角色。而商办铁路已经起步的省份，比如湖北、四川、湖南、广东等省则比较抵触。他们反对朝廷将铁路收归国有的理由是，"国有化"是朝廷"与民争利"。

1 "干路均归国有，定为政策。所有宣统三年以前各省分设公司集股商办之干路，延误已久，应即由国家收回，赶紧兴筑。"上谕说的都是实情。

不过局势仍然在盛宣怀的掌控之下。他纵横商场多年，见惯了风浪。商办事业的争论，核心围绕一个“利”字，只要处理好的利益关系，反对声音会慢慢平息下去的。所以，盛宣怀按照自己的思路，加快推进下去。一方面，邮传部着手制定国有化的细则，核心内容就是如何补偿各地百姓已经付出的修路资金；另外一方面，考虑到朝廷并没有钱来修路，盛宣怀开始接触外国银行团，筹措对外借款，企图用外国资金建设国有铁路。

在借款方面，盛宣怀进展顺利。当时西方列强资金充裕，各国手里都有闲钱，急需寻找到投资项目，愿意借钱给中国的人很多。上谕颁发仅仅 10 日后，清政府便与英、法、德、美四国银行签署了借款合同。就合同本身而言，盛宣怀不愧是谈判高手，为中国争取到了相当优越的借款条件：借款年利息为 5 厘，贷款期限为 40 年，和之前的外债合同相比算是低利率了；之前列强借款给中国往往附加政治条件，要以中国铁路管理权或铁路所有权作为抵押，这次盛宣怀说服列强同意以百货杂类与盐厘捐为抵押品，风险很低。此外，合同明确说明，日后铁路所有权和管理权归中方所有，铁路建设过程中优先使用中国工业产品与原材料（比如合同专门说明铁轨要从汉阳铁厂购买），中方督办大臣有权指挥外国工程师等等。因此，盛宣怀推动的这份借款合同，算不上是“卖国条约”。

但是，邮传部制定的铁路国有化细则，捅了大娄子，导致了整个国有化政策全盘崩溃。

邮传部、度支部制定的收路细则，规定湖南、湖北的路款照本发还。因为这两省凑集的铁路款基本保持完好，有钱发还给股东们。但是广东、四川两省的铁路款已经出现巨额亏空，比如四川在 1903 年成立了铁路公司，尚未修一寸铁路，几年下来却已支出近千万两，账目堆积如山，无法算清。朝廷没有钱填补这笔亏空，就是有钱，盛宣怀也不愿意掏钱。他态度强硬地表示，地方铁路公司的亏空属于自身经营管理不善造成的损失，不能由国家来填补。当然，盛宣怀也不是一点情面都不讲，承诺这些可以以“入股”的形式转化为国有铁路公司的股票。因此，广东路款只发还六成，其余四成转化为日后建成的国有铁路的股票；而四川则只退还账目上尚存的700万两，其余都变为了股份。

收路细则公布后，原先反感国有化的湖北、湖南百姓对补偿条件基本满意，情绪逐渐平缓下来。广东人因为只能收回六成资本，意见仍然很大。不过，因为掏钱参与商办铁路的股东很多是海外华人华侨，他们在海外发泄不满，对国内影响不大。只是到了四川，朝廷的细则致使群情汹汹，激起了众怒。怎么会这样呢？

其他省份商办铁路的股东是士绅官商，四川的铁路公司的股东则是全省千百万普通百姓。之前为了筹资修路，四川省采取抽租的方式，在老百姓缴纳的正税之外再收取专门的铁路费用，比如农民交租时按照"值百抽三"的比例缴纳筑路费。这和增税无异，扰民十分严重。结果造成百姓被迫深受修筑铁路之苦，同时使得四川百余州县的大小绅商、城乡百姓都和铁路利益息息相关。四川人的要求是"川省人民办路用款，应照数拨还现银"，希望早点领回自己的血汗钱。收路细则公布后，人们发现连一半的钱都拿不回来，顿感失望。大家纷纷反对这个细则。加上的确有一部分人想利用民间力量修筑铁路，反对朝廷与民争利，再加上"铁路国有"政策是绕过资政院和谘议局发布的，四川很多人进而反对起"铁路国有化"的政策来。

朝廷为了推动铁路国有，工作态度粗暴，且不注意和四川地方的沟通，进一步激化了矛盾。这是崇尚绝对权力的人的通病：闭塞自大，一意孤行，一条道走到黑。收路细则公布后，四川谘议局和代理四川总督王人文几番亲自上奏或代奏官民呈文，言明"群情激切"，"请暂缓接收川路"，都遭到清廷严厉申饬。王人文，当时57岁，云南大理白族人，光绪年间进士，在贵州、广东、陕西等地做官二十余年，当时刚刚接印一个月。他是个务实的官员，为朝廷和百姓双方考虑，希望朝廷暂缓在四川推进铁路国有化政策。6月1日，盛宣怀和渝汉铁路督办端方发给王人文电报，指示处理四川铁路款项的办法。电报称将亏空款项一律填给股票，如果四川方面一定要索还，朝廷只有再借外债了。王人文清楚，公布这样的电报，无异于在四川社会火上浇油，大胆地将电文秘而不宣。盛宣怀、端方不但不理解王人文的苦心，还对王人文不满，在7日直接致电川汉铁路宜昌分公司，令其向成都索阅款项处理电文。王人文不得不将电文公布于众。

6月13日，朝廷与四国银行签订的借款合同文本传到成都。已经有了不满情绪的人们更是抓住“借外债修路”这一点不放，认为朝廷不仅是在与民争利，而且是在开历史倒车。原本民间筑路就是有鉴于借外债丧权辱国的教训才兴起的，如今怎么能重蹈覆辙呢？情绪激动的人们，对合同内容缺乏理性的解读。激进派开始在报纸上批判盛宣怀“卖路”、“卖国”。很多人公开表示“借此丧失国权之款，不在路归国有，而在名则国有，实为外人所有”。局势开始脱离冷静的轨道，超乎王人文等人的控制之外了。17日，成都岳府街上人流如织，川汉铁路公司的第七次股东大会正在此举行。大会开幕后，激愤人士相继登坛演讲，痛陈时事，台上台下一起声泪俱下。演讲人罗纶说：“我们四川的父老伯叔！我们四川人的生命财产——拿给盛宣怀给我们卖了！卖给外国人去了！”说了简单几句，他便嚎啕大哭起来，全场也跟着大哭，哭声持续了23分钟。突然，罗纶挥拳猛一砸桌子，对着人们大声吼道：“我们要誓死反对！我们要组织一个临时的机关，一致反抗，反抗到底！商人罢市！工人罢工！学生罢课！农人抗纳租税！”台下同呼：“赞成！”“成立保路同志会！”随即，会议推举四川谘议局议长蒲殿俊为保路同志会会长，罗纶为副会长。保路同志会要求将铁路资金如数发还四川人。

王人文作为总督，采取支持百姓的态度。他先是上奏朝廷，痛斥盛宣怀主导的借款合同卖国丧权，又将罗纶等2400余人签注批驳铁路借款合同的原件代为上奏，同时王人文还自请处分。朝廷遭遇如此重大的群体性事件，仍然不注意和四川方面沟通，也不采取措施化解矛盾，相反再次申饬王人文。王人文的历次上奏，都遭到了训斥。

保路风潮在四川州县蔓延，开始出现罢市、罢课。成都各街道、学校、省城外各州县也都纷纷成立保路同志会。发展到秋天，保路同志会各级组织已遍布全川。组织成员变得复杂，除了要求还钱的出资人外，还有四川各地的哥老会组织、反清复明的绿林好汉。各地的同盟会会员也以保路为掩护，纷纷渗透进入同志会。此时，保路运动俨然成为由士绅带头，混杂了大批革命党人、帮会成员的反对政府行动。后者大量涌入保路同志会，纷纷筹划建立武装，准备和政府做强硬的对抗。保路同志会一时间膨胀到 10 万人。

官府担心保路同志会的反政府和武装倾向，可又不知道如何防范。在清军部队中，有军官命令队列中反对朝廷的保路同志会成员出列，以便加以驱逐。结果所有士兵都站了出来，只剩下军官光杆司令般尴尬地站着。最后，长官不得不取消命令。而不辨下情的朝廷，还一直在催促四川推进“铁路国有化”政策。

8 月 24 日，保路同志会召开紧急会议，决定罢市抗议。第二天，成都全市进入罢市状态。有人描写当天成都的景象说：“成都本是一个摩肩接踵，繁华热闹的大都市，至此立刻变成静悄悄冷清清的现象。百业停顿，交易全无。悦来戏院，可园的锣鼓声，各茶馆的清唱声，鼓楼街做衣铺的叫卖声，一概没有了。连半边街、走马街织丝绸的机声，打金银首饰店的打锤声，向来是整天不停的，这时也听不见了。还有些棚子、摊子，都把东西收起来了，东大街的夜市也没人赶了。”各街供奉光绪牌位，旁边则用大字写着光绪皇帝之前颁布的上谕中的一段话“川路仍归商办”，以表示对政府现行政策的抗议。有些老百姓，头上顶着写有光绪神位的条子走在街上，还有些人在街道中心搭起了席棚亭子，里面供着光绪皇帝的神位，弄得大小官员不能骑马、乘轿，经过此地都必须下马、落轿，绕亭而行。形势进一步失去控制。

朝廷的应对措施非常“糗”，下令罢免尚能为四川官民接受的王人文，急调驻藏大臣兼川滇边务大臣赵尔丰署理四川总督。赵尔丰之前长期在川西和西藏一代处理藏务，作风强悍。他接手四川的棘手局势后，也在 9 月初接连电奏朝廷，说明四川情况，认为目前只能暂时顺从民意，建议朝廷收回成命，否则祸起眼前，“非兵力所能压制”。此时，保路同志会提出了各项自保条件，包括制造枪炮、训练军队，有脱离清政府的倾向。清廷据此认为四川官民倡言自保，意在独立，罪无可赦，驳斥了赵尔丰的意见。赵尔丰和朝廷保持一致，态度转向强硬。

9 月 7 日，赵尔丰诱捕蒲殿俊、罗纶以及保路同志会和川路股东会的负责人共 9 人，企图以此压制抗议浪潮。消息传开，成都数万群众前往总督衙门请愿，要求放人。许多人手捧光绪神位，一排排地跪在督衙的门前，替被捕的人求情。有人乘机闹事，在成都市区放火。赵尔

▲ “成教血案”中部分死难者

丰张贴告示，要求众人：“即速开市，守分营生，如若聚众入署，格杀勿论。”群众不听。赵尔丰竟下令军警向手无寸铁的群众开枪，当场打死 32 人。其中年纪最大的 73 岁，最小的才 15 岁。同时，巡防营马队在大街上驱赶群众，被践踏受伤者更多。营务处有人下令用大炮轰击群众。成都知府于宗潼见状大哭，用身体挡住炮口，这才没有酿成更大的伤亡。这便是骇人听闻的“成都血案”。

这些死难者被官府诬为“乱党”，但家属暗中都领到了“恤银”，表明官府在此事上也很纠结。

成都局势骤然紧张起来。万分紧急时刻，同盟会员发挥了关键作用。黄复生的同学、同盟会员曹笃奉命逃出城外去通知各地同志。怎么通知，才能让同志们尽快知晓呢？他跑到城南农事试验场，与同盟会员朱国琛锯木板数十块，上写“赵尔丰先捕蒲罗，后剿四川，各地同志速起自卫”，然后将木板涂上桐油，投入江中。这些木板漂至川南、川东各地，被人称为“水电报”，迅速将成都血案告诉了各地同志。各地保路同志军纷纷揭竿而起，向成都聚集。

数日之内，保路同志军发展到 20 多万人，从 9 月 8 日起围攻成都十几天。由于缺乏统一的组织指挥、武器装备落后，同志军没能攻下成都，之后分散进入地方各州县。清廷鉴于四川出现全民起义的景象，在9月20日调端方率领湖北新军31、32两标日夜兼程入川平乱。端方也算是清朝内部比较开明和务实的官僚[1]，不愿意用血流满地的方法解决争端，所以军队只开到湖北宜昌，他就按兵不动，等候消息。无奈，朝廷发来圣旨严迫他早日进军，端方只得进军至重庆。外来的军队让四川人更加反叛，百姓们坚壁清野，给清军的行动造成了极大困难。端方军队进入四川后，找不到接应，筹措不到充裕的军需，甚至端方都只能住在猪窝草棚里。

在重庆，端方的部队得到消息：川东荣县等处独立了！朝廷命令端方所部立刻去镇压川东独立各县。

荣县是川东的一个小县，清朝没有驻军，统治比较薄弱，而革命党人的势力比较强大。之前，官府所依赖的民团武装都被同盟会争取了过去，变为了革命武装。保路运动发生后，川东组织保路军围攻成都。从

▲ 入川前，端方与湖北官员及洋员合影。中坐者为端方

1 端方，满族人，当年51岁。他支持过戊戌变法，担任过山西、河南地方官，做过两江、湖广、直隶总督，办过新政，办过洋务，也是出洋考察宪政大臣之一，履历丰富，视野开拓，能干务实。

东京同盟会总部赶回来的荣县本地人吴玉章就留在家乡组织接应。他召集各方人士商议，通过了按租捐款的办法，为同志军解决了粮饷问题，又加紧训练各乡民团，还开了一个军事训练班，使得革命势力进一步壮大。川东保路同志军进攻成都失败，转回荣县、威远、仁寿一带。荣县知县和土豪劣绅吓得逃跑了。同盟会员认为本地革命势头良好，就由吴玉章在9月25日宣布荣县独立，脱离清朝建立政府。之后，仁寿、井研、威远等县也相继宣布独立。自盘古开天地以来，这还是第一次发生地方州县与中央朝廷脱离关系、建立民主政府的情况。清廷受到很大的冲击，命令端方加速镇压。

不过，端方的镇压行动没有展开，人们的视线就转移出了四川，被更大的事件吸引走了。

10月10日，武昌爆发起义了！

十月围城

1911年10月10日

前后发生了什么？

武昌起义是由湖北新军发动的。编练新军是晚清新政的重要内容。清廷原计划在全国编练新军36镇，但各地进度相差悬殊。其中最成功的是袁世凯在直隶编练的北洋新军，紧随其后的是张之洞在两江总督任上编练的南洋新军，其他各省新军相去甚远，有的省份毫无新军可言。部分南洋新军后来调往山东，归入袁世凯的北洋新军。其余南洋新军随张之洞调任湖广总督而移驻湖北，发展成为了湖北新军。

新军的编制从大到下依次为镇、协、标、营、队、排、棚，依次相当于师、旅、团、营、连、排、班，长官分别叫统制、协统、标统、管带、队长、排长和棚目。北洋新军一共有6个镇，相当于后来的6个师；湖北新军只有一个镇和一个混成协，番号分别是第八镇和第二十一混成协，驻扎在武昌。此外武昌还有若干辅助部队和军校。张之洞创建这支部队的时候，是抱着报国之心的，征兵时多挑选具有一定文化程度、具有爱国创新思想的青年入伍。湖北新军官兵们思想活跃，气氛相对宽松，掺杂进来了不少革命党人。而袁世凯创建北洋新军，一心把它变为私家军。除了少数军官，北洋新军都挑选身强体壮、憨厚木讷、只知服从的农家子弟入伍，不利革命思想渗透。所以，湖北新军在大变革时期倾向革命，北洋新军退化为袁世凯的私家军。总之，这两支被清廷寄予厚望的新军都没有像预料的那样忠君报国，而是先后把枪口对准了朝廷，成了清王朝的送葬者。

早在1904年，孙中山在“中国问题的真解决”一文中预测：“中国正处在一场伟大的民族运动的前夕，清王朝的统治正在迅速地走向死亡……只要星星之火，就能在政治上造成燎原之势。”继承了革命党人前仆后继的奋斗，经历了广州起义和保路运动的准备酝酿，1911 年 10 月 10 日，孙中山预测的星星之火，终于由湖北新军在武昌点燃了！

▲ 清末新军合影

仓促的首义

武昌的革命基础良好。随着整个地区开埠和近代事业的发展，新兴社会力量对清王朝日益失望，倒向革命阵营。1906 年初，一批年轻人在美国基督教中华圣公会所设的日知会阅报室批评现状，谋划推翻朝廷，演变为了日知会组织。日知会原本计划响应同盟会发动的萍浏醴起义。事泄，湖广总督张之洞逮捕日知会成员，酿成轰动全国的“日知会谋反案”。日知会被取缔后，会员化整为零，分化组合成为更多的革命组织。

1907 年，一批湖北、湖南籍的年轻同盟会员在东京组织共进会。发起人有刘公、孙武、居正、焦达峰等人。他们都是二三十岁的年轻人，都有类似的经历。比如刘公，当时 26 岁，湖北襄阳人，家境富裕。他在日本求学期间，资助了陈天华的《警世钟》、《猛回头》等革命刊物的出版印刷，参与同盟会的创立，对革命事业慷慨解囊。为了筹措革命经费，刘公曾经骗家里说要买官上任，拿到银两后全部充作共进会经费。孙武，27 岁，湖北夏口人，接受过军校教育，是前日知会会员，后到日本学习军事，还真刀真枪地参加过起义。这些人成立共进会后，目标非常明确：在长江中游武装起义！

▲ 晚清武昌城鸟瞰图

第二年，孙武和湖南的焦达峰分别返回国内，于 1909 年在武汉和长沙成立了共进会湖北分会和湖南分会，积极准备武装力量。孙武把新军士兵当作重点争取对象，认为只有运动军队，把清军一队一队、一营一营、一标一标地争取过来，才能以固有的组织和现成的武力，执行有力的武装行动。这一行动方针被称为“抬营主义”。共进会在各部队中确定骨干，各营队都设立了召集人，有条不紊地发展同志。

新兵入伍，总有老兵用投军报国相互激励，刺激新兵的爱国心。过后，老兵再挑选其中的可靠分子，陈述朝廷腐朽、国家危亡的事实，激发新兵的救国意识。最后，老兵才宣传革命道理。如此水到渠成，一批批新兵倾向革命，被吸收为革命党人。

当时在湖北新军中发展成员的还有一个革命团体，这便是文学社。文学社和文学基本不搭界，原名群治学社，后来改为振武学社，又再次改为文学社。改名的原因是革命活动屡被发现，为掩人耳目而取了个毫无政治色彩的名字。

文学社的骨干蒋翊武、刘复基等人，也是二三十岁的年轻人。比如蒋翊武，1884 年生，湖南澧州（今澧县）人，读书后有了革命思想，不事科举，曾因参加长沙起义被学校开除。刘复基，1883 年生，湖南武陵（常德）人，留学日本期间加入同盟会，归国后积极从事革命宣传。

两人曾联系两湖的会党参加革命，又都为了在新军中发展同志而亲自加入新军。蒋翊武于1909年入新军41标当兵，刘复基在1910年投湖北新军第二十一混成协当兵。他俩是文学社的老骨干，到1911年，蒋翊武是社长，主持文学社事务，刘复基是评议部长。为了集中精力做好社务工作，刘复基从军队请长假，当起了文学社的职业革命家——这也可见当时湖北新军的宽松气氛。文学社除了蒋翊武和刘复基外，文书部长詹大悲是另一个骨干。詹大悲1887年生，湖北省蕲春县人，长期从事报纸出版，倡言革命。文学社的机关报《大江报》就由他主编。1911年7月26日《大江报》发表《大乱者救中国之妙药也》一文，号召激烈改革，遭湖北官府查禁，詹大悲因此被捕关押，是为“大江报案”。

文学社也大力在新军中发展成员，默默地耕耘了好多年，到1911年回过头来看看，他们在新军中发展了3000多人。这个数据比共进会要多出一倍。湖北新军总额约为15000人，而其中将近三分之一官兵都是身在曹营心在汉的革命者。

共进会和文学社在新军中发展同志，并没有相互拆台，而是走上了合作道路，共谋大事。1911年四川保路运动爆发后，湖北的革命形势既有利也有弊。有利的一方面是反清舆论高涨，为革命做了准备，同时清廷的注意力都被四川局势吸引住了。不利的一方面的是湖北新军的两个标被调到四川镇压保路运动，有不少革命同志被调走了。革命力量遭到削弱。共进会和文学社决定起义，利用有利的一面，同时抢在清廷继续抽调湖北新军前起事。9月24日，共进会和文学社在武昌胭脂巷11号召开联合大会，商议起义方案。和广州起义一样，大家也将起义时间定在10月6日，也就是农历中秋节那天，届时武昌的新军和长沙的焦达峰同时发动起义。大会

▲ 蒋翊武

◀ 武昌胭脂巷 11 号。1911 年 9 月，文学社与共进会经过多次协商后，在这里举行联席会议，决定利用部分湖北新军调赴四川，武昌空虚的有利时机，发动武装起义，成立临时指挥部

确定了军事领导小组，推举 30 岁的刘公（共进会）为总理，27 岁的蒋翊武（文学社）为军事总指挥，31 岁的孙武（共进会）为军务部长，决定由 3 人共同指挥起义。

确定起义计划后，革命同志们和同情革命的人们都很兴奋。这就导致了一个老问题：泄密。很快，“八月十五杀鞑子”的消息在武汉三镇不胫而走。当地一份小报甚至公开报道革命党要在中秋节起事。

消息传开后，清朝官府十分惊恐，赶紧布置应对。

武昌是湖广总督驻地和湖北的省会，清朝统治力量很强。时任湖广总督是 47 岁的瑞澂，他也算是晚清的一个能吏，并非庸碌泛泛之辈。瑞澂，满洲正黄旗人，鸦片战争时期主持外交的大臣琦善之孙。他走的是干实事、逐步升迁的道路，从刑部笔贴式[1]起步，八国联军侵华期间坚守在北京，之后在上海道和江苏布政使的任上推动新政，处理洋务，

1　笔帖式是清朝给满族青年安排的政治出路，分发青年到中央各个衙门做抄抄写写的事务，再逐步提拔可资塑造者。

没有功劳也有苦劳。后世对瑞澂有许多不好的描述，比如说他是靠关系发达起来的，其实瑞澂在当时的名声还不错，做了不少实事，而且能够出淤泥而不染，在腐败成风的官场上做到不贪不占，很难得。但是，瑞澂性格优柔寡断。可能是信佛的关系，他行事风格温柔乏力，遇到重大决策常常犹豫不决。这对手握湖南湖北两省军政大权，需要在乱世处理种种突发事件的湖广总督来说，不是个好性格。

可能是考虑到瑞澂的柔弱性格，清廷让性格强硬、51岁的老将张彪和他“搭班子”，担任湖北提督。张彪的崛起算得上是一个奇迹。他是山西榆次的农民，幼年丧父，少年丧母，家境赤贫，以推车运煤挣钱糊口，后来到太原当兵扛枪吃粮。张之洞担任山西巡抚时，发现张彪身体健壮、踏实可靠，提拔为随身侍卫，还将贴身丫鬟嫁给他（张彪因此被戏称为“丫姑爷”）。张之洞对张彪一再擢拔，后来又带到湖北。张彪参与创办湖北新军，除了是湖北提督外还兼任第八镇统制，并统领湖北巡防营。

以上就是革命和清朝双方的对阵主角：刘公、蒋翊武、孙武、刘复基对瑞澂、张彪。

话说瑞澂、张彪听说革命党将在中秋起义后，判断出起义的主力就是新军，认为新军不可靠。于是，瑞澂以调防为名，将新军分调各处，企图打乱新军内部的革命组织，破坏起义计划。蒋翊武所在的军队就被从武昌调防了岳州，起义指挥系统因此受到破坏，由孙武接替指挥。瑞澂还不放心，专门召集文官知县以上、武官队长以上参加的防务会议，做出几项决策：首先是中秋节期间军队实行戒严，士兵不得外出，军官从排长到标统，必须每日在营地歇宿、不得擅离。营房里经常紧急集合，按册点名。军官不在营者，就地撤职，并永停差委；士兵不在

▲ 张彪

营者，严加惩处，上级军官也连带受罚。其次，收缴军队武器，各营枪炮的机钮要卸下，连同子弹一起送缴军械局。第三，在武汉三镇的旅馆、学社进行筛网式盘查，遇到形迹可疑的人可以当场捉拿。如此严密的防范措施给革命党造成了措手不及的打击。

湖北革命党人手忙脚乱的时候，9 月 28 日焦达峰发来电报，说明湖南方面准备不足，请求延缓十日起义。武昌的孙武等人也需要时间重新部署，同意将起义推迟十日，也就是 10 月 16 日再发动。

中秋节一天天临近了，10 月 2 日和 3 日两天，端澂连续召开大范围的文武官员的会议，商议对策。会议主题是瑞澂提出的：“党人将在中秋起事，应该如何防范部署？”已有的应对措施很严密了，大小官员都在查漏补缺。有人提出武昌城内的楚望台军械库最为紧要，如果失守，革命党人将获得枪炮子弹，后果不堪设想。楚望台军械库是清朝第二大储存武器的基地。里面藏有在德国、日本购买的枪支 25000 多支，汉阳兵工厂自造的新枪数万支，子弹数万箱，以及野炮、山炮、要塞炮上百门。同时，楚望台还是武昌城内的制高点，军事价值显而易见。

端澂问：“何部守卫楚望台？”

守卫楚望台的是第八镇工程八营。当时工程八营管带出缺，由队长阮荣发代理管带。阮荣发也参加了会议，这时候站出来报告说：“职部守备楚望台。据卑职了解，工程八营中党人众多；楚望台能否守得住，卑职没有把握。”

督练公所总办铁忠提议说：“31 标第一营都是八旗士兵，可以依靠，让他们换守楚望台军械所可保万无一失。”

混成二十一协的协统黎元洪闻言反对说：“我们汉族人素来轻信谣言，在如今的敏感时刻用满族人的军队换防汉族人的军队，可能会在军民当中挑起种族误会。本来汉族人和满族人就有种族矛盾，如果再被革命党人从中蛊惑煽动，后果不堪设想。”黎元洪说工程八营的官兵多数是武昌、黄陂子弟，父母家人都在附近，应该可靠。他建议让该营继续镇守楚望台，同时派前任管带李克果带几个军官去加强监视。

黎元洪的分析得到了张彪的认可。工程八营隶属张彪的第八镇，他当然不愿意承认属下多是革命党人，以免授人把柄。因此，会议采纳了黎元洪的建议，对楚望台的守备不加更换和补充，只是加派李克果前去监视而已。

10月6日中秋节到了。在这个历朝历代造反者钟情的起义日子里，武昌城笼罩在一片紧张的气氛中，不过还是安静地过去了，没有发生什么变故。但是在暗地里，革命和清朝双方都开足马力进行布置，犹如两匹烈马相向飞驰，眼看就要迎头撞上了。到底会谁胜谁负呢？

10月9日下午，汉口俄国租界宝善里14号的起义筹备处，革命同志们正忙碌地做着起义准备工作。刘公与孙武先点验了党员名册，之后孙武在房间里配置起炸药来，其他有人印制革命钞票，有人整理起义文告。1时左右，刘公的胞弟、16岁的刘同进来了。刘同看其他人都在忙碌着，插不上手，就东看看西看看，他对孙武正在配置的炸药感到好奇，就停顿在他身边观看。刘同有个很不好的毛病，小小年纪学会了抽烟。只见他一边抽烟，一边漫不经心地把燃烧着的烟灰一弹，落入了炸药中。顿时，房间里浓烟腾起，四处翻滚。孙武的脸部、眼睛和右手被烧伤。同志李作栋赶紧用长衫蒙住孙武的头，扶着他从后门跑出去，前往法国租界的同仁医院救治。其他人急忙摸索着去找那个装着革命党人名册、起义文件的柜子，企图打开柜子取走重要资料。无奈屋内火势凶猛，烟雾太大，大家找不到柜子钥匙，只有空手而逃。

▲ 刘公

房屋起火，浓烟冲天，很快聚拢来一圈圈围观的群众，也引来了沙俄巡捕队。起义筹备处暴露了！

当天下午，共进会员邓玉麟也在宝善里14号机关中。邓玉麟原是新军士兵，1908年由孙武介绍秘密加入共进会。1911年，为了专门负责通讯联络工作，邓玉麟在武昌新军营地附近黄土坡开设同兴酒楼作为革命活动的联络站，做起了职业

▲ 汉口宝善里共进会的秘密机关。1911 年 10 月 9 日下午，孙武等人在此配制炸弹不慎爆炸

革命家。爆炸前几分钟，他正好外出购物。等他回到机关，看到房子冒着浓烟，发现门前围满了巡捕和旁观者，知道出大乱子了。邓玉麟赶紧往周围的里弄里跑，路上巧遇了刘公、刘同和李作栋等人。李作栋此时安置好了孙武，告诉邓玉麟孙武在同仁医院救治，很想和你谈一下。邓玉麟赶紧向同仁医院跑去。

刘公家就在附近的宝善里 1 号，他想到家中还有文件和名册，赶紧让弟弟刘同回家处理。不幸的是，沙俄巡捕已经根据从宝善里机关搜出的名册查到了刘公的家，刘公的妻子李淑卿、弟弟刘同等人被巡捕抓走。刘公得知弟弟被捕后，知道事情不妙。他清楚年幼的弟弟幼稚又软弱，恐怕熬刑不住，会供出知道的革命党和起义的情况。如果那样，武汉三镇的革命党人和多处秘密机关就危险了。更可怕的是，刚才遇到邓玉麟的时候，刘同也在场，听到孙武在同仁医院。刘公不敢再想，当即派人通知孙武从同仁医院转移，又通知其他机关的同志撤离。他自己则隐蔽到汉口汉兴里的一位友人家中隐藏起来。

话说邓玉麟到同仁医院找到孙武。孙武分析后，认为起义计划和革命党人名单都已经泄露了，清廷势必按照名册搜捕同志。情势万分危急，怎么办？孙武觉得只有马上发动起义才可以“死里求生”。他建议提前起义。邓玉麟非常赞同。孙武就让他马上过江，通知在武昌小朝街 85 号的军事指挥部的蒋翊武（潜回武昌指挥起义）、刘复基等人，立即发动起义。

与此同时，刘同果然捱不住酷刑，把他所知道的几处共进会、文学社的机关和活动地点，和盘供出。

邓玉麟急匆匆渡江，从汉口奔至武昌小朝街 85 号。蒋翊武、刘复基、彭楚藩几个人在场。他向众人通报了危局，转达了孙武马上起义的意见。

蒋翊武觉得准备不足，有些犹豫。刘复基见状，愤然而起，拔出手枪对着蒋翊武说："你为总司令，事势这样危迫，在生死存亡关头，却裹足不前，难道你是个怕死的懦夫？"

蒋翊武也拍案而起，勃然作色说："你们真的以为我怕死吗？怕死者不革命，革命者不畏死，纵然是头颅落地，也要掷地有声。"就这样，指挥部一致同意提前起义。蒋翊武签署了起义命令，决定提前到当夜（10 月 9 日）12 点，以南湖炮队中的革命党人鸣炮为号，各军同志一齐起义。

下午已经过去了大半时间了，时间紧迫，必须马上通知各处的同志。蒋翊武派人分头传递消息。驻在城内的各标各营，包括守卫楚望台的工程八营、陆军测绘学堂的同志们都在晚上 10 点前接到了通知。大家临阵以待，紧张地等待着城外的炮声响起。

如何让城外的同志得到通知，难度很大。至关紧要的是让南湖的炮队知道消息，因为他们的炮声是起义的信号。信号发不出来，其他的准备都是白费。邓玉麟、徐万年和艾良臣三个人被派去通知南湖炮队。他们每人各拿着一个炸弹准备不测。当时，武昌官府已经得到消息，实行戒严了。邓玉麟三人到了城门口，发现官兵对出入的百姓搜查很严，很难混出城外。三人只得把身上携带的炸弹扔掉，空手出城（一说三人发现城墙上守卫不严，越墙而出）。当他们最后到达南湖炮队时，已经是深夜时分。邓、徐、艾三个人翻墙而入，差点被在营内值勤的卫兵开枪打死。幸亏卫兵就是革命同志，帮助三人进入了炮营。在夜幕掩护下，三人和炮队的同志聚集到马棚，通知了起义计划。可惜，起义计划此时已经流产了——因为大家在马棚商议时，时间已经过了 12 点！

是继续开炮，冒险起义呢？还是按兵不动，拖延起义呢？本身就是南湖炮队营代表的徐万年感到很为难。他认为，马上起义，时间太仓促，且兵营内的同志们均已熟睡，临时摸黑举事，混乱中成功的可能性极微。炮队的同志们都认为应该拖延起义。邓玉麟只好暂时待在炮队不动，等第二天天亮重新回到武昌小朝街总部，找蒋翊武等人仔细商议，重新议定起义时间。

这一夜，邓玉麟和炮队的同志们紧张得一夜阖不上眼。他们得不到城内同志的消息，更不清楚自己的决定会不会对同志们造成伤害。同样，城内的多数同志也彻夜未眠。这一夜，多少人在数着星星，辗转难眠；多少人在竖着耳朵，等待计划中的炮声；又有多少人反复地谋划着炮声响后的每个细节。但是炮声没有响。

起义没有爆发，官府的逮捕行动却在有条不紊地进行着。

沙俄巡捕房将在宝善里搜到的一切都转交给了清政府，其中就包括革命党人的名册。清政府知道了共进会和文学社的组织、成员和机关。

深夜，小朝街 85 号。蒋翊武、刘复基等人在漆黑的屋里焦急地等待着起义发生。门外忽然响起拍门声。蒋翊武、刘复基迅速起身，摸黑到二楼，向窗外望去，看到许多荷枪实弹的军警正在包围房屋。蒋翊武等人纷纷持枪、找炸弹。军警们见无人开门，猛然砸开大门，直朝屋内扑来。刘复基冲到楼梯中间，掏出一颗炸弹扔向冲进屋来的清军。遗憾的是，这颗炸弹竟然没装上栓钉，没有爆炸。军警们慌乱了一阵后，冲上楼梯抓住了刘复基。蒋翊武等人趁乱，立即退回二楼。他们关死房门后，从窗户攀至屋顶，跳入邻居院内，各自散去逃走。

▲ 武昌小朝街 85 号

军警在周边街巷设置了盘查。幸好蒋翊武刚从岳州潜回武昌不久，穿着身破旧的棉袍，看上去很像个乡下人。军警把他拦住后，他结结巴巴，解释说自己是来看热闹。军警看他那傻乎乎的样子，不疑有诈，抬手给他一棍，一脚猛踢他屁股，让他快滚。

一同从小朝街逃出的彭楚藩在途中军警逮捕。

彭楚藩原名彭谭藩、彭家栋，1887 年生，湖北武昌人，早年参加新军并加入了日知会。日知会遭到破坏后，他更名彭楚藩入宪兵学校，毕业后充任宪兵，秘密从事革命活动，竟然升任军官（一说是排长、一说是棚目）。他凭借宪兵的有利身份，担任起义的交通联络工作，当晚留宿在小朝街，没能像蒋翊武那样幸运逃脱。

除了刘复基、彭楚藩二人外，稍早被捕的还有杨洪胜。杨洪胜，1875 年生，湖北谷城人，是个参加文学社仅半年的普通士兵。他为了革命，请了长假，开了一家杂货店做掩护，整日忙于通讯联络。起义指挥机关决定当晚起义后，杨洪胜就是送信人之一，是他把起义计划通知到了楚望台的工程第八营和驻扎在塘角的辎重营。然后，他又给各处同志运送弹药。不幸的是，杨洪胜给工程营同志运送子弹的时候，为反动军官察觉，遭到追捕。在逃脱过程中，杨洪胜向追兵扔出一枚炸弹。毕竟是土制炸弹，质量不过关，杨洪胜本人反被弹片击中腿部，仆倒在地而被捕。

瑞澂听说抓住了三个革命党的重要分子，立刻在总督衙门对三人进行公审。

首先被押上来的是穿着宪兵排长军服的彭楚藩。在座的铁忠一看，心慌起来。因为宪兵营管带果清阿是他的妹夫，他担心宪兵排长造反连累自己的妹夫，有意为彭楚藩开脱。铁忠马上抢先发问："一帮草包，怎么把宪兵营的人也拿了来！你们肯定是抓错人了。"铁忠说话间眼睛紧盯着彭楚藩，示意彭楚藩按照自己的意思回答。在这种情况下，只要彭楚藩随声附和，说是军警抓错人，很可能就能活命，甚至马上得到释放。但是彭楚藩正色回答："他们没抓错，我正是革命党人！"铁忠闻言脸色大变，随即又说："你既然是宪兵营排长，竟然受革命党指使，犯上作乱。速速招来！"他还想为彭楚藩开脱。只要彭楚藩承认是他人指使，并供出一两条信息来，就能大大减轻罪责，还有"立功"的机会。彭楚藩却高声抗言："我加入革命党，完全自愿！满人卖国，奴我汉人，我们就是要推翻满洲政府。要杀要剐，随你们便！"铁忠逼问："党羽多少，各在何处？"彭楚藩回答："凡天下黄帝子孙，皆与我同党！我现入革命党、个人生死，早已置之度外，大丈夫死耳，早杀为盼！"一席话说得铁忠哑口无言。听审的瑞澂、张彪等人看到这场闹剧，大怒。瑞澂提笔写道："彭楚藩谋逆大罪，枭首示众！"彭楚藩慨然走上刑场，英勇就义，年仅 24 岁。

第二个被押上来的是文学社的重要领导人刘复基。刘复基外表文弱，看似是一介书生，说起话来底气十足，慷慨激昂地痛批清廷，呼吁革命。瑞澂下令大刑伺候。棍棒交下，刘复基被折磨得鲜血横流、四肢全部骨折，但他仍旧骂不止口，最后被押赴刑场。就义前，刘复基用生平最后的力气，高呼："中国万岁！共和万岁！革命万岁！"年仅 28 岁。

最后被押上来的是杨洪胜。他是三个人中年纪最大的，没有受过什么教育，长得憨厚木讷。瑞澂等人就想从他这里打开缺口，说他为知识分子蛊惑，如果将革命情况如实招供，可以无罪开释。不想，杨洪胜坦然回答："我自愿加入革命党，立志推翻清朝，并未受他人蛊惑。"最后，杨洪胜也被押赴刑场，终年 36 岁。此时已经是 10 月 10 日的凌晨了，层层阴霾中已经能见到丝丝鱼肚白了。

彭、刘、杨三人同时壮烈牺牲，被尊称为"首义三烈士"。就在他们血洒刑场的时候，在张彪等人建议下，瑞澂派人把已经被打得半死的刘同拉出辕门砍了头。这个 16 岁少年的生命，在摇摆着呼啸而来的历史车轮下被碾得粉碎。

这时候，瑞澂优柔寡断的性格显现无余。敌我阵营都知道查获的革命党人名册就在瑞澂的手上，如何处置大家都很关注。名册上几乎都是新军官兵的名字，如果按图索骥一网打尽，很多军营将会为之一空。瑞

▲ 彭楚藩、刘复基、杨洪胜烈士像

澂身边就有人声称这份名册是伪造的，是革命党人使的“反间计”，建议总督大人当众将名册付之一炬，宣布对名册上的官兵既往不咎；也有人建议可以对大多数人宽大处理，但不能放过名册上的首要分子，还可以按照名册上的地址破获革命机关。应该说，这两种意见都不失为是务实可行的方法。可惜瑞澂在这个问题上迟迟不做决策，不说抓人，也不说不抓人，让人摸不着头脑。革命党人都知道名册被抄，自己的身份即将暴露，万分关注总督衙门的反应。瑞澂的犹豫，反而助长了革命党人——主要是新军官兵们的焦虑、恐惧和反抗情绪。这股情绪正在军营中迅速蔓延……

第一枪

10月9日的漫长黑夜终于过去了，10日的曙光投射在武汉三镇上空。

官府对武昌的严密盘查依然没有松动。清晨，武昌各个城门紧闭，大街小巷随处可见搜查的军警。上午，又有几个革命党人的据点在拉网式的搜查中被军警查获，三十多名革命党人陆续被捕。中午，瑞澂召集军警长官开会。他还是守着名册没有动静，只是下令对新军进行更加严苛的监控。规定新军各营长官要对士兵亲自监视，吃住在军营中；选派可靠的士兵把守营门，武装巡查各棚；不需士兵迈出营门一步，甚至大小便都让士兵在棚内“自便”，用痰盂盛之。

工程八营的代理管带阮荣发根据上级指示，在各队中挑选亲信士兵20名，发给子弹，守卫兵棚入口，规定其他士兵都不得擅动武器，呆在棚内睡觉，不得出入，不得高声说话。

该营部分官兵驻扎在城内紫阳桥南。其中的革命士兵们已经知道了刘复基等领导人遇害、瑞澂掌握了起义名册的消息后，人心惶惶，白天又得知革命党人相继被抓，大家更是心急如焚。工程八营的起义召集人是该营的一位棚目，叫作熊秉坤。熊秉坤和大家一样心急如焚。

熊秉坤，1885年生，湖北江夏人，少时家贫，做过学徒和搬运工，后来进入新军，一直在工程八营当兵。他倾心革命，先后加入过日知会和共进会，在工程八营发展了 200 多名同志。按照预先的起义部署，熊秉坤应该在一天前就带领同志，攻陷楚望台军械所。千呼万唤的起义信号始终没有出现，相反一干人等被困死在军营中，动弹不得。熊秉坤觉得这么下去，大家只能坐以待毙，死路一条。与其等死，不如拼死一搏。熊秉坤秘密召集几个同志碰头，决定当晚（10月10日）9点钟独自起义，以枪声为号，希望能赢得其他部队同志的响应，乱中取胜。把起义决定传达下去后，大家整装待发，紧张地等待夜幕降临。熊秉坤借故到各队查看了一下，遇到革命同志，大家就以目光交流，相互勉励。

傍晚，武昌的天空阴霾聚集，黑夜逐渐笼罩大地。7 点过后，工程营二排排长陶启胜带着两名护兵，到各个军棚查探情况。他走到三棚，发现士兵金兆龙穿着黄军服笔直地坐着，左臂上系着一条白布，手中紧握步枪，十分可疑。陶启胜仔细一看，金兆龙的步枪中子弹上了膛！

陶启胜心中暗叫不好，惊问："金兆龙，你想干什么？"

"以备不测。"金兆龙冷冷地回答。

陶启胜大声喝道："我看你是想造反！"一边喝问，一边他就想金兆龙扑过去，要夺下步枪。金兆龙和陶启胜扭打了起来。他死死护住步枪，疾呼："众同志再不动手更待何时！"

呼声惊动了隔壁的同志。五棚的革命士兵程定国（又名程正瀛）听到金兆龙的喊声，连忙持枪跑到三棚来。他一看情形就明白了，也没多想，举起步枪对着陶启胜就扣动了扳机。"嘭！"的一声响，陶启胜腰部中弹，松开金兆龙，踉踉跄跄地跑出屋去。

程定国无意识的这一枪，是武昌起义的第一声枪响，也是中国两千多年帝制崩溃的第一枪。这第一枪的荣誉起因于金兆龙的提前暴露，收功于程定国的拔刀相助。可是后人多把第一枪的荣誉归在熊秉坤的头上。原因是 1913 年"二次革命"失败后，程正瀛堕落为军阀爪牙，被昔日的同志沉江；金兆龙则沦为军阀侦探，北伐战争后抑郁而死。二人"发难之功，不复为人道及"。而熊秉坤始终站在革命阵营，为人信服。可见历史褒贬人物的作用多么巨大。

话说熊秉坤听到突发的枪响后，急忙携枪，以最快的速度赶到二排三棚。他当机立断，宣布立刻发动起义。同志们纷纷响应，冲出营房。营房是两层楼，二三排住在二楼，起义士兵们迅速向楼下冲去。一些士兵抑制不住内心的激动，鸣枪示威。一时间，枪声四起，流弹横飞。

代理管带阮荣发正在一楼，听到二楼枪响，和右队队官黄坤荣、司务长（一说排长）张文涛一齐持枪前来弹压。阮荣发看到有个人影扭着腰，从二楼奔跑下楼梯，向自己跑过来。他认定这是一个带头造反分子，没有多想，抬手对着人影就是一枪，正中来人的前胸。不料，中枪倒地的不是别人，而是刚才带伤而逃的陶启胜。（陶启胜并未当即死去，随后被起义士兵通知家人领回家去，第二天死在家中。他可算是武昌起义中第一个被打倒的敌人。）

楼上的起义士兵见状，嚷道："各位长官，跟我们一块革命罢，同去同去！"阮荣发等人顽固到底，大声喝阻起义士兵，还要冲上楼梯去追究为首分子的罪责。熊秉坤与章盛恺、程风林、程定国、金兆龙等人与他们在楼上楼下对峙，展开枪战。其间，章盛恺负伤，程风林伤重而死。程定国枪法很准，一连打死黄坤荣与张文涛二人。起义士兵吕中秋打中阮荣发。阮荣发负伤逃跑，一边跑一边向前队放枪，打死一名起义士兵。随即，阮荣发被起义士兵徐步斌打死。此时，工程营的其他军官，已经作鸟兽散了。

控制住营房后，熊秉坤吹响警笛，召集士兵集合，正式宣布起义。听到外面零零星星的枪声，熊秉坤不能确定自己的冒险有没有得到同志们的响应。不过考虑到起义后缺乏弹药，熊秉坤很快就率领同志们冒险奔往楚望台军械所。夜，漆黑漆黑的。一队起义士兵快速行进在街道上，不知道在前方楚望台有什么在等待着他们?

楚望台上，派来监视的前任管带李克果听到发难枪声时，非常紧张。他召集军械所的官兵训话，命令他们："如果有徒手的'匪人'来，你们应该开枪抵抗；如果有持枪的'军队'来，你们人少，要避一避，再看情形。"士兵马荣是革命党人，乘机向李克果说："我们都没有子弹，怎么能抵抗'匪人'？"李克果觉得有道理，叫人搬出两箱子弹，分发给士兵。革命士兵们得到子弹，马上朝天鸣枪。马荣兴奋地喊："起义了，起义了！"李克果大惊失色，和其他监视军官抱头而逃。这时，熊秉坤带人逼近军械所。所里的满族士兵负隅顽抗，不让熊秉坤等人靠近。马荣等人冲着满族士兵放了一排枪，后者就逃散一空了。马荣打开营门，和熊秉坤的起义队伍胜利会师。楚望台军械所，这座湖北新军最大的军火库落入起义者手中。

工程八营枪响时，29 标驻地离工程营最近。29 标的起义代表蔡济民听到枪声大作，迅速向天鸣枪响应，高呼："起义了，起义了，大家快出来！"蔡济民，1886 年生，湖北黄陂人，参加新军十年，任 29 标司务长、排长等职。他先后加入日知会、共进会、文学社，竭力促成共进会、文学社联合。蔡济民参与了起义谋划，是计划中的领导机构成员之一，也是直接参加武昌起义的两位核心领导成员之一（另一人是吴醒汉）。他判断出工程八营率先起义后，迅速带领 29 标 300 多名革命士兵冲出营房，冒着小雨向楚望台奔去。他们沿途击毙了阻挡的若干旗兵，迅速到达楚望台。

临近陆军测绘学堂的学生，听到工程八营的枪声，推开拦阻的教官，撕烂窗帘和被单，在臂上捆扎白布条为标记，全体冲出教室，奔向楚望台。此外，加上从其他部队冲出来的部分士兵，很快楚望台就聚集了 400 多名起义者。大家紧张有序地打开军火库，分发武器弹药武装自己，并在楚望台附近布置防御。

起义同志还在陆陆续续赶来，越来越多的人或站或坐在雨中，等待下一步的行动。有人在争抢军火，有人在争吵意见，场面出现了混乱。因为是仓促的起义，大家并没有成熟的行动计划。当务之急是成立一个临时指挥机关，把大家组织起来继续战斗。最先发难的熊秉坤军阶太低，难以服众，也不懂指挥。当日在楚望台当值的工程八营左队队长、29 岁的吴兆麟并没有随李克果逃走，选择留了下来。他是在场军阶最高的人。吴醒汉等人就拉他出来，要他担当指挥。

吴兆麟，1882 年出生在湖北鄂城的农家，16 岁即到武昌工程营当兵，后来考入随营将校讲习所、工程专门学校、湖北参谋学堂进修，并参加了清朝组织的新军历次演习。1909 年，吴兆麟以最优等生毕业于参谋学堂，回工程八营任左队队官。他既有较高的军事素养，有一定指挥能力，又曾参加日知会，同情革命，是可以接受的指挥人选。

熊秉坤和其他人都同意推举吴兆麟充当临时指挥。吴兆麟并非革命积极分子，起初并不太愿意担当指挥。他对众人说："满清无道，我也素有起义之心。不过，军队有申明纪律，起事时更不能漫无纪律，一盘散沙，也不能大开杀戮。如果大家能做到纪律严明，不妄杀戮，我就同意担当指挥。"周围的起义者纷纷允诺，表示服从吴兆麟的指挥。吴兆麟这才同意。

吴兆麟得到起义群体的推举后，临危受命，很快进入了角色。他和蔡济民、熊秉坤组成了临时领导机构，负起整个队伍的指挥责任。因为情况未明，吴兆麟一边命令加强楚望台周边的警戒，一边派人与城内外其他部队的同志联系。起义有了正常的指挥，散乱的起义者们顿时凝聚了起来。

花开两头，各表一枝。在城内工程八营打响第一枪之前，武昌城外的圹角就已经燃起了熊熊大火。

话说10日上午，城内革命机关被破获，革命党人被捕遇害的消息传到了圹角辎重队。该队的起义召集人李鹏升在一片缉拿风声中，也是心急如焚，觉得与其坐以待毙不如独自起义，和清政府拼个鱼死网破。他和同志们秘密商议，决定当晚10点独自起义，以纵火为号。

晚上6点，革命士兵都在棚内持枪以待，一切准备就绪。驻扎圹角的清军突然召开队以上军官开会。营房监管顿时松懈下来。李鹏升觉得机会难得，立即通知大家提前起义。起义士兵们迅速冲出营房，到军装房抢得子弹一箱，又点燃马房里的草堆。接着，李鹏升带敢死队撞开邻近炮队的营门，冲入排长室内纵火。城外的起义就此爆发。

如果严格按照时间先后来计算，城外圹角的起义要早于城内工程八营起义一个小时，是真正的首义。但圹角的起义影响很小，也没有及时扩散到城内来，因此只能算是武昌起义的支流而已。

李鹏升发动辎重队起义后，带领100多人向武昌城进发，希望与城内同志联合，继续推动昨天的起义计划（他还不知道城内工程营同一时间的起义计划）。他们先冲到武圣门，发现大门紧闭，再转向大东门，大门也是紧闭；他们只好折向同湘门，到达后发现城门大开，里面空无一人，一行人反而不敢入门，生怕有诈。最后，李鹏升带人到达相国寺，听到城内枪声大作，知道城内同志已经行动起来的，大家兴奋起来。巧的是，他们在相国寺遇到了起义后入城的南湖炮队。双方彼此欢呼，一起由中和门（今起义门）入城，到达楚望台与起义的大队人马会合。

辎重队发难，带动城外各处部队起义。7点，扩角工程队见到火光，革命士兵也纵火燃烧营房响应。辎重营、工程队、马队和炮队的起义士兵驱赶军官，涌进城来。入城的南湖炮队迅速在楚望台、凤凰山、蛇山等高地布置炮阵，构筑了起义军牢固的炮兵阵地。炮兵和炮台倒向革命一方，使得起义军占有了火力优势。各处军官闻讯，开始大规模地弃职离营，或就近找地方躲藏起来，或连夜溜出武昌城去。晚上8点半后，各路人马陆续到达楚望台。起义的新军官兵超过了4000人，与之对抗的只辎重八营、宪兵营、总督府卫队、巡防营和第30标第一营（主要由八旗子弟组成）的约2000名清兵。至此，起义军占据了绝对优势。

清朝文武官吏多数或躲或走，只有少数人集中到总督衙门商议应对，或就地组织抵抗。

只要攻占总督衙门，就能获得起义全胜。吴兆麟等人很快制定了以湖广总督府为攻击目标的计划，将队伍分头进攻，彻底推翻清朝在湖北的政权组织。起义官兵们领命，分头散落进夜幕中。最后的战斗就要开始了！

光复武汉

晚上11点，武昌上空下起微雨。北风渐起，裹挟着细雨，和黑暗一起拍打着武昌城。

起义人马向总督衙门发动了第一轮进攻。中和门和蛇山上的炮队向总督衙门开炮，星星点点的炮火时而照亮一方天空。多路起义官兵在炮火支持下，向总督衙门方向进发。沿途有藏在黑暗处的清军用机关枪扫射阻挠，起义官兵在巷战中艰难推进。

战斗进行了约一个小时，枪声有所减弱。侦察兵向吴兆麟报告说，各路队伍因为天黑不能展开，炮兵也不能找到准确目标。各路队伍中除了蔡济民带领的队伍剪断了武昌全程的电线外，其余各路队伍均无进展。

天太黑，怎么办？吴兆麟决定采用火攻。正好附近有一家杂货店，士兵们向店主买了数十罐煤油，兵分三组，每组三到五人，提着油罐一路放火。半个小时后，烈焰冲天，火借风势迅速蔓延，越烧越旺，总督衙门周围顿时变成了一片火海。炮队有了目标，集中火力开炮。一会儿，总督府的官署、钟楼、签押房和花厅都被击中。

湖广总督瑞澂早从梦中惊醒，忐忑地等待着局势的变化。他急切需要知道各处的情况，得知电话被切断后，焦急万状。他判断起义军开始接管城市，失去了抵抗的勇气。想到刘复基三人血淋淋的脑袋，瑞澂知道自己一旦落入起义军手中凶多吉少，对自己的身家性命忧虑万分。当起义军的炮弹落到总督衙门内，看到窗外的炮火，听着越来越近的喊杀声，瑞澂惶恐到了极点。他决定开溜，现在不跑就怕没有机会了。瑞澂不敢由总督府大门出去——怕与冲锋的起义官兵狭路相逢。可是总督衙门又没有后门。原来，清朝的列祖列宗早就担心后辈出现瑞澂这样贪生怕死的封疆大吏，为了阻止不肖后辈弃城而逃，规定各地督抚衙门只能有正门，不许开后门。瑞澂性命要紧，管不了那么多了，下令士兵将衙门后边的围墙打穿。打出了一个低矮的门洞后，瑞澂带着卫兵一个排，叫上家眷，从洞里爬出来，落荒而逃。他出了文昌门，登上“楚豫号”兵船。聚集在总督衙门里的铁忠等一群官吏，见一把手瑞澂带头爬洞而逃，也相继带人从这个洞口爬出去，跟在瑞澂一干人的后面，登上了楚豫号。

瑞澂临阵脱逃，瓦解了还在顽抗的清军的军心，鼓舞了冲锋向前的起义者的士气。它算是宏大历史事件中的一个偶然插曲，却对全局产生了重要作用。当时武昌城内，有将近一万名新军官兵（约占总数的三分之二）并没有参加起义，还在观望犹豫中。“此时的瑞澂，如果能镇定一点，亲自率军抵抗，群龙无首的暴动者能否成功，实在是未定之数。哪怕他学叶名琛，来个‘不死，不降，不走’，结局也许会有点不一样，至少，统制张彪的抵抗，会更卖力一点。起义的亲历者革命党人新军士兵曹亚伯说，‘瑞澂若不走，督府之教练队必不退，而未响应之各部队既无宗旨，又成观望，必与革命军为敌。’起义成败还真难说。可是，这边起义者的枪一响，他就挖开督府的院墙开溜，溜到江中楚豫号军舰上，摆开一个随时准备逃之夭夭的架势，一下子，人心就散了。”（张鸣：《瑞澂之走》）

总督衙门的战斗还在继续。熊秉坤率领的起义军在衙门正面遭到清军困兽般的顽抗，战斗十分激烈。为了突破敌人的顽抗，熊秉坤挑选了40名精悍的士兵组成敢死队，进行火攻。队员王世龙手提煤油、木柴冒死跃上钟鼓楼放火。清军纷纷把枪口对准王世龙，王世龙被密集的火力击中，不幸壮烈牺牲。然而钟鼓楼还是着火了，火势大作，映衬着敢死队员们视死如归的气魄。他们冒着枪林弹雨，奋勇杀敌。清军被敢死队员们大无畏的气势所震慑，放弃东辕门，败退到西辕门去。起义军乘势呼喊着追到西辕门。不料，总督衙门大堂之中的清兵，突然用机关枪向外猛烈扫射，起义军又被疯狂的火力给拦截住了。这时候，只见敢死队员纪鸿钧提着一桶煤油，穿梭在密集的子弹中，成功跃入总署门房。清兵见状，集中火力向他扫射。纪鸿钧英勇献身，死前纵火成功。门房升腾起熊熊的烈焰，很快蔓延到总督衙门的大堂。顽抗的清军慌忙逃散。起义官兵呐喊着，冲入总督衙门，清除残敌。

瑞澂出逃，张彪开始并不知道。他还在城内望山门至保安门一线组织清军抵抗起义。如今看到总督衙门陷入一片火海，喊杀声隐约可见，知道大势已去。凌晨时分，起义部队完全占领了总督衙门，喊杀声渐渐低沉下去。张彪又得知瑞澂临阵脱逃，抵抗的意志一下子丧失得精光。他收拾金银细软准备逃往汉口租界寻求保护。这时，辎重营管带跑来报告：“我营没有一个革命党，统制请先到辎重营再行商议。”张彪就带着部分残军，来到辎重营会合，之后不敢在城内久留，退走汉口刘家庙。他在刘家庙搜罗残军败将，等候朝廷的增援。第八镇的日本顾问寺西秀武，在战乱中找到张彪，建议他带领现有兵力潜到武昌大东门，伪装投降，骗入谘议局，消灭革命党人的指挥中心。如果这次冒险成功了，再请示皇上自请处分，到时候朝廷必能将功抵过。失败了，不过一死而已。张彪权衡后，觉得此举风险太大，不敢采纳，只是修筑工事，消极防守。凌晨两点，新军第八镇司令部被起义部队占领。

总督衙门被攻占后，起义部队的主要目标就是藩署。藩署是湖北布政使衙门和银库所在地。之前夜里，一股起义军曾进攻此处。湖北布政使连甲率领若干卫兵与武装消防队，在藩署南楼作困兽之斗。起义军的第一波进攻没有得手。天明后，蔡济民带人来助攻。起义军势力大增，对藩署发动猛烈进攻。凤凰山炮台也对藩署发炮。很快，连甲的卫兵及武装消防队作鸟兽散，藩署入于革命军的掌握。布政使连甲逃跑，赶紧找地方躲藏起来。藩署易手之时，30 标第一营左队队官、满人崇光率领本部兵马闯入藩库，企图劫取现银。结果，该队被守库的起义官兵击溃。守库士兵恪守纪律，面对满地的银两、银圆、纸币，没有私掠分文。经过清查，湖北省存款约 4000 万元。这个数目是从张之洞到瑞澂历任督抚积累的结果，在各省中遥遥领先。这笔巨款为日后湖北革命政府扩充军队、稳定市场，开展各项活动提供了充足的财政支持。

起义军占领这几个主要目标后，开始对其他军政机关和没有参加起义的部队发动进攻。

起义如火如荼时，混成协 41 标始终平静如水，没有举动。原来起义发生时，第二十一混成协协统黎元洪就在 41 标，强力阻止官兵起义。47 岁的黎元洪是湖北新军的第二号人物，非常敬业，吃住都在军营中。他在 41 标军营中得知起义消息后，马上召集本协将校集合开会。会上，黎元洪做出了两项决策：第一，关闭所有还能控制的部队的营门，收缴武器，禁止人员出入；第二，部队遇到革命党人进攻则还击，革命党人退去则不追击，按兵不动，待天明再做计议。晚 11 时半，工程八营士兵周荣棠翻墙跳入大营，高喊革命已经成功，号召 41 标官兵一起去攻打总督衙门。黎元洪气急败坏，抽出佩刀，当场将高声呼喊的周荣棠杀死。午夜时分，远近炮火印红了武昌的黑夜，越来越近的喊杀声让 41 标官兵心惊胆战，很快 41 标营地接连落下重炮。起义部队对该标发动了进攻！黎元洪知道胜负已定，长叹一声，下令打开军营大门，允许军官带领士兵逃生。命令一出，早已丧失斗志或者倾心革命的官兵们都鱼贯而出，前者一哄而散，或者欢呼着去寻找同志。黎元洪夹杂在乱军中，灰头土脸地逃出营房。他不敢回家，就躲入参谋刘文吉家中。

当晚，总督府、藩署、官钱局、邮电局、各个城门、各类学校都被起义军占领。各部没有参与战斗的士兵，也都自动倒戈。中和门外陆军中学堂约千名学生，全体荷枪入城，与倒戈的清军一起到楚望台集合，听候改编。这些部队，长官都逃跑了，都由棚目带队，秩序良好。大约15000人的湖北新军，除少数部队因对清廷愚忠而在起义中被消灭外，成建制地转变为了革命军。

11日早晨，当武昌百姓迎着晨曦，小心翼翼地走出家门的时候，惊喜地发现换了一个天地。清朝军警和官吏，都无影无踪了，取而代之的是左臂缠着白布的士兵，守卫城门、机关，巡视大街小巷。

由于胜利出乎意外，武昌城内的百姓准备不及，有的用被单为旗，有的用白布当旗，欢庆胜利。原先，起义军计划以共进会的会旗——十八星旗[1]作为军旗和胜利后的标识。宝善里机关被巡捕查抄时，预备着的十八星旗被抄走了。只有李作栋在混乱中，扯出一面十八星旗带在身上。他把这面旗帜由汉口带到南湖，参加了昨晚的南湖炮队起义，后来又进城作战。11日清晨，他将这面旗帜交了出来，让它高高飘扬在黄鹤楼警钟楼楼顶。此后，十八星旗始终飘扬在黄鹤楼顶上。

值得一提的是，11日后武昌城内还有对清朝愚忠的顽固清军。新军第30标第一营，主要由八旗子弟组成，对革命抱敌视态度。管带郜翔宸于革命军起义以后，开始的时候坚闭营门，后来遭到了起义部队的炮击。郜翔宸率领全营满族士兵出击起义军的蛇山炮兵阵地。楚望台指挥部派遣进城的李鹏升部队增援蛇山阵地，将这一营顽固清军击退。郜翔宸部队在败退途中遇到吴醒汉等四五十名起义士兵。他误以为吴醒汉等人是观望的部队，竟然强迫吴醒汉等人“归队”，胁迫他们来到第一营的营房。吴醒汉等人将计就计，抓紧时间在敌营养精蓄锐。休息到天明，大家精神恢复，一鼓作气，对旗兵大声喊打。郜翔宸部队不是对手，

1 十八星旗，又名铁血旗、九角旗，红底，中间是个黑色的九角图案，红黑对比象征革命要抱铁血主义。九角图案又寓意古代的九州。九角图案内外各有九颗黄色星星，一共是十八颗，象征关内汉族人的十八个行省。这是一面宣扬“兴汉排满”的旗帜，醒目而有号召力，被革命党人选为起义军旗。

纷纷夺门而逃。下午一点钟，部翔宸纠集部分残余，竟然偷袭谘议局（当时已经是临时政府所在地）。起义军因为军队不够，临时安排测绘学堂的学生们守卫谘议局。这些学生兵战斗力弱，被部翔宸等人攻散。正在谘议局内吃午饭的蔡济民等起义领导人，不得不爬到谘议局后面的山上躲避。所幸部翔宸这支残军，很快被闻讯赶来的起义军杀退。部翔宸等人狼狈逃出小东门，窜至东湖一带，最后被民间乡团击溃。此后，武昌城内再无成建制的顽抗清军了。

武汉三镇中，汉阳、汉口与武昌隔江相望，由第二十一混成协42标驻守。10月11日，高级军官听说武昌失陷后，弃职而逃。下午，驻汉阳的42标一营的革命党人，得知武昌起义获胜的消息后，决定于当晚8时30分举义。起义按时举行，左队队官宋锡全却想上前制止，一名士兵将白布突然缠在他的左臂上，瞪着他说："不要糊涂。"宋锡全就这么参加了起义。起义者未遭任何抵抗，迅速占领了兵工厂等目标，并拖炮在龟山布防。汉阳兵工厂是当时中国最大的兵工厂，能够生产完备的新式武器，战略地位极其重要。12日清晨，瑞澂派载有步兵的军舰一艘，从刘家庙直驶龟山，企图夺占兵工厂，结果被龟山上的炮兵发炮击中，被迫缩回江中。

武昌起义的消息11日早晨就传到了汉口。文学社骨干詹大悲的朋友看到汉口江边有外国人拿望远镜向武昌方向观看，就向一个日本人询问。日本人说昨夜省城已经被革命军占领。这名朋友干脆大胆地闯入汉口监狱，将正在服刑的詹大悲拉了出来，其他在押的罪犯尾随而出。看守瞠目结舌，不敢阻拦。12日上午，驻汉口的第二营中的革命党人，在第一营派人策应下，亦率众起义，并拟夺占刘家庙车站。该营在进军途中，得知清军河南援军已经抵达汉口郊外。起义军担心寡不敌众，退回大智门一带防守。詹大悲在汉口组织了军政分府，担任主任。

武汉三镇完全光复。这是革命党人自1895年第一次广州起义以来占领的第一个重要城市，推倒了第一张多米诺骨牌。

泥菩萨黎元洪

起义军占领武汉三镇后，迫切需要建立一个与清政府对抗的政权，不然他们不是叛军就是历史上的游寇。

同盟会对起义成功后的政权设置有一套规定，计划在光复地区建立军政府，以都督为最高领导。按同盟会所订《军政府与各国民军之条件》第一条："各处国民军，每军立一都督，以起义之首领任之。"这也是惯常的做法。武昌起义的实际领导人是吴兆麟，按照惯例应该由他出任胜利后的湖北都督。但吴兆麟坚决拒绝当都督。一方面，他年轻资历浅，没有丝毫行政方面的经验；另外一方面，他自知在文学社、共进会也好，在同盟会也好，自己不是活跃分子，之前在革命阵营中默默无闻，如今不适合担任革命领袖。参与起义的文学社和共进会成员也不愿意推举吴兆麟当都督。

11日午后，各处起义士兵控制局面后，纷纷涌向湖北省谘议局，要求尽快建立新政权。为什么他们都涌向谘议局呢？这是一个耐人寻味的现象。尽管谘议局是清朝政府批准设立的，但毕竟是经过一定范围的选举产生的，其成员是本乡本土有威望有能力的士绅。之前，谘议局里面的立宪派们批评现实，推动立宪改革，多多少少为老百姓说了话。因此，在广大士兵心目中，谘议局和清朝政府是有区别的，议员们是可以信赖的。起义成功后，谘议局的议员们纷纷赶到这里，和起义各部军官联合商议未来去向——这就让在起义中没有丝毫功劳的立宪派们参与了政权。

起义骨干和议员们推举谘议局议长汤化龙主持商讨会议。大家都有让汤化龙出任湖北都督的意向。汤化龙是著名的立宪分子，之前和革命党人没有瓜葛，赶紧表白说："革命事业，鄙人素表赞同。"但他马上表示："兄弟非军人，不知用兵。关于军事，请诸位筹划，兄弟无不尽力帮忙。"就这样，他婉拒出任都督。汤化龙一席话，说得立宪派议员们纷纷点头。他们对既得利益比较看重，对革命胜利的前景还没有把握，所以不愿意出面领导与清廷对抗。这就是立宪派在革命前期的立场。

既然汤化龙不愿意出头，吴兆麟作为起义总指挥提议："首义后军民两政实繁，兄弟拟请在座诸位同志先生公举黎元洪统领为湖北都督，汤化龙先生为湖北民政总长。两公系湖北人望，如出来主持大计，号召天下，则各省必易响应。"吴兆麟作为旧军官，而非热心革命党人，心目中的政权领袖不是立宪派就是原来的高官将领。他的意见在当时发挥了重要作用。

按照吴兆麟的提议，起义后的政权军民两政分治，将行政权力让给汤化龙。这里面可能有起义官兵不熟悉地方政务、缺乏相应人才的现实考虑，更有用权力妥协争取立宪派支持新政权的目的。而推举黎元洪的原因，吴兆麟说了两点：一是湖北人，二是声望高，容易获得各省响应。还有一个原因是黎元洪作为在清朝官场有重大影响的高官和新军名将，容易被新军官兵和立宪派所接受，也容易争取尚在观望中的前清官僚。

果然，吴兆麟的提议得到了与会代表的赞同。会场响起了热烈的掌声。

当天下午，马荣在大街上发现了黎元洪的一个佣人，拦住盘问得知了黎元洪的藏身之处，随即带领一队士兵前往刘文吉家，用枪把黎元洪逼了出来。其中具体的情形如何，众说纷纭。后世盛传黎元洪是躲在床下被起义官兵揪出来的，宣扬黎元洪的保守、恐慌和懦弱。"床下说"最早见于反黎报纸《震旦日报》1912年春攻击黎元洪的社评，并没有切实的证据。最有可能的情况是这样的：

当时黎元洪躲在刘家的卧室里，见士兵们荷枪实弹涌进房间，以为是来杀自己的，颤巍巍地问道："各位弟兄，黎某自问不曾亏待过大家，为何要取我性命？"不想，士兵们七嘴八舌道："协统勿惊，我等是来迎接您出去领导革命的。"这一回答让黎元洪更害怕了。他又摇头来又摆手，连连说道："不行，不行，造反是要杀头的，莫害我，莫害我。"说着，他竭力和士兵们拉开距离，一会躲到蚊帐后面，一会绕着大床和士兵们玩躲猫猫游戏。最后，马荣急了，拉响枪栓，威胁黎元洪："你再不跟我们走，我就开枪了！"黎元洪这才极不情愿地随着众人，前往湖北省谘议局。

黎元洪到底何许人也？他为什么会得到起义官兵和立宪派的一致认可，又为何会有如此的戏剧反应？

黎元洪，1864 年出生于汉阳中等偏下人家。父亲黎朝相投军累功升至把总一职，老实本分，没有多少收入。他常年行军在外，家里生活非常困难。黎元洪小时被父亲接到驻所直隶北塘读了几年私塾，但是黎元洪读书取仕的心思早没了，却立下了从军的志向。1883 年，黎元洪考进天津水师学堂，开始军旅生涯。入学不满月，父亲黎朝相病故，黎家断了经济来源。黎元洪作为长子，上有母亲小有弟弟妹妹，毅然挑起了全家生活的重担。他的收入，只有每月四两银子的学校补贴而已。用这四两银子，黎元洪养活了全家。在学校里，他生活俭朴，埋头读书；每次回家探亲，他都徒步走完从天津学校到北塘家里的百里路程。当时水师内部的风气极差，赌博、吸毒、嫖妓成风，黎元洪洁身自好，获得了上下一致赞赏。

1894 年，黎元洪已升为五品官，任南洋水师“广甲”号的二管轮。黄海海战中，广甲号管带吴敬荣率舰临阵脱逃，结果慌不择路而搁浅。日军尾随而来，吴敬荣独自逃生，余下的官兵决定凿船自沉。船沉后，官兵们落海逃命。黎元洪不会游泳，却在与大海拼搏 3 个多小时后，安全漂到岸边获救。广甲号只有四名官兵获救，黎元洪就是其中一个。

▲ 黎元洪

黄海海战后，黎元洪赴南京投奔两江总督张之洞，先是受委监修南京城外的幕府山炮台，后出任南京炮台总教习。张之洞调任湖广总督时，带着一部分南洋新军和黎元洪等人同去湖北。对这部分力量进行扩编后，张之洞组建了新军第八镇和暂编第二十一混成协。黎元洪是第二十一混成协协统，是仅次于第八镇统制张彪的湖北新军第二把手。张彪对近代军事知之甚少，很多事务需要仰仗黎元洪的意见。此外，黎元洪兼任新军兵工厂、钢药厂提调、讲武堂会办、湖北棉麻四局会办，并兼管湖北水师，可算是能者多劳，一肩多任。

黎元洪在湖北新军中因为品行卓越，赢得了很高的声望。他关心官兵生活，从不克扣粮饷，坚持足额如期发放；专门建立被服厂保证军服供应——南北新军演习时，湖北新军军容胜过北洋新军；鼓励士兵学习文化，对学有所成的官兵着意提拔；从不虐待士兵，对犯错士兵都交给执法官审讯定罪。让官兵感动的是，二品顶戴的黎元洪和官兵同甘共苦，坚持吃住在军营中，和官兵一起作息，就连过年也不回家，而是让家人到军营中团聚。

黎元洪所辖的第二十一混成协曾查出士兵杨王鹏、李抱良、廖湘云等人组织文学社的前身振武学社。黎元洪也只是将涉案的革命士兵开除军籍，礼送出营而已。至于为革命官兵说情、保释等事情，黎元洪更是没少做，甚至对新军士兵剪辫的行为都听之任之。所以，在革命党人看来，黎元洪即便不是同志也是可以团结的对象。革命党人回忆："当时党人惟以满人为革命对象。汉人中即属官僚或不革命者，概不敌视。"黎元洪"同属汉族，终必表同情于革命"。

领导武昌起义的文学社和共进会领导人，年纪都很轻，缺乏声望，推举谁当领袖都不能服众。这也为黎元洪的"异军突起"创造了客观条件。起义前半个月，革命党人酝酿胜利后的都督人选。蒋翊武、孙武、刘公三人在职位上争执不下。而居正提议邀请黄兴、宋教仁来武昌领导革命，希望以外部的强大人选制止内部分歧。更多的人希望推举湖北籍的有声望的人物出任都督，首选人物是时任北洋军统制、湖北人吴禄贞。吴禄贞是革命党人，在日本留学期间加入了同盟会，又是日知会的灵魂人物之一，在湖北革命党人中声望很高。可惜他远在北京任职，不可能回武昌领导起义做都督。

这样，同样声望卓著的湖北同乡黎元洪就成了二号候选人。早在起义前的 1911 年 4 月，文学社和共进会在洪山宝通寺开会，就讨论过推举黎元洪的可能。他们认为："党人知识，不是不如黎元洪，但不够号召天下，诚恐清廷加以叛兵或土匪罪名，各省不明真相，响应困难，且黎平日待兵较厚，爱惜当兵文人，又属鄂籍将领，只要推翻满清，革命成功，似无不可。”会上，革命党人刘九穗认为：“所以要把黎元洪拉出来，其利有三：一、黎乃当时名将，用他可以慑伏清廷，号召天下，增加革命军的声威；二、黎乃鄂军将领，素得士心，可以号召部属附和革命；三、黎素来爱护当兵文人，而这些文人全是革命党人，容易和他合作。所以拉黎出来，革命必易成功。”与会党人没有异议，但希望推举黎元洪为临时都督，等吴禄贞在北方率部起义南下后，再推举吴禄贞为正式都督。虽然有过提议，但是革命党人没有做出推举黎元洪的正式决定。他只是备选之一。

可是在11日，情况就不同了。在场的吴兆麟、汤化龙等人不愿意担任都督，之前设定的领导人刘公、蒋翊武二人不知道躲在什么地方，孙武还在医院中治疗，而同盟会领导人并不知道武昌天翻地覆的变化，黎元洪就从一个备选成为了唯一现实的、可能的都督人选。

当天下午，黎元洪被逼无奈来到谘议局。革命官兵和立宪派立即宣布黎元洪为湖北军政府都督，主持大计。黎元洪马上跳了起来，甩着长长的辫子说：“兹事体大，务须谨慎，我实在不能胜任，请各位另请高明吧。”

现场哗然，蔡济民当即痛哭：“昨夜多少同志牺牲，方有今日之光复，若因无人主持而功败垂成，何以面对死去诸同志？若黎协统再不答应，我便自杀以谢烈士！”革命党人朱树烈更加激奋，抽刀剁下一根手指，用血淋淋的断指指着黎元洪说：“你要再说一个‘不’字，我就和你拼命。”黎元洪闭目不答。革命官兵也不管他同意与否，着手组织政权，写好安民文告送到黎元洪面前要他签署。黎元洪连连摆手说：“莫害我！莫害我！”革命党人李翊东见状，提笔在布告上写了个“黎”字，张贴了出去。

按照东京同盟会预拟的文稿，布告写着“中华民国军政府鄂军都督黎”，这是用“中华民国”字样发出的第一张布告。

黎元洪名义上出任都督，影响不小。“午后则见武昌城内外遍贴湖北都督黎元洪布告，往观者途为之塞，欢声雷动。至有艰于步履之白发老翁请人扶持，拥至布告前，必欲亲睹为快，人心为之大定。旅汉外籍人士闻之，亦为震动，皆曰‘想不到黎协统也是革命党。’”

这下，黎元洪算是上了“贼船”，名字上了布告，身子被软禁在军政府。愤然断指的朱树烈佩刀持枪，日夜监守着黎元洪。黎元洪闭幕养神、面无表情、呆坐无语，既不说可也不说否，根本就不处理政务。都督不做事，蔡济民提议成立谋略处，代行都督职权。蔡济民出任谋略处负责人。11日晚，在谋略处主持的会议上，革命党人讨论了有关国家建制和政权标志的问题。与会者认为，起义是全国性的行动，必须依靠同盟会的规定办事。同盟会规定，起义成功的地方，立刻建立中华民国军政府某省都督府。会议决议新政权称为中华民国，政体改为五族共和，规定国旗为九角十八星，改为黄帝纪元。都督府就设在原来的谘议局。

最初数日，上自政制建立，下至茶水油灯，都督府事无大小都由蔡济民管理，任何人都找他，以致他面容憔悴，声嘶力竭，说话不能出声，只能佐以手势。

蒋翊武10日凌晨逃出武昌，在郊区找了个地方躲藏了起来，听到武昌起义成功了，匆忙赶回。他赶到谘议局，看到木然的黎元洪和憔悴的蔡济民，失声痛哭：“都督如此情形，将奈之何？”革命党人张振武脾气火爆，看到如此尴尬场面，对吴兆麟说：“如今虽占武昌，然清廷大吏潜逃一空，未杀一人以壮声威，未免太过宽容，不如将黎元洪斩首示众，以壮声威，使一应旧臣皆为胆落。”他的意见很有代表性，当时年轻气盛的起义官兵们对不合作的黎元洪很不满意，希望以吴兆麟等人取代黎元洪。吴兆麟坚决不同意，认为黎元洪就是一言不发，一事不做，对大局也有利无弊。还有一种意见是让革命后迅速赶到武昌的黄兴取代黎元洪。但以李翊东为首的一派人坚决反对说：“黎都督为我们所推举，出尔反尔，如何取信于人。何况赖黎都督的威望，人心始定，今日无故免之，人心必乱。”

在湖北方言中，“黎”和“泥”发音相近。黎元洪呆坐中军帐，不发一言，加上他身宽体胖，起义官兵们就讽刺他是“黎菩萨”，因为谐音的关系很快传为“泥菩萨”。黎元洪的这个绰号传播得很广，非常符合他当时的状态：自认为与革命党人不合，又因为被迫做了都督成了朝廷的要犯，两头得罪，可不是“泥菩萨过江，自身难保”？

但是黎元洪毕竟领军当官多年，是有能力的人物。原本，他以为官兵起义，也就是瞎闹，几天就会被朝廷镇压下去。可随着日子的推移，起义官兵在武汉三镇的脚跟越站越牢，各地都有响应之声。黎元洪的心不能不松动起来。他当都督的第三天（13 日）晨，躲藏在长江水面上的湖广总督瑞澂率楚豫等三艘军舰和革命军进行炮战。黎元洪兼管过湖北水师，对朝廷军舰的战斗力还是有信心的。不料，炮战的结果是黎元洪看重的清朝水师被仓促组成的革命军打败，三舰中有两舰受伤。老上级瑞澂自此逃离战场。黎元洪又一次受到了刺激。

当天，部分起义官兵对黎元洪的消极态度不满，革命党人甘绩熙持枪奔向黎元洪，扬言：“我就是不杀他，也得逼他表个态。”许多人跟着他一起来到黎元洪处。黎元洪见此，以之为转变的台阶，对甘绩熙等人说：“年轻人，你何必如此激烈！我在这里待了四天，并未做什么对不起你们的事情呵！”革命党人陈磊说：“都督没有对不起我们，但是您的辫子还拖在脑后。您既然是民军的都督，就该剪掉辫子，做个表率，以示决心。”黎元洪立刻回答：“之前，你们要剪发，我悉听尊便。现在，我还在乎一条辫子？”围观者闻言欢呼雀跃，马上找来工具，帮黎元洪将辫子剪去。辫子落地，黎元洪与众人相视而笑。晚上，黎元洪正式主持出席军政府的军事会议，宣布：“自此以后，我即为军政府之一人，不计成败利钝，与诸君共生死！”他开始真正行使都督权力。

有关黎元洪剪辫子的说法，还有许多细节。比如说黎元洪辫子落地后，蔡济民特地放了鞭炮庆贺。又有说法是辫子没有了以后，黎元洪索性剃了个光头。望着黎元洪光秃秃的脑袋，蔡济民忍不住伸手摸了一下，笑着说：“都督这脑袋，真似罗汉一般。”黎元洪自己也笑了：“我看像弥勒佛。”又有说法认为，黎元洪“泥菩萨”的绰号就是从这里得来的。

剪辫后，革命党人就放心地将湖北的军政大权交给了黎元洪这个前清将领。10 月 16 日，武昌起义后第一个来到武昌的同盟会重要领导人谭人凤，组织隆重仪式，给黎元洪授旗授剑，慷慨誓师，“一时欢声雷动，革命军自黎公以至士兵，上下一心，自此始也”。

黎元洪以前清将领身份统帅革命军，对前清阵营造成了不少震动，减少了革命阻力。武昌起义时，很多新军军官都躲了起来。军政府初建，面临很大的军官缺额。“自黎出之风一播，城内隐匿之军官皆来。”湖北各地官绅，接到黎元洪以都督名义发布的电文，纷纷附和起义。“各县士绅俱出而负地方治安之责。所以全省帖然，内顾无忧，军政府得专心致力于战事矣。”黎元洪还利用在前清的人脉关系策反前清将领。他给张彪写了封劝降信，被张彪当场拒绝。起义后，清军派海军提督萨镇冰率军舰逆长江而上，协助陆军镇压起义军。萨镇冰是黎元洪在水师时的老师，在学校时很欣赏黎元洪。他的现代化海军大炮对武昌城威胁很大，革命军没有炮台可以与之抗衡。黎元洪就写信给老师：“老师向来知道元洪为人一贯谨慎，这次起事实是人心所向。元洪再三考虑，才接受此职。希望老师爱惜百姓，也希望老师眼光看得远一些，与革命军合作。”萨镇冰为之动容，下令海军向岸上空地开炮，不久即率军舰退出战斗，顺江而下。

清朝陆军大臣荫昌奉命率北洋军南下镇压，顺道去洹上村拜访了“病休中”的袁世凯。荫昌乐观地表示：“武昌不过是乌合之众，无人主持，此去不难扑灭。”袁世凯正色道：“乱军以黎元洪为都督，何谓无人？”

北方清军源源不断地南下，武汉上空战争阴云密布。此后，这块狭窄的地区是南北方之间、革命和清廷之间的主战场。

武汉起义军面临空前的压力。湖北新军在实力上本来就弱于北洋新军。起义中，湖北新军原来的中上层军官几乎逃避一空，下级军官中参加起义的也不多，且事后大多担任了领导职务。起义成功后，军政府的军官和士兵都极度短缺，为了打赢即将到来的决战，军政府决定大规模招兵。招兵消息一经传出，城乡百姓踊跃应征，四方志士也前来投效。除了个人应招的外，不少人是集体前来投军。比如大冶矿工 1000 多人、汉口布帮伙计等，成批加入新军。青年学生的革命热情尤其高昂，纷纷报名参军。还有外省，甚至海外华侨听到武汉捷报，不远万里前来投军。很多人不甘心被编入普通部队，奋勇要求组织敢死队。这一时期，武汉涌现了多支敢死队。

不到五天时间，湖北军政府就招纳了3万新兵，编为5个协。革命军人数虽多，但军事素质实在令人担忧。参军者多数是城乡贫民，因为战事迫在眉睫，政府没有时间训练他们，多数人连开枪都不会。军政府就在每协中加入一营老兵，打散编制到各部，带领新军边战边学。这些热情高涨的年轻人，满心兴奋地迎接着决战的到来！

地动山摇

各省独立与清廷政治剧变

1911年的10月，浙江乌镇少年沈德鸿在嘉兴中学读书。嘉兴中学的革命党人很多。校长方青箱是革命党，教员大部分也是革命党，就连教古书的四个国文老师中也有三个是革命党。学生中剪辫的很多。校长方青箱也剪了辫子，不过因为他常要去见官府，不得不装上一条假辫垂在脑后。

中旬的一天，嘉兴中学一个四年级学生偶然到东门火车站买东西，带回来爆炸性的消息“武昌被革命党占领了”，立刻轰动了嘉兴中学。那天晚上，沈德鸿和几位教员、同学一起在宿舍闲谈，大家围着那个同学问“武昌起义”的下文，他的回答没有什么出奇的地方，但是临走的时候指着包括沈德鸿在内的几个没有剪辫子的同学说：“这几根辫子，今年不要再过年了。”

第二天下午，嘉兴中学的部分学生请假出去，到东门车站去买上海方面的报纸。等上海开来的火车到站后，学生们就上车和旅客商量，买他们手中的报纸。遇到也有从车上下来的旅客，几个学生马上围上去抢着购买报纸。一度时间，上海来的车少了，上海报纸也越来越难以买到，沈德鸿和学校里光头的体育教员也去车站买上海报纸，结果一无所获。那个自称脑后有“反骨”的体育教员很扫兴，拉着沈德鸿到车站附近的一家小酒店喝酒。“他打起台州腔，说了不少话，可是我大都不甚了了，只分明记得有一句：‘这次，革命党总不会打败仗了吧？’他说这话时，神情是那么正经。”紧接着，嘉兴中学的空气日益紧张起来，开始领不到办学经费了。“提前放假”的呼声开始在学生中流传，不久学校真的提前放假了：因为上海光复了。离校回家的早晨，沈德鸿听说杭州也光复了。等到了故乡乌镇，他又发现：乌镇也光复了。乌镇原本有驻防同知，是个旗人。乌镇商会筹集了一笔款子送给这位同知，他也就悄悄走了。商会随即组织了商团，维持地方治安，防备土匪，商团的装备就是那位同治溜走时原封不动留下的。

几天时间里，沈德鸿生活的浙江北部地区都换了旗帜。不只是浙江北部，神州大地都处在剧烈动荡之中，大半个中国换了旗帜。绝大多数人像沈德鸿一样，没有感受到政权颠覆时的血雨腥风，平静地感受着身边的剧变。在中国神圣了几千年的朝廷和皇上，被人们迅速抛弃，大家欢呼着迎来了共和国。

第一波独立浪潮

武昌首义的枪声，犹如一声春雷，震醒了已经开始萌动的沉睡大地。它又仿佛是一阵大浪，扑向早已千疮百孔的清朝大船。各地迅速响应，而各级官府土崩瓦解。

武昌起义发生后12天，湖南、陕西两省首先响应，宣布独立；在10月当月宣布独立的还有江西、山西、云南、贵州和安徽。这些省份，新军中革命势力强大，清朝官员既不敢依靠新军，对新军防范过严又激起兵变，往往应对失措。最后，新军呐喊起义，朝廷命官一般是听到枪声或作鸟兽散或急忙转变立场，“咸与维新”了。

最先响应湖北起义的是湖南新军。

湖南与湖北紧密相连，共进会在两省做了大量准备工作。长沙的焦达峰之前就和刘公、孙武等人约定如湖北首先起义，则湖南即日响应；湖南首先起义，则湖北即日响应。湖南共进会在新军中的争取工作也卓有成效。湖南新军只编为一个混成协，驻扎在长沙近郊。其中的下级军官大多是有一些文化的农民子弟，经革命党人陈作新等宣传鼓动多数接受了革命思想，就等在10月16日与湖北新军一起如约起义了。

遗憾的是，焦达峰等人并没有在第一时间得到湖北方面提前起义的消息。相反，湖南巡抚余诚格在10日当天就接到了“武昌新军造反”的警报。余诚格心中暗暗叫苦。当务之急是防止武昌的战火烧到湖南，但余诚格是个光杆司令，在湖南并没有嫡系部队。新军是不能依靠了，他勉勉强强能够依靠的只有从旧军改编过来的巡防营。余诚格对付新军的方法，比瑞澂要大刀阔斧得多：把所有新军调离长沙，同时调各府县的巡防营来长沙布防。这一招称得上是釜底抽薪。

正当新军调动之际，湖南革命党人得到了武昌首义的消息。焦达峰、陈作新等立即召集新军代表开会，决议18日由城外新军炮队营举火为号，发动起义。18日，城外的炮队举火了，但因为城内余诚格防范甚严，其他各营未能发动。起义夭折了。焦达峰等人决定24日再次发难。20日，情况突变，新军中有革命党人被捕叛变，供出了湖南起义计划。余诚格闻讯后，立即严令驻长沙新军在22日一律开赴湘南株洲，不得逗留。革命党人遂决定在22日提前起义。

10月22日晨，长沙城外一阵哨响，新军官兵迅速集合，打开军械库，取出枪械弹药，齐刷刷地冲向城去。守城军警平静地放下武器，打开城门，任由起义军长驱直入。官兵们还没冲到巡抚衙门，便远远看到院内竖了根大旗杆，旗杆上飘着个大白旗，上面写着“大汉”两个大字。原来，余城格就大势已去，赶紧写了一面白旗竖起来，表明态度，缓和与起义军的关系，然后趁起义军不备逃出城去，乘轮船逃到上海。如此兵不血刃的革命，顺利得连起义官兵们都不敢相信。起义怎么能连一枪一弹都不放呢？于是，有人在巡抚衙门内空放了三枪，算是宣告长沙光复。

起义胜利的当天傍晚，各界代表集中湖南谘议局开会。立宪派此时纷纷附和革命，议长、著名立宪党人谭延闿从立宪派的立场出发，提出“文明革命”的主张，说：“文明革命与草寇异，当与巨家世族、军界官长同心努力而后可。”他希望尽量不对既有秩序造成破坏，同时企图和平夺取地方政权。谘议局议员、士绅主张推举谭延闿为都督。革命党人和新军代表坚决反对，最后公举焦达峰为都督，陈作新为副都督。

此后，湖南各州县人民闻风响应，相继宣告光复。焦达峰等革命党人在革命胜利后，暴露出了政治上的幼稚。他们埋头组织军队增援武昌，将革命骨干扩编组成湘军独立第一协，由王隆中统率于10月28日出发援鄂。新军中的革命分子几乎全部随军出发，革命力量空虚，只能调外地军队来接防。立宪派和自私军官，乘机发动了政变：

立宪派不甘心被排除在政权之外，10月23日革命政权刚刚成立就迫使焦达峰同意成立参议院，由谭延闿担任议长，参议员大多数是原谘议局议员。参议院掌握决策权，将都督限制为参议院的执行者。立宪派还挑拨焦达峰和新军的关系，诬蔑焦达峰为“会匪”、“土匪头子”。[1] 26日，同盟会中部总会负责人谭人凤来到湖南后，看到都督大权旁落，策动焦达峰取消参议院，由都督府总揽全权。31日，在全省各界代表大会上，焦达峰宣布取消参议院决定，谭延闿被迫辞职，怏怏退席。

也就在这一天，长沙城内发动了挤兑风潮。副都督陈作新单骑前往处理，在半路上被伏兵乱刀砍死。原来，这是从外地调来接替长沙防务的某营管带梅馨策划的阴谋。梅馨是个削减脑袋要往上爬的自私分子，接防后要求焦达峰提升他为旅长，遭到拒绝就怀恨在心。立宪派乘机挑拨煽动。31日，梅馨指使一些流氓、乱军制造了骚乱，伏兵杀死陈作新后，再指使变兵借索饷为由冲进军政府。当时，焦达峰还埋首组织第二批增援武昌的军队。部下劝他暂时躲避，以防不测，焦达峰愤然说道：“不用躲避！我参加革命，凡是附和革命者，我都宽容以待。我后悔当初没有听从谭人凤之言，根除乱军和伪装革命的小人，今天才遭到这些人暗算。我坚信革命必将成功，小人反复，自有天谴。”说完，他挺身走出大堂，立即被两旁射来的子弹击中。焦达峰受伤后倒在前坪照墙石狮子下，被变兵用刺刀戮死，年仅25岁。

1 焦达峰、陈作新等人的依靠力量除了新军就是会党组织。湖南各地的会党组织知道焦达峰作都督后，以为哥老会已经当权，纷纷攘攘地拥进长沙，跑到都督府里来。当时人描写说：“其都督署中漫无规则，有呼之为焦大哥者。”绅士们就散布流言说，焦达峰是个土匪头子，并不是革命党；甚至说，留学生焦达峰早已死了，现在的焦达峰是光绪三十一年参加萍乡、醴陵暴动的会党头子姜守旦冒充的。

当晚，梅馨迎接刚刚辞去参议院议长的谭延闿出任都督。谭延闿假惺惺推辞一番后，接印治事。立宪派掌握了湖南政权，获得保守分子的一片支持。湖北的立宪同志汤化龙发贺电给谭延闿说："闻公出，欣喜无量。"而在武汉前线的焦达峰、陈作新部下数千人得报后气势汹汹，扬言要返回湖南复仇。考虑到革命的当务之急是巩固武汉前线，革命党人被迫接受与谭延闿妥协，默认了政变的结果。谭延闿很快巩固了自己的地位。

就在湖南新军起义的同一天，西安的新军也举行了起义。

西安的情况和武昌、长沙类似，新军基本倾向革命，护理陕西巡抚钱能训知道新军不可靠，又没有军队可以依靠。他能做的，就是准备将新军全部调出西安，分散到各地去。不料消息走漏，革命党先行一步，鸣枪起义，很快占领了西安城的主要部分。钱能训开枪自杀，结果没有死成，只是受伤而已，起义军也没要他的命，只是将他逐出陕西而已。

西安的特殊之处在于，清朝在此派驻了八旗军队。清朝入关后，在重要城市留驻了八旗子弟，设置将军统帅八旗军队。这些旗人，往往聚居，形成"城中之城"，称为"旗城"或者"旗营"。那些将军，则根据地名不同称为某某将军。比如统帅西安八旗军队的就叫西安将军。辛亥革命前后，革命党人过分宣传种族革命，社会上兴起排满反满气氛，起义官兵也有一些错杀、滥杀满族人的情况。这就导致满族人敌视、抵制革命，他们尽管早已不习鞍马，在起义发生时还是拿起武器与起义军对抗。这一点在武昌起义的时候就显露出来的，在各处与起义军顽抗的多数是八旗子弟。而在有八旗军队聚居、有将军统帅的地区，满族人的抵抗就有组织，也有力得多了。

时任西安将军文瑞，是朝廷的世袭男爵，从皇帝身边做头等侍卫起家。他一方面对清朝死忠，一方面为了西安八旗子弟的身家性命着想，在新军起义后卖力地组织抵抗。西安城内烟火四起，新军节节推进时，文瑞率领八旗兵迎战新军。交战几个小时后，八旗军不利，文瑞身旁的亲兵都被击毙多名，只好退守旗城顽抗。起义军两面进攻，战斗到第二天，旗兵伤亡惨重，弹药将尽，渐渐不支。中午，旗城被攻破，文瑞还组织旗兵巷战。最后，八旗子弟死二千多人，部下见败局已定，劝文瑞逃跑。文瑞则说："吾为统兵大员，有职守不能戡乱，重负君恩，惟有死耳！"他口授遗疏，然后从容整理衣冠，投井自杀，成为地方大员中为清朝殉节的第一人。

指挥西安起义的是新军管带张凤翙和张益谦，两人都是日本士官学校毕业生，都加入了同盟会。西安光复以后，张凤翙和张益谦被推为正副统领。

陕西新军起义的第二天，即10月23日，江西九江宣告独立。

江西新军也只有一个混成协，下辖两个标，一个标驻扎在南昌，一个标驻扎在长江重镇九江，并且有炮台等配合。九江新军中革命力量强大，距离武昌又近，先爆发了起义，赶走知府，公推标统马毓宝为都督。马毓宝其实是个旧军官，并不赞同革命，可也没做过什么错事，就被缺乏强有力领导人的起义官兵们推举为都督了。不久，九江籍同盟会员、曾担任云南陆军小学堂总办的李烈钧回到故乡，被起义官兵推举为参谋长，实际负责指挥。李烈钧立即下令严密控制炮台，封锁长江江面，断绝湖北清军的水路供应。长江航运截断，使清廷大为震动，更使逗留在长江中游的清朝海军供应断绝，陷入困境。舰队指挥萨镇冰本已率领11艘军舰、2艘鱼雷艇脱离武汉战场，顺水驶往上海。如今见人心倾向革命，他便以身体不佳为理由，离开舰队。各舰管带推举"海筹"号管带黄钟瑛为司令，宣布起义。

九江新军起义后，派出部队直取南昌。没等他们抵达，南昌新军爆发了起义。10月31日晚，城外革命士兵缒城而入，城内新军各学堂的学生群起响应，驱逐守城士兵，打开城门。起义军很快地占领了衙门，清朝官吏闻风而跑。只是清朝的江西巡抚冯汝骙没有逃脱，仍留在巡抚衙门中。这又是一场兵不血刃的光复。

冯汝骙的心态很纠结。他一方面看到清朝失去人心，不愿意与起义士兵为难。当驻在袁州、萍乡一带的军官密电冯汝骙，报告军心不稳，请求指示的时候，冯汝骙复电说："官心已不可靠，民心复不可恃，萍乡不能遥制，望体贴兵心民心办理。"萍乡官兵看到电文，兴奋异常，立即全体剃去发辫，宣布独立。另一方面，冯汝骙又想报答朝廷的"恩遇"，不愿意参加革命。江西独立后，各派势力要推举冯汝骙为都督。

他坚辞不就，离开南昌向北而去。冯汝骙走到九江，被民军扣留，软禁在客栈。冯汝骙害怕起来，服毒自杀了。

辛亥革命期间，革命党人在各地缺乏强有力的领袖人物，光复后难以推出能为社会接受的革命都督。江西尤其如此。人们先是推举几位新军教官为都督，后来又从九江请马毓宝来做都督，都不能控制局面，在任很短。省内不乏有人想借革命之际，扩充势力，谋取荣华富贵，使得江西省内混乱一时。最后还是临时政府成立后，李烈钧由中央任命为江西都督，才稳定了政局。

再回到北方，陕西革命后，邻接的山西革命党人也跃跃欲试。

山西巡抚陆钟琦在武昌起义爆发前刚刚到任，上任的第一件事情就是预防太原新军起义。可惜他还没想出防范措施，新军就在 10 月 29 日发难，迅速攻占了巡抚衙门。巡抚陆钟琦全家当时都在衙门中。陆钟琦，顺天宛平人，进士出身，做过摄政王载沣的老师，有孝子之称。儿子陆光熙，也是进士出身，也是孝子，曾有割股疗亲之举。不同的是，陆光熙曾留学日本，倾向革命。据说他来山西，劝说父亲反正。父子俩还没交流出结果来，起义官兵就蜂拥而入了。陆钟琦责问道：“我刚来一月，有何坏处，尔等竟出此举？”起义者不回答就开枪，杀死来太原仅 23 天的陆钟琦和一名仆人。陆光熙怒斥：“你们这是做什么？”结果也被起义者开枪打死。最后，陆钟琦的妻子唐氏和多名仆人被杀，13 岁孙子也被刺伤。可见革命毕竟是流血暴力事件，爆发之时稍有约束不当或情绪过激之处便会夺人性命。陆钟琦因此成为第一位殉节的汉族督抚，加上阖门遇难，迅速被清廷树立为“正面典型”，说他“满门忠烈”。陆钟琦获谥“文烈”，陆光熙获谥“文节”，唐氏得到旌表。保守势力常常举他的例子来说明革命的

▲ 阎锡山

破坏作用。

当晚，除了巡抚陆钟琦外，没有革命的新军协统谭振德也被当场击毙，太原宣告光复。随后，山西各界代表在谘议局开会，公推新军标统、同盟会员阎锡山为山西都督。阎锡山就此开始了对山西三十多年的统治。

山西起义的第二天，10月30日，云南新军也起义了。

云南新军的革命基础非常好，协统蔡锷等都是革命党人，新军各个学堂暗地教的都是反清革命的道理。在北方革命浪潮的推动下，云南革命党人焉有不起义的道理？云贵总督李经羲忧心忡忡，依靠新军也不是，防范新军也不是，只能停止给士兵发子弹。这一招一点用都没有，当兵的谁手里没有偷偷藏几颗子弹啊？30日，新军在蔡锷的指挥下，整齐划一地参加起义。讲武堂学生们打开城门，迎接起义军入昆明。骑兵团、炮团，都倒戈，加入起义队伍，向总督衙门冲去。总督卫队见到起义军后，自动缴械投降，李经羲成了俘虏，被送离云南。整个行动相对平和，只在争夺五华山和军械库发生了战斗。拒绝革命的第十九镇统制钟麟同被击毙。11月1日，云南军政府成立，蔡锷被推举为都督。昆明以外各地的巡防军相继被肃清，云南全省不久宣告光复。

与云南紧密联系的贵州，革命力量薄弱。在云南光复的刺激下，贵州革命党人也谋划起义。立宪派势力也四处活动，希望清朝巡抚沈瑜庆宣布独立，企图在贵州建立立宪派的政权。沈瑜庆拒绝独立。11月3日，一群十八九岁的新军士兵、学员自发起义，打进贵阳城来。沈瑜庆控制不了局面，干脆撒手不管，宣布下台。立宪派、革命派宣布贵州独立，但相互之间争吵不休，加上派系林立，很快爆发了内讧，影响社会稳定。最后，云南方面派唐

▲ 蔡锷

继尧率滇军进入贵州，控制了局面。唐继尧当上了贵州都督。

在10月底11月初的这段时间里，安徽的独立一波三折，最为复杂。

安徽当时的省会在安庆，新军中革命力量也很强大，收到武昌起义的消息后欢欣鼓舞，商议呼应。巡抚朱家宝惊恐万状，召集文武官员开会，磋商防范革命党起义的办法。最大的问题还是老问题：新军不可靠，旧军又依靠不了，怎么办？好在安庆离南京近，南京驻扎有清军重兵，朱家宝便急电两江总督张人骏，调驻扎在浦口的江防营来安庆。同时，朱家宝又提前发饷，希望稳定新军军心。

安徽新军缺乏一个有力的领导者，各部在起义指挥上协调不一，迟迟发动不起来。10月31日，新军某排单独发难，袭击安庆城失败。不过，省内各州县民军风起云涌，寿州、合肥、芜湖陆续宣布独立，朱家宝的命令已经不能出安庆城门。在此情况下，立宪派就想出来摄取政权。各社会团体11月7日在谘议局开会，决定次日由谘议局自行宣布独立。朱家宝见势不妙，觉得与其让别人被动宣布独立，不如自己宣布独立，争取主动。于是，他在第二天（11月8日）抢先宣布安徽独立，自己任命自己为安徽都督。朱家宝是袁世凯一手提拔起来的，是袁党人物。起初，他拒绝独立，扬言："家宝食清之禄，死清之事，城存与存，城亡与亡，诸君勿复多言。"据说袁世凯密电朱家宝"宜顺应时势，静候变化，不可胶垫书生成见，贻误大局"，朱家宝顿时领会袁世凯的意思，幡然改变，借独立来谋取将来发展。

革命党人激烈反对朱家宝此举，根本不承认他这个都督。11日，革命党人召集各界代表开会，再次宣布独立，推举王天培为都督。这样，安徽就出现了两个都督。王天培和朱家宝争位。前者年轻，依靠部分同样年轻的新军官兵，实力有限，又因为强行剪辫而激起反对。朱家宝乘机煽动巡防营以反对剪发辫为名哄闹。王天培只当了几天都督，旋即离去。安庆很快陷入旧势力、立宪派和革命党人群雄争霸的局面。安徽其他地区自行独立的都督也各行其是，不服从安庆指挥。中间，九江军政分府两次派军入安庆，协助稳定政局。第一次驱逐了朱家宝，迫使后者翻墙而逃。但九江军队军纪实在败坏，一入城就劫掠百姓，遭到安徽军民的反对；第二次九江参谋长李烈钧亲自前来，还是控制不了安徽群雄，不久率部去武汉参加会战，得以脱身。等临时政府成立后，革命党人柏文蔚出任安徽都督，中央又派军消灭地方割据都督，这才稳定了安徽局面。

以上七省相继宣布独立，都距离武昌起义爆发不到一个月，气势汹汹、其情迫切，可见人心向背。

东南易帜

革命爆发，社会动荡不安。长江三角洲地区的沪宁杭三地的走向，成了众人的焦点。

以上海为中心，包括浙江、江苏二省的沪宁杭地区，聚集着中国最密集的人口、最发达的经济和最杰出的文人。这里有虎踞龙蟠的汉族古都南京，当年被清朝推翻的明朝就是在此开朝建国的；有享有“人间天堂”美誉的鱼米之乡苏州、杭州，还有最先开埠、极速膨胀起来的远东大都市上海，生机勃勃的十里洋场吸引着来自五湖四海的轻狂梦想和冒险精神。对于每个中国人来说，扬州二十四桥的明月夜，姑苏城外寒山寺的夜半钟声，点缀着桃花、鳜鱼、白鹭的西塞山和野旷天低树、江清月近人的新安江，都是从启蒙时起就注入血液的记忆。这里是所有中国人的文化故乡，是中华文明皇冠上的明珠。

从唐宋开始，长江三角洲就是朝廷的赋税重地。南宋年间，“苏湖熟、天下足”，太湖流域是整个中国的粮仓。而中国经济中心的地位在此生根，再未移动。苏州城内外那些一步一景、美轮美奂的园林，默默向人宣示着，所谓的文化是长年累月的沉淀和积累，是建立在物质和精神双重基础之上的。发展到清朝，不仅朝廷的赋税仰仗东南，北京城里百万亲贵、官民、兵将的衣食都仰仗于东南地区一点一滴的漕运输送。因此，东南沪宁杭地区的归属，不仅关系到中央王朝的生死，更意味着一个政权能否在思想文化上为中国人所接受。

正因为如此，清朝在沪宁杭地区的统治力量，仅次于京畿重地，非常强大。在江苏，两江总督张人骏驻扎在南京，江苏巡抚程德全驻扎在苏州，统帅有强大的巡防营和军警。南京还有江宁将军铁良率领的八旗驻屯军，江南张勋率领的江防营和徐绍祯统制的新军第九镇。在浙江，浙江巡抚增韫统帅巡防营和新军一协，杭州将军德济辖有八旗驻屯军。三座重镇，清军兵力各自数以万计。上海因为行政级别较低，除旧巡防营外没有驻扎大批清军，但清朝在此机构重重，各部门都有各自的武装力量。海军会有军舰不定期停泊、江南制造局不仅生产军火而且自身防守力量也很强大，水警、商团等新兴的武装也受官府控制。

武昌起义爆发后，上海、南京、杭州、苏州各地官吏，神经高度紧张，密切防范本地革命党人的动向。江南制造局加快军火生产，装备清军，一派山雨欲来风满楼的景象。

当富庶之地面临战火威胁，东南地区的立宪派坐不住了。和经济一样，东南地区的立宪势力也在全国居首，横跨传统的儒商、士绅和近代资本家、社会活动家双重身份，拥有丰厚的产业。江苏的张謇、浙江的汤寿潜都是国内立宪派的领袖。他们和传统体制保持着千丝万缕的联系，为了防止战火破坏经济，立宪派在武昌起义爆发最初是反对革命的。比如张謇就担心“秩序一破，不可回复”，劝说两江总督张人骏出兵协助镇压武昌起义。张人骏可能是觉得东南地区比武昌更加重要，按兵不动，把眼睛盯死在自己的辖区。10 月底 11 月初，多个省份宣告独立，革命形势席卷全国，张謇等人体内革命的因素盖过了保守的一面，趋向革命。和谭延闿等独立省份的立宪同志一样，张謇等人有能力、有声望，更有意愿参与新的政权。江苏巡抚程德全和立宪派走得很近，张謇等人就密切联系他，希望他能够反正。浙江的立宪派在参加巡抚增韫召开官绅会议时，也公开呼吁巡抚大人带头“独立”，争取主动，免得革命党人夺取政权，对大家都不好。程德全、增韫两人都连连摇头，不愿意宣布独立。立宪派们也没有更深一步的行动，也只能摇头散开，静候局势发展。这是 1911 年 11 月初的事情。

旧体制的力量有多强大，革命的力量就相应有多强大。别忘了，沪宁杭地区是开风气之先、经济最为发达的地区，也是新兴社会力量最为强盛的地区。本地区的革命力量是国内最强大的。

光复会是东南历史最长的革命组织，成员众多。光复会的徐锡麟、秋瑾等人就曾想发动浙皖联合起义，不幸失败。1910 年初，陶成章、章太炎在东京重建光复会，李燮和担任南部执行员，重新在东南地区发展光复会组织。李燮和，湖南安化人，先后加入华兴会、光复会和同盟会，一人具有华兴、光复、同盟三会会员的身份。广州起义失败后，陶成章和李燮和等回到上海，集中精力组织光复会上海支会，组建光复军。他们的主要做法是争取清军巡防营、水警等既有武装力量。

同盟会在沪宁杭也拥有许多会员。广州起义失败后，同盟会内部痛心于广东革命力量的削弱，同时深感在南方边陲起义对全局影响不大，很多人谋划在长江流域壮大力量，发动起义。1910 年，宋教仁来到上海，与陈其美等成立了同盟会中部总会。陈其美，浙江吴兴人，1906 年在日本加入同盟会。陈其美这个人，侠义豪爽，喜爱冒险，在上海这口大染缸里浸染多年，人脉广关系硬，黑白两道都熟。他本人经商多年，在新兴工商业群体中尤其吃得开。后人记住陈其美，可能是记得他是陈立夫、陈果夫的叔叔，更记得他是蒋介石的拜把兄弟，是他把蒋介石引荐给了孙中山，仿佛他是站在蒋介石和两个侄子背后的模糊影像。其实，在 1911 年前后的沪宁杭，陈其美是响当当的名字，是同盟会在东南的中流砥柱。如果说其他奔走呼吁革命的同志也有响亮的名气的话，那么有一样事情是他们不能和陈其美相比的：陈其美在上海地区积累多年的实力。

▲ 李燮和

武昌起义捷报传到上海，陈其美感到的除了喜悦，更多的是紧迫感。他召集亲信，说：“今日武昌为首义之区，南北两京尚在满清之手，各省自听命于武昌。而武昌起义者，又均系光复会人。长江一带，本为光复会势力所弥漫，今以首义示天下，同盟会将无立足之地。所以吾

▲ 陈其美

人为同盟会计，为报答孙先生多年奔走革命计，不得不继武昌而立奇功于长江下游。”武汉的共进会、文学社虽然从同盟会分化而来，但独立性很强，武昌起义就是他们独自策划的。它们和光复会关系密切，领导人交流频繁。如今，光复会又策划东南起义。陈其美马上意识到同盟会落于人后，担心革命成功后各地为其他革命党人控制，同盟会不能掌握政权。争强好胜的陈其美急于要为同盟会正名，要为同盟会掌握一处政权。

陈其美投入了紧张的准备：他联络各报馆，及时传达起义消息，悉力鼓吹革命。他又与李燮和联络，谋划共同起义。李燮和向水陆各处军警摊牌，后者纷纷表示赞同革命，很快就组织了光复军。陈其美还通过富豪李平书做通了上海城内外商团的工作，商团答应参与起义。短短十几天时间里，上海地区气氛转向，人心倾向革命。清朝官员看在眼中，慑于革命威势，不敢干涉，也不做预备。陈其美胸中的目标非常远大，又跑到杭州联络同志、会党，约定11月6日上海、杭州共同起事。他希望先占据上海、杭州，以此为基础夺取整个东南地区。

当时，青年蒋介石正在日本军队中担任候补士官生。国内革命热火让这些年轻人按捺不住，急于归国革命。蒋介石向师团长请假遭到拒绝，又向联队长商洽。联队长在职权范围内，给了蒋介石最大时限的假期：48小时。蒋介石毅然请假，他迫切需要一个离开军队的机会。和他一同请假的军校同学，还有张群等。暗地里，军中上下都知道蒋介石等人要逃回国参加起义，都睁只眼闭只眼而已。军中悄悄地为他们设宴惜别。主持欢送会的日本军官高举着酒杯，为蒋介石等人送行。蒋介石一行人抓紧时间，先乘火车到了东京，分别向本省同盟会的东京支部领取旅费，再前往长崎，登上了开往上海的轮船。为了掩蔽身份，他们脱下军装，寄回联队，同时准备了毒药，预备在遭到缉捕时自杀。所幸，蒋介石、张群等人顺利抵达上海。当时是10月末，蒋介石24周岁生日前夕。

回到上海，蒋介石等人首先去拜访陈其美。后者正忙于组织上海和杭州同时举义，就指示浙江籍的蒋介石前往杭州，参加当地起义。蒋介石不顾旅途劳顿，立刻和同志奔往杭州。他的老家奉化县溪口镇离杭州不过130公里，蒋介石非但没有回乡看望母亲和兄长，还寄去绝命家书，表示要杀身成仁为革命殉命。按照起义计划，蒋介石负责指挥敢死队。敢死队员除了血气方刚的年轻革命者外，还有秋瑾的余部、绍兴王金发带来的会党成员。

11月2日，情况发生了突变。吴淞口出现了五艘清军军舰，停泊在那准备装运江南制造局的枪炮弹药。据说这五艘军舰是从武汉方面来的，准备装足军火返回支援清军的。陈其美得到紧急情报后，立即约李燮和商议攻打江南制造局。李燮和说："要光复上海必须攻克制造局。但制造局守备强大，不经过死战啃不下来。一旦僵持不下，苏州的程德全就可能派所部水陆军警增援，半天时间就能到达上海。"因此，李燮和觉得提前攻打制造局太冒险，不同意。陈其美将清军军舰停泊吴淞口的情报告诉了李燮和，说："清廷方以军舰运制造局械弹，上驶汉口济冯国璋，倘不先事定上海以伐其谋，武昌且危。"两人都觉得不能让上海的军火去屠杀武汉起义军，决定提前到明天（3日）午后4点起义。

11月3日，闸北巡警率先发难，光复闸北。商团武装紧接着在南市起事。上海道台、知县保命要紧，仓皇逃往租界。陈其美不等各路起义军汇集，就率领敢死队和部分商团进攻江南制造局，企图抢夺头功。

江南制造局是清朝在上海地区最坚固的堡垒，生产存储了大量的枪炮弹药。制造局总办张士珩在武昌起义后日夜戒备，亲自带着卫队巡查守备，严密控制工人。李平书曾劝他不要接济清军军火，张士珩不听。李平书再开导他说："清朝人心开始瓦解，你就是守住一个区区的制造局，又有什么用呢？不如为自己筹划保全之策。"张士珩还是不听。看来他是顽固到底了，只能硬拼了。陈其美带上人强攻，子弹如雨、炸药横飞，张士珩死命地反抗。激战了数小时，起义军硬是攻不下制造局。

陈其美着急上火，头脑一热，决定单枪匹马进入制造局给张士珩做思想工作，试图像之前争取清朝军警和民间商团那样把张士珩争取过来。结果张士珩没被争取过来，陈其美是自投罗网，成为人质。李燮和闻讯，火速组织起义军警全力赴援。围攻制造局的起义军实力大增，攻势一阵超过一阵。张士珩见大势已去，这才逃入租界。起义军占领制造局后，到处寻找陈其美，最后在厕所旁储藏钢铁的小房里找到戴着镣铐、发辫系在墙上的陈其美。他已经被折磨得手足麻木，不能走动了。

江南制造局被攻占的时间是 4 日上午 8 时，宣告上海光复。陈其美被推举为沪军都督。

上海决定提前起义，并没有及时通报杭州。当时蒋介石正在从上海返回杭州的火车上——之前他去上海接收了一批敢死队员。11 月 3 日晚上，蒋介石和敢死队员分住在城内奉化试馆及仁和火腿店内待命。当天深夜，杭州同志们才得知："陈其美已在上海发难，光复在即。"一时间，大家摩拳擦掌，不甘落于人后。杭州城内人心惶惶，谣言四起。

4 日，浙江巡抚增韫想出了一个应对办法：他强装镇定，轻装简从，在杭州闹市招摇过市，表示局势还在官府控制之中，自己临危不乱胸有成竹。但 1911 年的杭州不是几千年前的小城，演这种小把戏已经不能稳定民心了。杭州人看巡抚如此反常举动，人心更加不安了。一回到巡抚衙门，增韫立即召开官绅会议，商量对策。大家讨论来讨论去，多数人还是建议不如宣布独立，争取主动。增韫开了一个下午的会，终于认识到：为了避免杀身之祸，最好的办法是宣布独立。可惜的是，还没等增韫把独立告示草拟好，外面的枪声先响了。

起义爆发了！起义的先锋就是敢死队。杭州的新军虽然倾向革命，但驻防城外，交通不便，加上清朝官府严格控制武器，每一士兵分配子弹不满 5 发，相反给八旗驻屯军装备了充足的军火。实力悬殊，革命者将起义的希望寄托在敢死队身上，希望他们能发挥尖刀的作用。蒋介石、王金发等人不负期望，迅速组织起来向巡抚衙门冲杀过去。队员向衙门里扔了两枚炸弹，再派人翻墙进去打开大门，就顺利地涌入了巡抚衙门。巡抚卫队没有反抗，士兵们自动放下武器，还制服了搬出机关枪就要扫射的教练官。敢死队一举攻占了大堂，可就是找不到增韫。原来，增韫听到炸弹响，就从屋后垣墙间隙逃出，藏身马槽。敢死队员们从马槽中把他揪了出来，关押在市内福建会馆。同一时间，城外的新军也顺利入城，拿下了军械局。凌晨，起义军就控制了除旗城之外的地区。感觉敏锐的商家开始插出白旗，大书“欢迎”二字迎接起义军了。很快，大街小巷白旗招展，和 11 月 5 日的黎明一起迎接杭州城的光复。

天亮后，旗城周围爆发了激战。杭州将军德济指挥八旗驻屯军，凭借之前配备的强大火力，负隅顽抗。城内枪炮声隆隆不绝，惊得立宪派跑到旗城中，劝说德济放下武器，顾全大局。德济不答应，甩开膀子和起义军大打起来，坚持到下午八旗子弟不敌，落入劣势。参领贵林等人逼德济投降，起义军又答应只要八旗驻屯军缴械投降，保证旗民的生命财产安全，德济这才下令投降。杭州全城光复。

接着，宁波、温州、嘉兴、绍兴等相继光复。起义军和立宪派推举原谘议局议长汤寿潜为都督，成立军政府。蒋介石等“苗正根红”、从四面赶来的革命者遭到排挤。蒋介石返回上海，好在陈其美对这个小兄弟很看好，提拔他当了沪军团长。而绿林色彩浓厚的王金发因为汤寿潜与秋瑾被杀事件有关，反对推举他为都督，结果他的意见并不重要，重要的是背后的社会群体。王金发最后被排挤回绍兴，会党分子也没进入新政权。起义者浴血奋战，最终政权还是为原来社会中的强势群体所占据。军政府成立后，鉴于增韫、德济为官尚可，并无大恶（增韫还曾违背圣旨，没有铲平秋瑾坟墓，而是暗中通知家属迁走），将他们礼送出境。

上海、杭州相继光复，苏州的江苏巡抚程德全的处境就危险了。尤其是上海光复后，苏州失去了进出口的商埠和军火供应地，官民人心动摇。从 11 月 3 日起，苏州的绅商、立宪派和革命分子就包围程德全，劝说他反正。程德全和增韫一样，犹犹豫豫，不说独立也不说顽抗到底。拖延到 4 日晚上，苏州城内的新军、革命党人等不及了，发动了起义，很快就占领了苏州城。第二天一早，起义军冲进巡抚衙门，逼出程德全。事到如今，起义军还希望程德全能够宣布独立。程德全表态：“值此无可奈何之际，此举未始不赞成。”为了表示顺应革命，程德全叫人用大竹竿将巡抚衙门大堂屋檐上的瓦片挑去几片。瓦片落地破碎，清朝的江苏巡抚衙门也就变成了革命后的军政府。程德全比增韫幸运，在立宪派的支持下当上了江苏都督。

至此，沪宁杭地区全部落入革命党的掌握之中，从经济和文化上动摇了清朝的根本。

东南光复，是同盟会和光复会共同努力的成果，双方拥有各自的军队。同时，立宪派掌握着不少地区的政权。三方很快对沪宁杭三地的政权控制权展开了竞争。

三地中，上海的沪军都督府最为重要。上海是当时最大的商埠、最繁荣的经济重镇，还是人口大市。光复后，陈其美利用在上海工商业群体中的庞大人脉，迅速挤掉李燮和，建立了清一色同盟会会员组成的都督府。李燮和被排挤到吴淞，索性另立了一个军政分府，与陈其美对抗。虽说是分庭抗礼，但吴淞军政分府完全不能与沪军都督府相比，陈其美控制着丰裕的人力、物力和财力，将上海逐渐建设成同盟会坚固的堡垒。在辛亥革命期间，沪军都督府向各地革命军供应大批军火和相当数量的军费，作了很大的努力。军政府多次召集大会号召各界助饷，黄兴、陈其美、程德全等都曾亲自登台动员。上海资本家纷纷认捐，并组织募捐团体，推动各行业助饷；文化界组织了宣讲社、募饷团四出活动；京剧演员发起义演助饷，书画界举办书画助饷会，以墨润助饷；清贫的文教界也不甘落后，学校师生踊跃捐款，同盟会控制的《民立报》馆全体职工每月捐助薪金的五分之一资助革命。各地起义军遇到后勤困难，都找沪军都督府，向陈其美求助；南方独立各省军队调动，都以上海为中转枢纽和兵站。海外革命党人也纷纷赶回上海，再奔赴各地革命。无形之中，武汉虽然是首义之地，但上海很快后者居上，成了事实上的革命中心。

因为上海为同盟会控制，也就意味着同盟会掌握着革命的事实中心。

上海行政上归江苏管辖，立宪派控制的江苏军政府试图在行政上对沪军都督府发号施令，进而控制上海。苏州光复后，立宪派联名上书沪军都督府，借口“上海亦苏省之一部分，若行政亦经分立，殊与全省统一有碍”，以行政统一为理由要陈其美拱手交出政权，交给程德全。陈其美在上海滩练就了一身精明，当然不会为冠冕堂皇的理由所诱惑。地盘，在乱世中永远是最大的筹码。陈其美对立宪派的建议不置一词，将江苏军政府的指令一律置之度外。

立宪派咒骂陈其美是“无赖”，沪军都督府经常受到掣肘。陈其美岿然不动，上海政权始终控制在同盟会手中。政权争夺一直持续到临时政府成立之后。陈其美的压力越来越大，以退为进，三次呈请辞去都督，取消沪军都督府。陈其美在呈文中揭露：“上海地处交通，人人得而求备，而地居下邑，事事为人阻挠……（江苏）对于沪上各机关人员，委任非专，号令不便。管辖上既无统一之权，事实上乃有冲突之势，牵制如此，无事可为。且凡百收入，均被各方面争之而去；凡百支出，均由各方面诿之而来。纵系巧妇，无米难炊，虽极肝脑涂地之诚，岂能收戮力同心之效？”结果，沪军将领、地方士绅联名，分别电请孙中山任命陈其美为江苏都督——既然他人一直借口上海是江苏的一部分，那就干脆任命陈其美为江苏都督算了。有了上海方面的强硬团结和孙中山的强力支持，陈其美屡次得到慰留。上海的特殊地位就此开端，最终从江苏划出。

沪宁杭的独立，是 11 月上旬的事情，可算是武昌起义后的第二波独立浪潮。

南国烽烟

在 1911 年的最后岁月里，岭南、西南各省陆续独立，掀起了第三波独立浪潮。

10 月 10 日当晚，广西省会桂林电报局的革命党人吴某在电波中得到了一个令人振奋的消息：当晚武昌新军起义了！他马上把这个消息传给广西同盟会支部。广西革命者成了第一批得知首义消息的同志。

广西新军中的革命势力也非常强大。1909 年后，归国的日本留学生、保定军官学堂学生与内地革命党人汇聚桂林，渗透进入陆军干部学堂、陆军小学堂、新军混成协、督练公所、警察教练所以及谘议局、法政学堂等重要部门。其中广西陆军小学在创办之初即为革命党人的巢穴。它虽然是清廷的陆军基干训练机关，但校内平时极少提到“忠君”一类的话。有也是为敷衍远道前来视察校务的钦差而说的。同盟会在陆军小学附近成立“军事指针社”，专门在陆小学生中吸收同志，选择的对象都是成绩优异有血性的青年。比如身材矮小敦实、皮肤黝黑的乡间学子李宗仁在广州起义半年之前歃血为盟，被吸收进了同盟会。

11日，电报局又传来激动人心的消息：武昌起义成功，宣布成立中华民国军政府。广西同盟会支部长耿毅等遂决定在重阳节（10月29日）晚12时举行起义。起义的主力是驻扎在桂林南郊的新军混成协及学兵营约2000人，其基层军官均受革命党人熏陶，士兵多是桂林周边的知识青年；此外还有陆军小学的学生及支持同盟会的会党数百人。清朝官吏非常惊恐，将广西巡防营六个大队开进桂林城，加强防卫。

天有不测风云，29日下午起，桂林突发狂风暴雨，雨越下越大，到晚上城郊道路变为一片汪洋。即便如此，起义还是在当晚如期举行。新军混成协三个营的起义队伍在向桂林进发途中，为郊外暴涨的河水阻隔。城内外的起义人员终因不能会合而被迫停止了起义。桂林官府闻讯，调拨水师船只在漓江和各码头加紧巡逻搜查，使得革命党人再次起义的难度加大。

几天后，耿毅决定单刀赴会，去说服广西布政使王芝祥宣布广西独立。他和两名会党枪手，每人身佩两支手枪、四颗手揿炸弹，闯入布政使衙门。衙门外还暗藏了二十多名革命党人秘密策应。王芝祥是河北人，不仅是广西政府的二把手还身兼中路军统领，是省内实权人物。耿毅三人预备着，如果王芝祥配合独立尚好，如果王芝祥翻脸，就与他同归于尽。见面之后，耿毅也不多说，就把手枪和炸弹亮在王芝祥面前：“我们今天说好就说，说不好就这个！”这一下子就把王芝祥给镇住了，接着耿毅对他晓以民主共和的大义，又表示，广西独立后革命党人决不待在广西，而要北上增援武汉同志，广西的都督还是由你们来决定。软硬兼施下来，王芝祥表示赞同革命，并愿意去做广西巡抚沈秉堃的工作。

那一边，广西谘议局已经在敦促巡抚沈秉堃宣布独立了。10月31日，同盟会员刘崛依靠当地的绿林2000余人攻下广西东部重城梧州，全省震动。桂林城内人心浮动，社会上流传起义和攻城就在眼前。桂林工商界担心战事损害利益，集会请求沈秉堃独立。11 月 6 日，谘议局再次劝巡抚沈秉堃、布政使王芝祥：“广西协饷全靠湖南、广东等省协饷补助，现在湖南已宣布独立，倘广西不宣布独立，则湖南、广东的协饷定不会来，财政方面怎能支持？梧州已经独立，省内各处都在酝酿行动，桂林将成为一座孤城，如何能守？新军、民军、会党都准备起事，万一发生战事必致地方糜烂，怎对得起地方父老和各界人士？”沈秉堃、王芝祥无言以对，被迫在当日宣布广西独立。沈秉堃被推为广西军政府都督，王芝祥与广西提督陆荣廷被推为副都督。

这样的独立，是极其不稳定的。沈秉堃等人本没有革命的意识，各方面反革命的力量又保存完好，随时可能出现反复。但是，乐观的广西革命党人却很快组成以新军革命骨干为主的敢死队，日夜兼程，冒着冬季南方的寒雨，奔赴武昌。（后来，这支广西援鄂部队又开拔到了南京，改编为著名的第八师。当年还是年轻小伙子的白崇禧就在这支敢死队中。）广西革命势力削弱后，巡防营的顽固势力蠢蠢欲动。巡防营官兵多数是湘军旧部，他们就策划兵变，枪杀革命党人，然后在桂林劫掠一番（重点是抢劫广西藩库），最后返回湖南老家。王芝祥获悉后，从藩库取出 5000 两白银安抚军心。但仍有一小撮官兵顽固不化，仇视革命。

▲ 陆荣廷

11 月 9 日晚上，桂林民众提灯游行，庆祝广西独立。就在大家欢聚一堂的时候，巡抚衙门的旧卫队首先放枪作乱，鼓楼上的巡防营官兵则向人群射击，接着关闭了四方的城门。兵乱开始的时候，革命势力在郊外新军兵管能够集中的军队很少，而且大多是军校的学生。其中就包括陆军小学的学生李宗仁。革命军没有能力弹压乱军，只能采取守势了。当晚桂林城一片混乱，许多剪了辫子的民众被残害，陈尸街头。沈秉堃作为军政府的都督，想到的不是如何调兵镇压叛乱，而是自身安全。他学瑞澂在巡抚衙门的后墙打了一个洞，带上眷属，在亲兵掩护下急匆匆往北逃走了。副都督王芝祥调兵遣将，才在第二天早上将乱兵镇压了下去。可是，都督沈秉堃找不到了。广西各界就以都督下落不明为由，推举陆荣廷为广西都督。陆荣廷是出身旧军队的绿林好汉似的人物，盘踞南宁，这导致了日后广西的省会从桂林迁徙到南宁。

桂林叛乱的当天，广东也独立了。

广州起义被镇压后，两广总督张鸣岐大举清乡，企图消灭响应革命的会党帮会。清兵四出扫荡，骚扰百姓，反而进一步失去了人心。武昌起义爆发后，广东革命党人和民众闻风而动。10月24日，新任广州将军凤山抵任。他刚踏上广州的码头，就被连人带轿被革命党人李沛基用炸弹炸得粉碎。消息传出，广州官吏无不为之丧胆。张鸣岐、李准更是惶惶不可终日。革命形势越发展，他们就越觉得自己手上沾染了革命者的鲜血。

但是在力量对比上，张鸣岐等人占有绝对优势。广东有旧军编练而成的陆军第25镇，由龙济光为统制，全军超过1万人。而革命党人经过广州起义的失败后，实力大损，军事人才丧失殆尽，无力组织起义。张鸣岐急令龙济光把全军调到广州附近，陡增了许多底气。所以当江苏巡抚程德全13日请张鸣岐会衔，奏请朝廷改组内阁、宣布立宪时，张鸣岐以“时机尚为至”回答，拒绝上奏。他对革命是既担心，又心存侥幸，采取观望态势。广东的士绅巨贾却没有张鸣岐那么乐观，看出革命是大势所趋，希望张鸣岐宣布独立。10月25日，省内各大团体开会。清乡总办江孔殷在会上发言：“广东提倡独立，不如利用官府改良独立，当求完全，不可糜烂。”听众热烈鼓掌。大会决议：旧日专制政府，政治势力已失，共和政府势力已成，应即承认共和政府。

29日下午，各团体再次集会，有人拿出上书“广东独立”四字的一面白旗，由工人温东用竹竿挑起招展。有人大呼：“广东独立万岁！”应和之声震瓦壁。温东高举旗帜在前引导，众人尾随其后，向两广总督衙门进发。沿街各商店也张旗、宣灯，鸣放爆竹，表示拥护。请愿队伍到达总督衙门时，已经形成了 2 万余人的庞大队伍。大家要求张鸣岐立即宣布独立，与清廷脱离关系。张鸣岐避而不见。广州商民不知道确切情况，各商铺以为广东已经独立了，纷纷燃放爆竹，或在店前树立旗帜灯笼。一时城厢内外，甚至周边城市爆竹声不绝于耳，从黄昏放到三更天后声响才弱下来。

当晚，张鸣岐得知清军在武汉前线获胜，底气又足了起来。他下令龙济光派兵到大街上撕扯旗帜、标语、灯笼，逮捕倡言独立的人。张鸣岐贴出布告："本晚西关河南，纷竖独立旗帜，显有匪徒主谋。希图扰乱人心。"要求严加剿办。总督衙门防范森严，全城封闭，只开大南、小东两门出入，还挖掘新丰街的街石赶筑炮台。如此一来，广州一片混乱，各商铺多以铁链锁门，或用木板钉盖，街上行人寥寥。广东独立形势急转直下，看似没有希望了。

堡垒最容易在内部被攻破。广东的光复，最后的推动因素竟然是清朝内部的权力矛盾。水师提督李准手握重兵、忠于清朝，是镇压广州起义的元凶。广州起义时，张鸣岐只身投奔李准，全靠李准调兵遣将才保住了广州。之后，李准以为凭自己功劳，会加官晋爵，颇为洋洋自得。不料，张鸣岐不能忍受李准的居功自傲，更害怕李准动摇自己的地位，提拔龙济光为统制，调他的军队到广州，地位在李准之上。李准的失落和不满，可想而知。胡汉民等人洞察其情，派人离间张李两人。张鸣岐对李准更加猜疑，夺走了李准所属的部分军队，还把虎门要塞的大炮撞针收缴走了。李准更加不满，同时也担心自身处境。他想反正，推翻张鸣岐，推动广东独立，以功赎罪。可他也知道革命党人对他恨之入骨，许多人觊觎着他的项上人头。李准担心即便自己反正，也不容于革命党人。于是，他派出幕僚到香港与同盟会接触，希望反正后能给自己留条生路。同盟会答应了李准的条件。胡汉民给李准写信，信中大谈民族大义，明确李准如果能幡然醒悟，从清朝政府的立场转变到国民立场上，大家就化敌为友。李准马上回复，表明当尽力为民，革命党人如果直取广州，自己愿做内应。

李准说干就干。张鸣岐并不足虑，可怕的是掌握军队的龙济光。李准先礼后兵，派人去游说龙济光，动以至诚，希望他能够在革命中按兵不动，以免兵祸殃及百姓。龙济光是张鸣岐的爱将，深得后者栽培，可面对汹涌澎湃的革命浪潮，龙济光对前途也丧失了希望，不愿意与革命党人硬碰硬。既然李准提供了一条能够避免冒险的方法，他欣然接受。龙济光明确表示和李准一道站在革命一边，抛弃了张鸣岐。

张鸣岐就此成了孤家寡人。李准再派部下去见张鸣岐，下通牒说："我决心率领部下官兵和各炮台反正，请总督不要贪慕虚荣，贻害地方。"张鸣岐吃惊不小，对自己的立场仍犹豫不决，还想看看各省起义的成败再决定自己的行动。李准争取到龙济光后，传令所部水陆各军、沿海炮台同举义旗，各部悉受命令。李准部署完毕，打电话告诉张鸣岐，说自己已经与革命军联系好反正。反正的军队比张鸣岐控制的部队强大，而且四江军舰集中省城，炮口对准总督衙门，请张鸣岐"好自为之"。张鸣岐接完电话，赶紧召龙济光来商议对策。张鸣岐问龙济光："能打败李准吗？"龙济光明确回答："不能。"张鸣岐知道大势已去，偷偷在 11 月 9 日黎明逃往沙面英国租界，由那里乘船逃往香港，做起了寓公。

原本，士绅们有意推举张鸣岐为独立后的都督。9 日上午，各界代表数千人再在谘议局开会，经商议推举张鸣岐为临时都督，龙济光为副都督。代表们将印信送到总督衙门，扑了个空，这才发现张鸣岐逃走了。龙济光也不愿意担任副都督。于是，代表们重新推举胡汉民为都督。李准下令各炮队军舰一律升起国民军旗，并电邀胡汉民来广州。

消息传出，万众欢腾，爆竹如雷。当天中午十二点，水师公所首先高悬国旗、军旗，鸣炮志贺。各兵船、衙署、局所，一律同时升旗鸣炮。城内外各商店都挂旗，有写"中华民国万岁"的，有写"民国军万岁"的。

广州反正前，陈炯明已经在惠州起义，拥有七旅民军。李准反正后，又说服惠州清军向陈炯明投降。陈炯明就此成为广东革命党人中最有军事实力和影响的人物。不久，各界补选陈炯明为副都督。

广东独立后，东南沿海只剩下福建一省没有独立了。

福建同盟会在学界、商界都有良好的基础。地方民团也掌握在革命党人手中，福建保甲局总办彭寿松就倾向革命，后来被福建布政使弹劾罢官后干脆加入了同盟会。但是革命党和军队的关系有限。新军中的革命力量并不强。武昌起义前夕，彭寿松发起组织福建军警同盟会，吸收新旧军官兵和警察参加革命，开始筹划起义。

武昌起义发生后，闽浙总督松寿将福建新军视为眼中钉肉中刺，时时处处加以限制，将新军弹药全部收缴，保存在旗城中。新军官兵产生强烈不满情绪。革命党人趁机争取新军将领，新军将领纷纷加入同盟会。10月30日新军第十镇第二十协统领许崇智、11月5日该镇统制孙道仁分别宣誓加入同盟会。革命党人觉得起义时机成熟了，遂定于11月12日起义。

▲ 胡汉民

谘议局也开始推动独立。7日下午，谘议局开会，一致决议所有福建之政务由新政府施行，8日正式劝闽浙总督松寿交出政权，令缴驻防营军械。权力的交接从来伴随着或明或暗的血雨腥风，谘议局这种和平接收政权的愿望只能是一厢情愿的幻想——更何况松寿手上还掌握着相当强的实力。果然，松寿接着谘议局的通牒后，不仅不交权，还命令军队整顿备战，计划第二天次直扑谘议局，消灭首脑。福州城中驻屯的八旗子弟则组织杀汉队，企图配合松寿大开杀戒。在这种情况下，同盟会决定当晚提前起义，用武力消灭顽抗的敌人。

当天晚上，革命党人、反正官兵、各校学生和会党分子迅速集合起来，向各个目标发动攻势。9日零时，起义开始。反正的新军迅速占领福州城内的制高点于山，在北面山腹布防，装置大炮。彭寿松率军警、会党分子组成的炸弹队攀登上山，与新军会合。

起义军的主要敌人是福州的八旗驻屯军。福州将军朴寿上任后，招募了精卒4000人，专心训练。这支军队在各地驻屯军中，战斗力较强。旗兵得知起义爆发，迅速布置工事，以法政学堂为中心点，占据民房顽抗。他们四处放火，企图阻止起义军的进攻。新军和炸弹队在炮火掩护下勇敢巷战，逐步打退旗兵。旗兵死伤数百人，退入旗城。将军朴寿先写信求降，后又想逃跑，被起义军活捉，关押起来。总督松寿听说旗兵失败，吞金自杀。

旗城的战斗还在继续。10 日黎明，旗城挂起白旗，起义军正准备受降，不料这是旗兵的诈降。旗城乘起义军疏于防备，突然杀出数百旗兵，直扑于山，劫夺大炮。起义军拼死护炮，和旗兵展开肉搏。许崇智等将领也亲上火线拼杀，终将敌人杀退。朴寿乘旗兵反扑时逃出，被抓回即行正法。之后，旗兵零星的反对相继被扑灭。福建通过战斗，宣告了独立。

点燃辛亥革命导火索的四川地区，在独立道路上一波三折。

保路同志会在四川各地组织了同志军，革命党人加入其中居主导地位，清朝各级官府已经在事实上对地方失去了控制。先是荣县宣告独立，11 月 22 日川东重镇重庆宣布独立，随后其他各府、州、县陆续独立，剩下省城成都成了被革命势力团团包裹的孤岛。城内的立宪派和总督赵尔丰等人都不希望出现血流满地的场面，商议着和平移交政权。11 月底，成都召开四川官绅代表大会，宣布脱离清政府独立，成立大汉四川军政府，原谘议局议长蒲殿俊任军政府都督，陆军第十七镇统制朱庆澜任副都督。赵尔丰将政权移交给蒲殿俊，蒲殿俊保证赵尔丰等原清朝官吏的生命和财产安全。不过，赵尔丰虽然下台了，还拥有相当的实力：副都督朱庆澜是他的亲信爱将，还有 3000 人的巡防营尚且归赵尔丰直接指挥。

政权接替时的破坏性在这个时候的成都展现无余。旧的体制结束了，新的权威没有及时建立起来。成都塞满了保路同志军、袍哥等帮会分子、失去控制的前清官兵，局面日益失控。蒲殿俊是进士出身的传统士绅，没有一兵一卒；朱庆澜也缺乏强硬的性格，加上他的那一镇新军实力并不强，控制不了局面。所谓的四川军政府，除了头面人物外，没有固定的政权。于是，成都街头出现了成群结队头顶英雄结，腰缠飘带的“英雄好汉”，扛枪持刀，招摇过市。很多研究者相信，仓促交出政权的赵尔丰，眼看民国政府并没有成立，而北京的朝廷还控制着北方广大地区，心中难免后悔交权。于是，赵尔丰还在暗中操纵形势，煽动兵变。近年来，又有人认为，蒲殿俊、朱庆澜的软弱无力无所作为，对成都的混乱局面起到了推波助澜的作用。总之，短短几天内，独立后的成都治安恶化，民怨沸腾。

12月8日，军政府在成都东校场检阅军队，可能是为了庆祝独立，也可能是都督蒲殿俊想以此来扭转混乱局面。当天，大批军队和大量混杂在军队中的暴徒、帮会分子涌入东校场。蒲殿俊穿着上将军服，在嘈杂的环境中发表讲话。原本军政府曾答应给军队发放三个月的“恩饷”（也就是额外的工资），现在蒲殿俊在讲话中承诺给官兵发放一个月的“恩饷”。顿时，台下嘘声四起，秩序大乱。后面有士兵鸣枪起哄，很快发展成向主席台放冷枪。蒲殿俊哪见过这阵势，吓得面无人色，在两个卫士的保护下仓皇而逃，不知去向。阅兵变成了一场大混乱的序曲，士兵们闹哄哄地散出东校场，去藩库抢劫官银。事后查点，当天四川藩库丢失官银800万两。迟到一步、没有抢到官银的乱军，就从已经抢到银子的人手中争夺，将刀枪对准他们。还有人拥至成都市内，抢劫当铺、商行和富户，还四处放火。城中一片混乱。继都督蒲殿俊不知去向后，副都督朱庆澜控制不了军队，也逃遁出川。

当时在成都读中国的19岁乐山少年郭沫若目睹了这一幕乱象：有个人身穿灰鼠皮马褂，下身穿狐皮袍子，在街上匆匆行走，准备赶往城外。路中，那个人忽遇本地哥老会的“自卫团”，喝令他停住。几个人扭在一起，其中有个哥老会成员手快，一梭镖就把那位爷捅个透心凉——这位兵爷抢劫后“化妆”不严谨，上身军装虽脱，却忘了换那条有红竖纹线的军裤，故而被认出。几个人翻剥尸体，从这位兵士尸体上又剥上好几层狐皮好衣服，贴身

▲ 蒲殿俊

的，竟然是一件女式皮袄……

这时候就需要一个强权人物出来稳定局势了。曾经担任过陆军小学堂总办的四川本地军官尹昌衡在新军中经营多年，又加入过帮会，是四川袍哥大佬，人脉很广。军政府成立后，蒲殿俊拉他做了军事部长，想通过他稳定军队。成都大乱的时候，尹昌衡迅速逃离出城，从城外调遣了几百部队，连夜入城平叛。依托他之前经营的人脉，再加上谘议局罗纶的支持，尹昌衡最终控制了成都——实际上，很多乱军看到“尹大哥”来了，纷纷从乱军摇身变成了镇压乱军的正规军。尹昌衡再宣誓“五族共和，满汉一体”，说服了城内的八旗子弟，收缴了他们武器，稳定了局势。

尹昌衡平定叛乱后，理所当然地将军政府都督一职揽入囊中（有说是他自己任命自己的，有说是被成都军政各界会议推举的）。尹都督比蒲殿俊有手腕得多，也强势得多。当时很多人担心依然指挥巡防营的赵尔丰暗中复辟，威胁军政府。尹昌衡就谦恭地去拜访赵尔丰，态度诚恳地说服后者交出了巡防营。赵尔丰对尹昌衡的印象很不错，不想 12 月 22 日凌晨，尹昌衡指挥所部闯入赵家，把没有一兵一卒又卧病在床的赵尔丰逮捕了。“成都血案”的受害家属和对川汉铁路股份念念不忘的人们，对赵尔丰恨意难消。更多的人开始瞎起哄，于是赵尔丰的噩运就被决定了。尹昌衡在皇城内召开公审大会，群情激奋，要求将赵尔丰斩首。最后，年迈的赵尔丰被押至贡院斩首示众。此事长久以来被当作“革命功绩”来宣扬，直到最近几年，人们才开始意识到赵尔丰其实是个能臣干吏，在川藏事务上大有贡献，且个人品行不错。推翻一个旧体制的时候，能够对革命构成威胁的往往是那些旧体制中开明的、有作为的且品行不错的人才（比如赵尔丰，又比如端方），革命者将愤怒和功绩都集中到他们身上。结果，真正对社会有用的人被革命烈焰吞噬，而旧体制中贪图享受、明哲保身的庸才却存活了下来。后者因为无能、无为和无用，不对革命构成威胁，反而是革命忽视和“欢迎”的人群。

成都动乱的时候，端方率领的部分湖北新军到达了资州（今四川资阳）。

端方这支部队是清朝在南方残存的生力军。为了挽救四川政局，清廷下令将赵尔丰革职，新任端方为四川总督。端方思想开明，倾向宪政改革，而且知道南方局势已经糜烂，不是一城一地的得失可以挽回的。朝廷需要的是宏观体制的改革，需要缓和百姓的愤怒。他既知事情不可为，就想回北京向最高统治者面陈机宜。遗憾的是，局势不允许他这么做。

端方计划启程的时候，还没有得到成都独立的消息。资州知州将成都的混乱信息告诉了端方，端方决意还京。但是资州当地士绅包围他，请求："端公别走。您如果反正，成都唾手可得，到时大家都会推举您为都督。况且，现在端公率领的部队已经出现了哗变的迹象，如果您不反正，恐怕祸起萧墙。"地方士绅的话没错，端方带来的湖北新军内部有革命倾向，端方最好的对策就是率领这支生力军攻入成都，自己当都督。端方的可悲之处，就在于他虽然开明，了解民主宪政，却对清朝愚忠，坚持要回北京。士绅们再次请求说："端公如果担心成都不能容，可以在资州易帜反正，我等可函致各地士绅来资州拥您为主，公幸勿疑。"端方长叹："如果我那么做，有何面目见慈禧太后、德宗皇帝于地下哉！我计决矣，君等毋为我虑也。"地方官和士绅们见端方顽固不化，都叹息而散。

军队拖了端方的后腿，让他无法成行。新军计划响应革命，加上对前途迷茫无期，部队军心浮动。端方在资州盘桓多日，一来是他向成都的银行借了四万两白银发本月军饷，借银未至，二来是有土匪相约来投诚，他想等待他们如约而来（都什么时候了，端方还想收编土匪，真是尽职）。端方越犹豫，军心就越浮动。官兵们对端方进行信息封锁，南北公私函电和同僚之间的信牍都被官兵们截留，到不了端方的手上。所以，端方只知道武昌新军起义和成都局势动荡两件事情，对此后的各省独立都一无所知。不过，新军官兵们的消息是灵通的，他们知道得远远比端方多。他们要谋划自身利益，想在大动荡中分得一杯羹。

端方所率两标人马统兵者分别是曾广大和邓某，都是端方担任湖广总督的时候提拔起来的，和端方有师生之谊。出发前，瑞澂又推荐了董海澜给端方，端方任命他做了管带，一起入川。一路上，端方为稳定军心，极力笼络部下。有士兵生病了，端方派弟弟到军营问候；有士兵亡故了，端方亲自修书哀悼；沿途官民劳军的粮食，端方都先尝毒；甚至有士兵行军途中掉队了，端方竟然下令雇轿抬着他。所以，端方得到了部分军心，曾广大也约束士兵，不让大家乱动。

端方本来赶紧离开，或者偷偷离开都可以，不过他把成都银行借银的事情布告给了官兵。这批银子迟迟没有到，官兵们就不让端方走。12月27日黎明，端方都整装待发了，他任命的管带董海澜煽动部分官兵冲入端方的行馆，把端方软禁到侧屋中，然后遍搜行箧，想得到些金银财宝。结果，乱军没得到什么银两，愤怒之下要杀端方。曾广大为他求情说："端方不是骗子，他想走就让他走吧，何必杀呢？"他提议举手表决要不要放走端方。结果举手的人很少。曾广大再三劝说，乱军气势汹汹，怀疑曾广大有异心，扬言要先杀曾广大再杀端方。曾广大不敢再说，大哭而走。乱兵把端方逼到行馆的一间屋中，乱刃交下，又割下他的脑袋，返回武汉去了。端方的弟弟端锦见哥哥惨死，大骂乱军。乱兵强迫他跪下，他不跪，也被乱刃刺死，被割下了脑袋。第二天，成都银行的四万两银子到达了资州，可惜挽回不了端方的命了。

据说端方在最后日子中，一再声称自己祖先姓陶，是汉人，明末清初的时候不得已才加入八旗的。为此，他还把名字改为"陶方"。不过此举未能让他脱离噩运。

金陵王气黯然收

四川独立后，长江以南各省全部光复，依然处在清朝统治下的只有江宁一座孤城了。

江宁，就是南京，是六朝古都、东南都会，当时处境非常危险。周边的镇江、常熟、江阴、宜兴、南通、扬州等地的清朝官吏和守军或起义，或不战而逃，城市相继光复。就连江苏最北部的徐州，也在当地士绅组织下宣告独立。南京被光复地区团团包围，成了名副其实的大洋孤岛。让清廷聊以欣慰的是，困守南京的清朝官吏"忠君报国"，在四面楚歌的绝境中依然顽强地和起义军对抗。

▲ 张勋

镇守南京的清朝官吏主要有三个人。为首的是两江总督张人骏。他是64岁的老臣了，直隶人（河北丰润人），进士出身，宦海沉浮多年。城内驻扎着八旗驻屯军，由江宁将军铁良统帅。铁良，满族人，曾任幕僚和侍郎，后赴日本考察军事，回国后任练兵大臣、陆军部尚书，对新旧军事都很有心得，被视为满族人中最“知兵”的人，是可以和袁世凯相对抗的实干人才。可惜，载沣上台后，认为铁良不是自己“这一条线”上的人，非但没有重用他，还将他贬到南京来养老，落得个眼不见心不烦。当时，铁良已经58岁了。

第三个人就是57岁的江南提督张勋。这个人值得大书特书一下。张勋，江西奉新人，出身贫寒，吃过糠咽过菜，做过苦力受过责打，二十多岁投军，目的只是混口饭吃。他和湖北张彪的经历类似，都算得上是“苦大仇深”、“苗正根红”的苦孩子。但是参军后，张勋因为头脑简单、为人忠厚（在新军中经常受同伴欺负和鄙视），得到赏识，稳步升迁。据说八国联军侵华，慈禧太后西逃的时候。张勋不顾身上有伤，寸步不离慈禧的车驾，日夜护卫，把慈禧感动得不行，直夸他是忠臣。到革命爆发的时候，这个昔日的苦孩子已经拥有了荣华富贵和庞大军队了。晚清的时候，朝廷提拔了不少像张勋这样的人，尤其是北洋新军中有很多穷苦人家出身的将校。他们按照原来的仕途规律，几乎没有可能进入官场当官，能在社会上混个温饱就不错了，如今朝廷给了他们高官厚禄、莺歌燕舞和强大的势力，他们怎么能不对清廷感恩戴德呢？相反，那些从小在温柔乡里长大的权贵，不是缩头不吭声就是望风而降、闻风而逃，让清廷大为失望。

话说，张人骏、铁良、张勋三个人都忠于清室，武昌起义后大肆搜捕革命党人。遇着剪去辫子的青年，立即逮捕，押往刑场斩首，杀后悬首示众。城内到处是手持大刀的旧军，无辫青年吓得戴上假发藏在家中，不敢出大门一步。

进入11月份后，东南一带纷纷独立。张人骏等人收拢南京周边的军队，加固工事，防备革命军来攻。南京城内的驻军并不算少。占大头的是旧军，主要是张勋统率的江防军和江宁将军铁良的旗兵，总兵力约二万人。新军编练为第九镇，总数约七千人，统制为徐绍桢。新军官兵倾向革命。广州起义的指挥赵声曾在第九镇进行兵运活动，张人骏因此将他斥退。武昌枪响后，张人骏和铁良认为新军不可恃，调了江防营驻扎在新军兵营附近，同时不顾徐绍桢的反对，断绝了新军的军火弹药补给，还收缴了官兵们在打靶和训练的时候留存的子弹、抢走了营中的大炮和机关枪。新旧军之后的对立情绪陡然上升，占据火力优势的旧军把炮口都对准了新军兵营。眼看着火并一触即发，城中的士绅、商户赶紧找张人骏请愿：要打，也不要在城里打起来啊！不如将新军移往城外。张人骏觉得这个主意不错，10月31日命第九镇限期从市内移防至距城65里的秣陵关。南京城的防务全部交由江防营和巡防营负责。张人骏给旧军每人发足了武器弹药，单单子弹就每人发了500发，以防万一。而出防的第九镇的武器弹药就可怜得多了，士兵平均每人仅有子弹3发。

即便如此，张人骏等人还对第九镇不放心，命令旧军把炮口都对准秣陵关方向，抽调城外旧军包围第九镇。张勋则派人监视徐绍桢，观察动静。又有两名满族军官，暗藏手枪，求见徐绍桢，企图行刺。徐绍桢是广东番禺人，中过举人，考察过军事，当过总兵、提督，当时已经50岁了，本无意革命，但被张人骏等人苦苦相逼，胸中怒气咽不下去。部下原本就倾向革命，如今更是起义呼声迭起。徐绍桢于是决心起义。反正被张人骏等人步步紧逼，难逃一死，不如揭竿而起，看看鹿死谁手？

徐绍桢联络南京城内同情革命的旧军官兵，约为内应，定于11月8日第九镇以演习为名发难，袭取南京城。不料，城内的人自行于7日仓促起义，被张勋调兵镇压。张勋手下的悍将、江防军统领王有宏亲自用机关炮击毙起事士兵20余人。旧军中的革命官兵溃散。事后，南京城紧闭城门，全城戒备，如临大敌。第九镇官兵听说城内已经起事，在11月8日黎明誓师，兵分三路向南京城进发。南京城虎踞龙盘，周边堡垒要塞众多，加上几个朝代的苦心经营，城防异常坚固。起义官兵非常英勇，发起连续冲锋，都冲不破装备精良、占据有利地形的清军。加上起义军弹药严重不足，血肉之躯难以战胜钢铁工事，厮杀到9日拂晓，起义军伤亡惨重，弹药用尽，被迫向镇江方向撤退。之前，第九镇某营管带林述庆已经在镇江起义，成立了镇江军政分府。徐绍桢就在镇江收拢残部，并向周边独立政权求援。

11月11日，沪军都督陈其美分别致电江苏都督程德全、浙江都督汤寿潜，提议组织江浙联军，会攻南京，并推举徐绍桢为联军总司令。程、汤二人马上复电赞同。东南各处军队，纷纷向镇江地区集结，计有镇军、浙军、苏军、淞军、沪军，此外还有松江、江阴等地的巡防营，总兵力万余人。

江浙联军会攻南京城，是东南革命最坚硬、最困难的一仗。联军不敢怠慢，先派出一支部队渡过长江，绕到南京城北，截断清军的后撤道路，然后各军再开始对城外要塞发动进攻。11月24日，淞军及浙军一部攻占乌龙山，乘胜又于次日晨攻克幕府山。联军赶紧在山上安置重炮，威胁城内清军据点。同日，浙军主力及镇军、苏军接近南京城墙，与清军展开了一场遭遇战。士气高昂的联军在战斗中歼敌千余，俘敌数百。清军统领王有宏被击毙，大大挫伤了清军的士气。战后，联军成功占领孝陵卫，前锋抵达紫金山脚下。

张勋见联军步步推进，清军处境不妙，在26日亲自率领数千名清军出击，扑向幕府山、孝陵卫。张勋是玩了命地督战，往前冲，联军是钉死在阵地上，寸步不让。双方反复争夺阵地，苦战了一天。最后，清军不敌，张勋撤回城中。联军乘胜肃清了城外残存的清军。

29日凌晨开始，联军对南京城发动总攻。浙军进攻朝阳门、苏军进攻雨花台，都被清军居高临下击退。联军重新部署后，决定对雨花台发动佯攻，主力先取城外制高点天堡城，然后俯攻南京。天堡城建在紫金山西峰山顶的绝壁之上，是由太平军修建的，当年湘军和太平军在此展开了扩日持久的鏖战。如今，堡垒内的清军凭借储存的大量火炮和机关枪，据险顽抗。联军自下而上，冒着枪林弹雨仰攻，伤亡很大，进展很小。革命军拿出了攻坚的老方法：上敢死队！联军组织两队敢死队，从两面进攻天堡城。敢死队员攀岩走壁，不怕牺牲，无畏地向前冲。各军紧随其后，向山上冲去。清军渐渐不支，天堡城挂出了白旗。联军官兵们高兴起来，原地停止了进攻，派人上前联络。不料，天堡城的清军是假投降，趁联军麻痹下来，突然集中火炮和机关枪向联军队伍猛烈攻击。联军倒下了上百人。幸存的战友们愤怒至极，冒死冲锋，终于将守敌全部歼灭，占领天堡城。站在天堡城上，联军可以俯瞰南京全城。官兵们将堡垒中的大炮调转炮口，对着城内朝阳门、富贵山、太平门等处轰击，连连命中目标。

天堡城上炮声一响，城内清军立刻胆寒。南京城全部暴露在革命军炮口之下了！紧接着，雨花台也被联军攻占，环绕南京的制高点全部为联军所控制，清军已经无险可守了。张勋知道败局已定，终于想到“和平”解决问题了。他派人分别向联军总司令徐绍桢、镇江都督林述庆求和，以交出南京城为条件，要求革命军允许江防军移往别处。徐、林只答应接受清军投降，拒绝张勋所部转移他处。当晚，张勋率部偷偷渡江，向北逃去。张人骏、铁良等人也在当天夜间乘船出逃。张人骏逃亡上海，当起了寓公。现在，人们都知道他有一个出名的侄女：张爱玲。铁良逃往北京，继续效忠他的朝廷去了。

张勋带着部队逃跑，难度大了很多。这支清军遭到了江北革命军的阻拦。张勋边战边逃，丢弃了大量军需辎重，狂奔到徐州才停歇下来。徐州原本已经独立，但由士绅与旧官僚主导，态度并不坚定，如今见张大帅到来，自动取消了独立。张勋就此长期在徐州盘踞下来。清廷将张人骏革职，让张勋在徐州空挂起两江总督的虚职来，算是对这个顽固悍将的肯定。

南京城内残存的清军多数是巡防营，无心抵抗，开城投降。12 月 2 日，江浙联军开进南京城。南京光复。

“人世几回伤往事，山形依旧枕寒流。”南京城看惯了金戈铁马，穿城而过的长江淘尽了千古英雄。如今，光复后的南京城即将见证前所未有的历史变迁。南京曾经是六朝古都，是历史上南方的政治中心，又是前明朱元璋和太平天国洪秀全的都城。它的光复被革命党人附上了浓厚的政治色彩。主张“排满兴汉”的人们特别兴奋。入城后，江浙联军将士们络绎不绝地到紫金山阳的明孝陵去祭奠，文人墨客们也竞相鼓吹。

至此，南方各省全部独立。南方浑然一体，南北对峙局面形成。湖北、湖南、江西升起了十八星旗，广东、广西、云南和福建飘扬着青天白日旗，江苏、浙江、安徽等地换上了光复会的五色旗。其他反正省份，主要靠士绅和旧官僚主导独立，革命党的力量并不强大，挂的是白旗，有的在旗上写“大汉”或者“兴汉”几个大字。

说完南方独立场景，我们来看看北方的革命情势。

袁世凯的北洋军帮助清朝稳定了华北几省的形势。比如河南省，在湖北、山西、安徽等独立省份的包围下，没有独立。河南革命党人也发动了会党，组织了起义。但北洋军因为镇压武昌起义的缘故，早早就南下河南，压制住了当地的独立倾向。袁世凯本人在河南的人脉关系也起到了效果。又比如山东，巡抚孙宝琦是庆亲王奕劻的儿女亲家，面对士绅和新军的独立压力，也不得不在大会上宣布山东独立。后来，北洋军向山东方向施压，孙宝琦又宣布取消了独立。

当然，这并不是说北方革命党人没有努力，没有流血牺牲。北方和南方一样，革命势力渗透到了各地，即便是清朝“龙兴之地”的东三省新军中也有大批革命党人。东北地区成立了同盟会辽东支部，领导人主要是“士官三杰”蓝天蔚、吴禄贞、张绍曾等。他们一直在积极筹谋北方新军革命。

这三人可不是一般的革命党人或者新派知识分子，而是新军高级将领。蓝天蔚是奉天新军第二混成协统领；吴禄贞是新军第六镇统制，驻扎在保定、石家庄一带；张绍曾任新军第二十镇统制，驻扎在奉天、直隶东部沿海一带。他们三个人掌握的新军约有 3 万余众，呈半圆形包围着北京的朝廷。

北洋新军一向为袁世凯所控制，怎么会让革命党人渗透到高层来呢？这得从袁世凯的失势说起。袁世凯掌控北洋新军的时候，军官几乎是清一色的袁家班底。袁世凯被斥退后，载沣集团引入了许多有留洋经历或者考察过外国军事的青年才俊（据说吴禄贞是贿赂了庆亲王奕劻才当上的统制）。却不料，这些才俊虽然精通近代军事，政治上却不可靠。蓝天蔚、吴禄贞等人就是趁着袁世凯失势，被清廷引进和提拔的。

早在武昌起义前，蓝天蔚等人就密谋起义了。他们计划着率领各自的军队，围攻北京城——不愧为宏大的计划。1911年，清王朝准备在滦州一带举行新军的联合演习，刚好蓝天蔚、吴禄贞、张绍曾的部队都有份。他们三个人就干脆在演习的准备会议上商议如何起义的事情——反正外人看到的是三个将军在认真地推演沙盘，还以为他们是在“研究工作”呢！他们最后决定利用演习时新军实弹射击的机会，把军队都拉出来，先将禁卫军解决了，再整军入京。蓝天蔚、吴禄贞和湖北新军关系密切，还约武汉方面同时举兵，希望能收到让清廷首尾难顾的效果。结果，演习没有开始，湖北新军先起义了。清廷慌忙下令停止演习，阻止新军集中。10月24日，蓝天蔚、张绍曾等屯兵滦州，联名致电清廷，名为“奏请”，其实是“强烈要求”。在这封名为《请愿意见政纲十二条》的电报中，革命的新军将领要求朝廷在本年度内召开国会，制订宪法，同时禁止皇帝否决法律，并且要求特赦、擢用革命党人。历史上称之为“滦州兵谏”。载沣等人拿到这封电报，完全相信：华北新军也变心了！

袁世凯不允许华北新军革命。他栽培的北洋系军官担任绝大多数中下层军官职位，他们依然听命于袁世凯。这样，其他人就不能真正掌握军队。所以，蓝天蔚、吴禄贞等人的起义多少有些像浮在水面上的油，搅动不了多大动静。当吴禄贞下令阻截了清政府运往武昌前线的军火后，清廷更加忧虑。袁世凯也不能再等了，决心对“士官三杰”下手。清廷先命令吴禄贞脱离第六镇本部，前往滦州“宣慰”。吴禄贞到达滦州后，和张绍曾、蓝天蔚三人还没有意识到危险的临近，制定了各率本部兵马，兵分三路直逼京津推翻朝廷的具体细节。但是，他们的计划很快被告密了，在滦州和奉天停放的全部车皮也秘密调往北京，三人的军队无法调动，底下的军官也不愿意起兵。起义计划夭折了。袁世凯对吴禄贞尤其不放心，派人重金贿买了吴禄贞亲信的卫队长。11月6日的夜间，吴禄贞被卫队长杀害。吴禄贞曾经是湖北革命党人属意的最理想的都督人选，不想出师未捷身先死。接着，张绍曾也被清廷解除职务，开缺回籍。

▲ 吴禄贞

剩下的蓝天蔚，孤木难支，但他仍旧毅然决然地继承吴禄贞的遗志，单独在奉天发动起义。关外革命党人推举蓝天蔚为都督，计划于11月中旬驱逐清朝的东三省总督赵尔巽，宣布奉天独立。12日，革命党人按计划在谘议局召开大会，准备宣布独立。蓝天蔚下令部下开进城内，准备大部分部队进城后就攻占总督衙门和重要库房。不想，部队并不听蓝天蔚的话，炮兵竟然把炮口指向谘议局。原来，起义计划被人告密，赵尔巽已调张作霖的旧军入城镇压革命。独立没成，蓝天蔚的协统职务也被撤了，还遭到军警的严密监视。蓝天蔚乔装打扮，逃亡大连。关外革命党人聚集大连，打算再有所行动。清政府向大连的日本殖民势力施压，驱赶了蓝天蔚。11月底，蓝天蔚由大连乘船前往上海。关外最终没能实现独立。

袁世凯复出

让我们把时间往前推，回到武昌起义刚发生后的10月中旬。

武昌起义消息传到北京后，京城一片慌乱。好像大家都预料到会有险情发生，如今险情真的来了，人们马上想到了逃命。朝中王公贵人，纷纷买金买银，预备不测时候逃跑；一般在京官吏也纷纷寻找出路。商店、钱庄门前，行人骤然增多，抢购物资的百姓开始囤积食物和日用品，导致北京物价飞涨。10月25日，北京的米价涨到每担11两白银。载沣只能调动军队来稳定局面。顿时，北京城内到处是戒严的士兵，持枪实弹的在大街上巡逻。驻扎在通州的军队紧急调入城内，分别驻扎在东华门和西华门；禁卫军驻守景山，各要害路口也屯兵把守。

清廷内部展开了危机处理。首先对瑞澂弃城而逃的举动，朝臣们主张从严治罪。载泽和瑞澂为儿女亲家，在载沣面前竭力为他袒护。10月12日，清廷下令将瑞澂革职留任，令其戴罪立功，“克期克复省城”。至于表现比瑞澂要好得多、尽职得多的张彪，因为朝中无人，在13日受到了朝廷的严厉斥责：“平日训练无方，而事前既毫无防范，临时复漫无节制，不能固结军心，竟敢仓皇弃营逃出……即行革职。”因为没有接替人选，朝廷命令张彪继续在瑞澂的督率下“克复省城”。

当然了，朝廷也知道“克复省城”是一句空话，没人相信躲在军舰上的瑞澂如果没有援兵，能够收复武昌。这援兵，就需要朝廷抽调了。清廷先命河南巡抚宝棻派遣一协新军，星夜驰援武汉；停止华北新军演习，调北洋陆军两镇增援湖北；又派萨镇冰率舰队加入援兵队伍。任务紧，部队多，自然需要一个统帅。陆军大臣荫昌是首当其冲的人选。载沣就任命他为钦差大臣，统一指挥湖北的部队和各路援兵。谁让荫昌是自己人呢？是自己人，就得为自己分忧。载沣给荫昌下达了艰巨的任务，也为他准备大量资源。两个镇的北洋新军从13日前就分批南运，朝廷在河南信阳设立总粮台，征调军械、补给保证援兵的后勤补给。一句话，凡是前线需要的，朝廷都尽量满足，只要荫昌能收复武汉就行。

荫昌带着重重期望，在北京前门火车站上车，踏上了前途未卜的南征道路。第一步就不顺利：火车没有准时出发。一问，原来是主管理铁路的最高长官——邮传部尚书盛宣怀要来给荫昌“送行”，盛大人没到之前火车不敢发车。盛宣怀到后，原来是要拜托荫昌在攻打汉阳的时候，务必保护汉阳铁厂，因为盛大人在那有大额股份。荫昌满口答应，盛宣怀当即表示事后“当有重谢”。不过，荫昌等不到盛宣怀的重谢了。因为朝野在检讨武昌起义爆发原因的时候，归咎为铁路国有化，认为主导这一政策的盛宣怀是罪魁祸首。10月26日，清廷下令盛宣怀即行革职，永不叙用。盛宣怀仓皇逃亡日本。《清史稿》给他的结论是："宣怀侵权违法，罔上欺君，涂附政策，酿成祸乱，实为误国首恶。"

派出荫昌后，清廷还是不放心，决定将北洋六镇和禁卫军编组成三个军：第一军就是增援前线的北洋两镇，以荫昌为军统；第二军以军谘府正使冯国璋为军统，听候调遣；第三军以贝勒载涛为军统，由禁卫军、陆军第一镇编成，"驻守近畿，专司巡护"。

武昌起义消息传到洹上村的时候，正赶上袁世凯操办52周岁生日庆宴。袁世凯在洹上村大摆宴席庆祝。而武昌的战报就是给他最好的礼物。战报传来，亲朋好友兴高采烈，认为清朝大厦将倾，该袁世凯出山了。果不其然，三天后，朝廷起用袁世凯为湖广总督的诏书就送到洹上村了。

袁世凯一直在等待复出的机会。朝野上下也始终不乏要求朝廷起用袁世凯的呼声。从袁氏出京回籍到武昌起义爆发，袁在彰德养病的两年零八个月的时间内，仅据天津《大公报》与奉天《盛京时报》两家报纸的统计，关于袁氏的消息报道就有106则，其中涉及"出山"问题的有64则之多。在消息中，保荐或敦劝袁复出的有皇族、皇族内阁成员、军机大臣、大学士、地方封疆大吏、立宪派首领、北洋将领等。载沣集团对此起彼伏的拥袁声潮不闻不问。武昌起义后，清廷岌岌自危。内阁的二号人物那桐首先提出辞职，举荐袁世凯取代自己，遭到载沣拒绝。但起用袁世凯的声音达到了高潮。奕劻、徐世昌等都偏袒袁世凯，载沣也想早日解决湖北难题，就顺水推舟任命袁世凯为湖广总督了。

朝廷中有人担心袁世凯的狼子野心，怕袁世凯借机坐大。有人就诘问那桐："此举岂非速清亡耶？"那桐回答："大势今已如此，不用袁指日可亡；如用袁，覆亡尚希稍迟，或可不亡。"是啊，清朝到了生死存亡的时刻了，不管袁世凯是不是毒药，都要试一试了。出乎意料，袁世凯不接受湖广总督的任命。载沣不是让他回家养病嘛，他就借口自己"旧疾未愈"而拒绝了诏书。

袁世凯看不上区区一个湖广总督。他从军机大臣、北洋首脑的地位上跌落下来，蛰伏了将近三年，不是为了谋取一个湖广总督的官职的。

湖广总督不能施展他的抱负，发挥不了他的能力。更何况武昌起义给朝廷造成的威胁越大，袁世凯的机遇就越大。年龄不饶人，机遇更难得，为袁世凯设身处地想想，他怎么会就满足于当某地的总督呢？

奕劻、那桐几个人也觉得载沣忒小气了。现在都什么时候了，还吝惜官位？当年咸丰皇帝遭遇太平天国起义，还发下狠话：谁能扑灭太平军，就封谁为王，哪怕是铁帽子王也行！载沣竟然只愿意给一个总督，太小气了。奕劻等人一齐向载沣保举袁世凯，建议授予他更高的权力。一项软弱的载沣在这个问题上寸步不让，还严厉申斥了“愿以身家性命”为袁世凯做担保的那桐，大发了一顿脾气。听载沣训完话，那桐就告老辞职，奕劻也不上朝办事，没人处理朝政了。前线紧急军情一封封送到载沣面前。内阁集体撂摊子，载沣傻眼了，赶紧安抚奕劻和那桐。他赏那桐“乘坐二人肩舆”，恳请奕劻“体念时艰”，都不准两人辞职。载沣知道，矛盾的焦点是袁世凯的职位问题。到底赋予袁世凯多大权力呢？刚好荫昌出发后，进展缓慢，暴露出北洋新军除了袁世凯别人都指挥不动的毛病来。荫昌就像吴禄贞他们一样，掌握不了北洋新军，他自己千里迢迢赶到湖北了，北洋新军大部还在河北呢！更有情报说，冯国璋、段祺瑞的高级将领，不去找荫昌商量公事，反而往洹上村跑，听袁世凯面授机宜。载沣心想：干脆让荫昌歇着去吧，既然你袁世凯明里暗里都要出来，就把武汉的烂摊子交给你吧！载沣决定让步，他在湖广总督的基础上，给袁世凯加了一个“钦差大臣”的名号，赋予他指挥前方军队的权力。荫昌总指挥的地位被袁世凯取代了，他的第一军军统的职位也被袁世凯亲信冯国璋取代。

载沣签发谕旨后，回到府邸。一伙王公亲贵们包围了他，纷纷埋怨载沣三年前放虎归山，如今又要引狼入室。袁世凯和革命党一样不可靠，怎么能让他重掌军权呢？载沣觉得亲戚朋友们说得有道理，又后悔起来。他和这一伙王公亲贵们商量怎么办。大伙说，让袁世凯出来也可以，但不能给他兵权，更不能让北洋旧部冯国璋、段祺瑞为军统。又有人说，冯国璋这个人还行，和我们满族人有交情，可以让他带兵。载洵见状则说，说起交情，姜桂题和我交情不错，可以用他来取代段祺瑞。七嘴八舌之后，载沣又重新拟了一道谕旨，把大家的意思都包括进去，连夜派人送到庆王府，叫奕劻换发一下。庆王府回话说，庆王爷已经睡觉了，公事等明天上朝再说。第二天上朝后，载沣还没说他的新决定。奕劻就禀告说，任命袁世凯为钦差大臣，全权负责前线战事的上谕昨夜已经发出了。

这一回，袁世凯接了圣旨，决心“抱病”征战湖北。载沣集团败了下来。

小皇帝溥仪回忆这一回合的较量，说道：“据说，当时我父亲曾跟王公们计议过，无论袁世凯镇压革命成功与失败，最后都要消灭掉他。如果他失败了，就借口失败诛杀之，如果把革命镇压下去了，也要找借口解除他的军权，然后设法除掉他。总之，军队决不留在汉人手里，尤其不能留在袁世凯手里。措施的背后还有一套实际掌握全国军队的打算。假定这些打算是我父亲自己想得出的，不说外界阻力，只说他实现它的才能，也和他的打算太不相称了。因此，不但跟着袁世凯跑的人不满意他，就连自己的兄弟也常为他摇头叹息。”

袁世凯出山，赢得喝彩声一片。袁世凯派系的人马就不用说了，盼望早日扑灭起义的朝野人士、对袁世凯的开明历史抱有好感的立宪派都对他寄予了厚重的期望。国外势力，也对袁世凯复出寄予期望。以英国为首的列强势力，在各省独立浪潮扩展后，表面采取了中立政策，暗地里非常担心革命破坏秩序，进而威胁列强在华的既得利益。而列强的中立，尤其是金融中立，是非常恶毒的招数。因为列强掌握着中国的海关，海关的关税收入是当时中国财政收入的大头，列强因此截留了中国关税，用控制财政的方法来左右中国政治局面的发展。在中国各方政治力量中，英国人选择了袁世凯。英国驻华公使朱尔典在朝鲜就和袁世凯相识，两人交情不浅。更重要的是，袁世凯既传统又开明的形象和他不可小觑的军事实力，让列强认为他是控制已经混乱的局面的最佳人选。11月15日，英国外交大臣格雷指示朱尔典：“们对袁世凯怀有很友好的感情和敬意。我们希望看到，作为革命的一个结果，有一个强有力的政府，能够与各国公正交往，并维持内部秩序和有利条件，使在中国建立起来的贸易获得进展。这样一个政府将得到我们能够提供的一切外交上的支持。”这也是以英国为代表的列强对华政策的宣示。

袁世凯果然不负众望，很快指挥北洋新军收复了汉口和汉阳，将起义军压缩到武昌。他更是成功地控制住了华北的独立倾向。这让他在和朝廷的较量中更有底气了。武昌起义之后，“皇族内阁”遭到了体制内外的强烈反对。许多官员认识到奕劻内阁非但不是朝廷宪政的成果，反而成了激化革命的恶果。10月21日，江苏巡抚程德全联合多省将军、督抚，联衔会奏解散“皇族内阁”，另选贤能组织内阁。第二天，资政院召开第二次年度会议，主题就是改组内阁，呼唤真正的责任内阁。议员们在随后呈上的奏折中公开指出“君主不担负责任，皇族不组织内阁，为君主立宪国唯一之原则……皇族内阁与立宪政体有不能相容之性质”。第三天，两广总督张鸣岐电奏，尖锐指出朝廷之前立宪有名无实，恳请明确宣布满族亲贵永远不得担任总理。其中最有分量的奏请，就是“滦州兵谏”中革命的新军将领以北方各军将士名义发出的政治改革纲领了。载沣不得不让宣统小皇帝下“罪己诏”，承认在第一个责任内阁组织上犯了错误。奕劻内阁的崩溃已成定局，获得多方支持又刚立新功的袁世凯无疑是继任的头号人选。

在北洋军攻入汉口的当天，清廷宣布解散“皇族内阁”，授袁世凯为内阁总理大臣。

清廷还走出了更远的一步。它全部采纳了地方督抚、资政院和革命将领们的要求，在解散皇族内阁之后又宣布召开国会，还命令资政院迅速起草宪法。在没有国会、没有宪法之前，清廷许可资政院先拟定了《重大信条十九条》作为“临时宪法”。这19条基本原则在11月3日正式公布。我们来看看它的内容就可以知道清廷走得有多远：

皇帝之权，以宪法所规定者为限；

皇位继承顺序，于宪法规定之；

宪法改正提案权属于国会；

总理大臣由国会公举，皇帝任命。其他国务大臣，由总理大臣推举，皇帝任命。皇族不得为总理大臣及其它国务大臣并各省行政长官；

宪法及法律的起草、宪法改正案的提出、涉外事务的决策、海陆军调遣、官制官规、预算开支、皇室经费之制定及增减，由国会议决。

单就文本内容来看，清廷完全接受了“虚君立宪”的主张。小皇帝宣统的权力完全局限在宪法规定范围内，没有任命和罢免大臣的权力，没有私自颁布圣旨、指挥军队的权力，就是连紫禁城的吃穿用度需要的银子也要看法律的眼色。而皇室成员们不能担任大臣，不能到外省担任督抚，就是连原本人人都可能有份的皇帝宝座都要由国会决定人选。这19个信条较之《钦定宪法大纲》，无疑是一个巨大的进步，也达到甚至超越了立宪派之前奔跑呼吁的要求。《重大信条十九条》和当时世界上的君主立宪国家法律相比，开明和限权程度也毫不逊色。

在王朝生死存亡时刻，清廷做出了迟到的让步。载沣集团放出了袁世凯这头猛虎，还在短时间内一股脑儿地进行了激进的宪政改革。不知道这危机面前展现的“宪政诚意”能否平息南方的叛乱，能否在关键时刻拴住立宪派的心？

在资政院议员和多名官员的敦促下，摄政王载沣代替年幼的溥仪，在太庙宣誓爱新觉罗皇室遵守19条信条。12月6日，隆裕皇太后降旨准许载沣辞去监国摄政王之位，同时要求其他王公贵族“恪守家法，束身自爱”。看来，最高统治层是动真格的。

载沣乖乖上缴了摄政王印章，退归府邸，不再问政。回到醇亲王府，载沣抱起次子溥杰，如释重负般地说：“从今天起我可以回家抱孩子了！”醇亲王妃被他那副轻松神气气得痛哭了一场，告诫溥杰：“长大了万不可学阿玛那样！”

11月8日，资政院以无记名投票方式公选总理大臣，袁世凯得票最多。清廷以溥仪的名义发表上谕，第二次任命袁世凯为内阁总理。这一次，清廷是“依法行事”的。

袁世凯从前线抵达北京，16日组织了新内阁。名单如下：梁敦彦为外务大臣，赵秉钧为民政大臣，严修为度支大臣，唐景崇为学务大臣，王士珍为陆军大臣，萨镇冰为海军大臣，沈家本为司法大臣，张謇为农工商大臣，杨士琦为邮传部大臣，达寿为理藩大臣。并以胡惟德、乌珍、陈锦涛、杨度、田文烈、谭学衡、梁启超、熙彦、梁加浩、荣勋分任各部副大臣。这届责任内阁中，原内阁中的满族成员被全部斥退，新成员绝大多数人是汉族人，大多数人属于袁世凯派系。值得注意的是，张謇、梁启超这样的立宪派领袖被拉入了内阁——尽管他们并没有到任。

袁世凯在朝廷风雨飘扬之际，在万众瞩目之中合法地摄取了清朝大权。

民国肇建

革命党站稳脚跟，成立南京临时政府

武昌起义爆发后，黄兴在香港闻讯，立即准备奔赴武汉。行前，他写了一首七律《致谭人凤》：

怀锥不遇粤途穷，露布飞传蜀道通。
吴楚英雄戈指日，江湖侠气剑如虹。
能争汉上为先着，此复神州第一功。
愧我年年频败北，马前趋拜敢称雄。

在诗中，黄兴有喜悦，有豪情，也有遗憾，更有自责。革命党人以天下为己任，前方战事正酣，恰是慷慨赴难的时候。黄兴先到上海，计划从上海走水路到武汉。当时上海虽然光复，清廷奸细遍布，城市治安也不好，黄兴的行动不敢过于冒险。恰好有上海医生率领红十字救护队，出发到汉口救助伤员。黄兴事先和救护队说好，乔装成队员，妻子徐宗汉伪装成护士，溯江而上，终于安全抵达汉口。

当时的汉口，一片紧张的劳军备战景象。革命军和清军在郊区已经开战，不断有战况、伤员转移到市区来。汉口军政府有三个营的队伍，一时伙食给养供应不上，汉口商会慨然允诺赠送 10 万元以济军需，并组织全市的馒头店负责蒸馍。馒头店的蒸笼不够，篾匠师傅编做临时蒸笼；蒸馍的柴火襟章，船帮老板运来劈柴；面粉断档，米店伙计就到租界进货；运输工具缺乏，市民拿来竹篮、箩筐相助。馒头热气腾腾，队伍浩浩荡荡，男女老少挑着箩筐、提着竹篮或者用布包着，运送到固定地点。没人偷吃一个。在战争最紧张的日子里，汉口军政分府的一切用度，没有动武昌官库分文，都是汉口商界筹集的。

不远处的汉阳兵工厂承担着革命军军火的生产任务。该厂的机器设备全部由德国进口，所生产的七九式步枪（俗称“汉阳造”，到30年代仍然是中国战场的主要步枪之一）、口径6~12厘米的快炮及过山炮，都是先进武器。汉阳兵工厂工人日夜开工生产，支持革命军作战。平日每天只能制造60支步枪，战时增加到80支。在战争最激烈的时候，工人在炮火威胁之下，仍然日夜生产，武器弹药随成随发。

一场新与旧、革命与保守、民主与专制的决战，就要在武汉三镇上空上演了。

武汉三镇保卫战

革命军占领武汉后，清军残部退居刘家庙。刘家庙在汉口以北十公里处，濒临长江，周围地势平坦。刘家庙车站（即江岸车站）为南下清军必经之路，也是革命军保卫汉口的前哨阵地。第八镇统制张彪带着辎重第八营及42标残部逃到刘家庙以后，河南方向的清军援兵很快到达。南下清军先头部队进抵刘家庙东北的滠口；萨镇冰所率舰队也大部驶至武汉江面，并派鱼雷艇在江面巡弋，防阻革命军从武昌渡江增援。这股清军部队对新政权构成威胁，而且会越聚越多。

革命军的最佳选择是先发制人，争取在清军援兵主力没有到达之前歼灭刘家庙的敌人，把战线往北推。湖北军政府于10月15日召开军事会议，确定趁南下清军尚未全部集中先敌发起进攻。其方针是：“拟先击攘汉口之敌，逐次向北进攻，以阻止清军南下。”盘踞刘家庙之敌就成了首先打击的目标。南北的决战也就在此爆发了。

18日凌晨三点，革命军的大炮划破即将敞亮的夜空，步兵在炮火支援下发起进攻，很快逼近刘家庙车站。清军的抵抗很顽强。双方在阵

▲ 武昌起义革命军在战壕内伏地射击的场景

前展开了肉搏战。革命军第一波进攻受挫，部队退回大智门车站附近。

上午 10 时，革命军发起了第二波进攻。大批官兵雄赳赳气昂昂地呐喊着杀向刘家庙。新兵的特点在这时候表露无遗：因为部队仓促组建，新兵们缺乏训练，射击漫无目标，准确率极低，也没有什么进攻队列。战斗开始，第一线老兵开始射击，后面的新兵竟然也开枪射击，误伤老兵。新入伍的炮兵也没有得到训练，射击的时候炮弹落入前方友军阵地，前线新兵大声疾呼，说炮兵中有“汉奸”。但官兵们士气高涨，加上沿途有老百姓呐喊助威，革命军进攻颇有声势。清军正抵抗间，湖北第一协的一队士兵，突然从右翼发起冲击，其势甚猛，迅速突入清军阵地。清军大乱，一部乘火车北撤。该队乘胜追击，沿着铁路线呼喊追杀。北逃之敌突然停车阻击，革命军遭受很大伤亡，不得不再次退回大智门一带。新入伍的士兵军心动摇，还要往后方跑。亲临观战的詹大悲高呼：“前方我们打赢了，士兵们赶快去相助！”新兵们听说“我们打赢了”，这才止住退却的脚步，再次涌向前去。

革命军两次进攻受挫后，重新调整部署，发扬了老传统：上敢死队。这回敢死队不是冲在最前面，两个敢死大队分别在第三、第四标之后，督同步兵冲锋。

中午 12 时后，革命军发起第三波进攻。由于新兵不善利用地形，不会掩护，伤亡较大，进展迟缓，至午后 3 时才推进五六百米。关键时刻，敢死队全部投入战斗，炮兵一部配合向敌右翼猛烈轰击。下午4时，北方铁道上黑烟滚滚，满载清朝援兵的火车即将抵达刘家庙车站。车上有清军步兵一标、炮兵一队。如果让这股援兵加入战斗，对革命军的第三波进攻大大不利。必须拦截住他们！革命军炮兵先发炮，没有击中火车；潜伏在铁路两侧的革命军士兵，迅即将十余丈路轨拆毁，使列车脱轨倾覆。革命军乘机发起冲锋，附近的工人、农民亦手拿铁锹、锄头、扁担助战。清军死伤惨重，但仍然粘在刘家庙地区。

10月19日拂晓，革命军约三千人，以骑兵为前锋，在炮兵支援下，从两翼发起进攻，并派兵一部阻击敌之迂回部队。第四波进攻开始了！清军依靠舰炮支援，顽强抵抗。激战至中午12时，清朝军舰弹药用尽，驶往下游。革命军乘机加强两翼攻势。清军窜入居民棚户，继续顽抗。革命军以敢死队组织火攻。当时正是顺风，顷刻之间烈焰冲天。清军无法立足，丢弃大量辎重，向三道桥退却。革命军占领刘家庙，追至三道桥附近，才停止了进攻。

革命军因连续作战官兵疲惫，留下第二协的一半兵力固守刘家庙阵地，其余人员运送战利品回汉口市区。

"革职留任"的湖广总督瑞澂一直龟缩在楚豫号兵船上。楚豫号先停靠在刘家庙江畔，和张彪的残军相呼应，后来移动到汉口德国租借码头，企图依靠洋人的军舰获得保护，但仍遭到革命军的炮击。瑞澂惶惶不可终日，一面急电催援，一面借故逃往上海，理由是"兵船煤尽"。到了上海，他就当起了寓公，对政务不闻不问了。清廷大骂瑞澂"辜负朕恩，偷生丧耻，实际堪痛恨"，下令两江总督张人骏将瑞澂捉拿进京治罪。张人骏自顾不暇，哪里还把这种吃力不讨好的圣旨当回事，根本不管。倒是北京的一些青年贵族，对瑞澂的"失职"十分愤慨，曾组织了一个暗杀团到上海刺杀瑞澂。不料全国形势骤变，这些满族亲贵在上海反成了革命党人的暗杀目标。谋杀瑞澂的计划也就不了了之了。

据守刘家面失利后，湖北提督张彪也淡出政务。民国后张彪居住在天津，在日本租界里置田二十亩，修建花园住宅，取名"张园"。宣统小皇帝溥仪被逐出北京后，协同皇后婉蓉等住在张园。念过六旬的张彪坚持每日清晨亲自洒扫庭院，以尽所谓"事君"之道。临终时，溥仪亲临探望，张彪紧盯着溥仪的“龙颜”，说不出一句话。

革命军虽然占领了刘家庙，战局并没有得到根本改观。大批北洋新军乘车南下，无法到达刘家面，不断在祁家湾、滠口附近集结。革命军还是得抓紧时机，趁清军主力屯集之前先发制人。

19日夜，革命军召开军事会议，还是决定在清军尚未全部到达之前继续进攻。攻击目标就是滠口之敌。指挥刘家庙战斗的第二协协统何锡藩因为与少数革命党人意见不合，提出辞职。军政府改任张景良为汉口前线指挥官。张景良是个旧军官，原为第八镇步兵第十五协29标标统，武昌起义后归附革命。革命军拥戴黎元洪为都督时，张景良公开反对说：“朝廷已宣布立宪，不宜更言革命。黎公，你长久受到朝廷恩遇，诸将惟公命是听，请三思而行？”起义官兵听他说出如此糊涂的话来，气愤地把他关了起来。不过黎元洪非常看好张景良，他很快被放了出来，出任湖北军政府参谋部副部长。一次在军政府会议上，张景良突然大喊大叫，用头撞击黎元洪。革命军再次把他逮捕。这一次还是黎元洪出面，证明张景良只是暂时精神不正常，把他保释出来。何锡藩辞职后，张景良出乎意料地表示要到前线杀敌立功，还愿意以全家人作为人质。革命党人面面相觑，不知道如何是好。最后，蔡济民出面担保，大家才同意张景良出任前线总指挥。

张景良到达刘家庙后，故意拖延时间，不作任何作战部署。20日，军政府派人前往检查，发现部队混乱，毫无进攻准备，就代张景良下达作战指令：令步兵第二协21日拂晓从正面进攻。

10月21日拂晓，革命军发起冲锋。清军以机关枪猛烈扫射。革命军既不能前进，又无法机动，伤亡惨重。革命军无法再行进攻，就占领险要地形，加紧构筑工事，转入防御。

这回轮到清军进攻了。北洋第一军主力和大批重型火炮已经到达了祁家湾一带。清军一面加固阵地，一面将重型火炮和第一军主力调往前线，企图先夺占刘家庙，尔后向汉口市区发展。清军进攻的总兵力约一万五千人，同时还有海军舰艇配合作战。10月26日晨，清军水陆协同，向革命军发动进攻。清朝军舰乘革命军的青山炮队疏于戒备之际，向革命军阵地实施火力急袭。革命军猝不及防，牺牲五百余人。接着，滠口的清军在机关枪和重炮火力的掩护下，沿铁路两侧大规模南下，发动猛攻。革命军依托工事顽强抗击，终因伤亡过多，被迫后撤。上午10时，清军重新占领刘家庙，革命军退守大智门一带。正当激战之际，前线指挥张景良竟然不知去向。中午12时，标统谢元恺自告奋勇，指挥部队向刘家庙反攻。在距刘家庙五百多米处，战士们上好刺刀，冒着弹雨，齐声喊杀，勇往直前，与敌人展开肉搏。清军不支，纷纷逃窜，刘家庙又被革命军夺回。

27日凌晨，清军集中更多兵力，对刘家庙发起更猛烈的进攻。革命军依托阵地，坚决抵抗。两军僵持，比的是谁的军火充足，谁的后勤稳定。作为前线指挥的张景良不亲临前线指挥也就算了，竟然还不给部队及时补充弹药，还在相持的关键时刻突然放火焚烧军需物资。不多久，革命官兵弹药告罄，加之新兵军事素质不高，部队伤亡过大，敢死队队长马荣等多名军官先后牺牲，何锡藩等多名军官中弹受伤。革命军不得不从刘家庙逐步后撤，退守大智门一带。

前清军队官宋锡全被动参加汉阳起义，率部占领了汉阳兵工厂，立有大功，起义后升任新组建的第一协协统，镇守汉阳。10月27日，他看到汉口刘家庙失守，竟然私自带领队伍南逃，撤往长沙。湖北军政府电告湖南都督谭延闿，以临阵脱逃罪将宋锡全枪毙于长沙。

几个回合较量下来，革命军和清军各有胜负。革命军暴露了许多问题，伤亡很大；但清军拥有训练有素的新军、强大的军火和后勤，也只能和仓促成军的革命军打了个平手，也暴露了诸多问题。其中最大的问题莫过于荫昌无法真正指挥北洋新军。不久，清廷召荫昌回京，以袁世凯为钦差大臣，全权指挥武汉战事；冯国璋出任第一军军统，亲往汉口督战。

28日上午，清军大部队沿铁路向大智门猛扑，一部分清军迂回革命军翼侧。张景良又一次找不到影子，部队无人指挥，又没有清军那样的持续补给。即便如此，官兵们还是与敌人反复拼杀，终因后援不继被迫从大智门后撤。汉口革命军侦察出张景良躲藏在汉口，立即把他捆绑到汉口军政分府。詹大悲主任亲自审讯，以“通敌”罪将张景良枪毙。张景良这个革命军前敌指挥竟然被列入了《清史稿·忠义传》，里面记载

▲ 黄兴

“景良临刑夷然，仰天大言曰：‘某今日乃不负大清矣！’”军政府真是用错了人。第二天，清军用重炮轰击革命军炮兵阵地。由于革命军的炮兵目标暴露，火炮和人员损失很大。清军在优势炮火支援下向前推进，攻入汉口街区。武昌起义的成果受到了直接侵害。革命官兵与敌人展开了激烈的巷战。在激烈的战斗中，实际指挥战斗的谢元恺阵亡。部队士气开始涣散。

黄兴在这个关口由上海抵达武汉。军政府各派马上推举他为武汉革命军总司令，负责前线指挥。黄兴到任后，在已经是前线的汉口设立总司令部，并立即到前线视察部队，激励士气。军政府做了两面一丈二尺的大旗，上书大大的“黄”字，派两个骑兵高举着，在汉口街头呼啸而过。“黄兴来了，黄兴来了！”常年的革命经历和同盟会领袖的身份，让黄兴在武汉军民心中有着崇高的地位。听说黄兴出任了指挥，军民精神为之一振。当时，汉口的革命军尚有六千余人，经过动员整顿，涣散的士气重新凝聚起来了。

革命军来了一个黄兴，清军的钦差大臣袁世凯也于 10 月 31 日抵达河南信阳接任。袁世凯知道朝野有无数双眼睛盯着自己，必须在短时间内取得明显的战果，不然对他的期望有多高失望相应就有多深。于是，袁世凯督促冯国璋调集精兵强将猛攻，务必尽快占领汉口。冯国璋也将此看作个人加官晋爵的绝妙良机，不敢怠慢，亲自督战。

一批批清军配备上强大的火力，节节向汉口市区进逼。革命军依托堤防顽强抗击，一街一巷一屋一瓦，都流血力争。清军用大炮扫射前进，革命军爬上屋顶射击或躲藏在暗处放枪，使敌人每前进一步都要付出伤亡。勇敢的革命官兵们不食不眠，在炮火中连续作战，最后面目黝黑至不可分辨。汉口百姓也站在军政府一边，协助革命军打击清军。清军初进汉口，两眼一抹黑，常向市民问路，市民趁机把他们引向死胡同中，然后报告革命军前来围剿。清军在街上搜索前进，都惴惴不安，害怕不知道哪里会射出流弹来。虽然清军在数量和火力上都占优势，但是一时无法突破防线。

武昌、汉阳革命军组织了援军或敢死队，冒着敌人的炮火，渡江到汉口增援。测绘学堂组织了敢死队，头挽英雄结，荷枪佩刀，布条上大书“敢死队”三字，奉命前往汉口督战。22岁的喻育之是陆军测绘学堂学生，参加了敢死队。他的家就在汉口市区。喻育之路过家门口，回家捎话说：“我参加了敢死队，来汉口参战，你们不要害怕。”他叔叔听后扑上前来，两手把他抱住，说：“儿啊，千万不要去，火线上太危险。”喻育之推开说：“匈奴未灭，何以为家”，扭头去追赶队伍了。[1]

清军进展缓慢，冯国璋着急了。战斗拖得越久，对他越不利。他咬咬牙，下令清军烧城。11月1日上午，清军不顾汉口居民的生命财产，火烧歆生路一带房屋，烧一段进一段，一直烧到长江岸边。繁华的汉口市区顿时湮没在一片火海之中。火光冲天之际，汉口专职救火机构保安会和热心市民，急忙上街扑灭。清军看到有人救火，丧心病狂地开枪射击，当场枪杀不少百姓。在火魔面前，汉口革命军阵地正面及左翼的部分军官兵失去了勇气，擅自撤退。下午，汉口市区逐步为清军占领。黄兴见汉口革命军已被打散，无法挽回败局，遂决定退守汉阳，等待援军，再图恢复。11月2日，汉口完全失陷。

清军攻占汉口后，一面巩固阵地，一面调运枪械弹药及渡河器材。一列列火车源源不断地将援军运来。冯国璋召开军事会议，决定乘胜进攻汉阳，再攻武昌。当时，他手头有清军约三万人。不过，协同作战的海军各舰中下级官兵倾向革命。提督萨镇冰感叹自己“屡历战争，从未一获胜”，如今又不愿意将炮口对准无辜百姓和革命同胞。经历一番心

1 喻育之1909年考入陆军测绘学堂学习，1910年加入共进会。曾参与发起测绘学堂学生剪辫运动。武昌起义时参加了抢占楚望台、攻打总督府和阳夏保卫战。辛亥革命后，喻育之经历了之后的众多政治运动，1993年3月14日胸佩“天下为公”的徽章在汉口老家无疾而终，享年104岁。他是参加过武昌起义的最后一位“辛亥革命老人”。

理纠结后，萨镇冰率舰队在11月1日驶离战场东下。

袁世凯比只知道攻城略地的冯国璋考虑深远得多。他面对的湖北军政府是多方力量构成的，立宪的势力强大。如果能不战而屈人之兵，就醉好了。11月10日，袁世凯派亲信到武昌进行“和平”试探。袁世凯开出的和谈条件是南北停战，清廷施行君主立宪，湖北方面效忠朝廷。黎元洪对和谈很有兴趣，对君主立宪也可以接受，但革命党人拒绝效忠朝廷。民主共和必须实现，皇帝必须废黜，革命党人是朝着这个目标进发的，而且抛头颅洒热血已经取得了不小的成果，怎么愿意自动放弃呢？是的，革命军现在是失利了，遇到困难了，但革命党人相信是暂时的。湖北军政府拒绝了袁世凯的和谈试探。袁世凯诱和不成，放手让冯国璋积极备战，进攻汉阳。

汉口失陷后，军政府固守汉阳的力量不够，电请独立各省出兵增援，合攻清军。11月8日，都督黎元洪仿照西汉韩信登坛拜将的往事，拜黄兴为总司令。（革命党人在都督和总司令的上下级关系之间破费了一番周折，有人提议总司令位在都督之上，全权指挥湖北军事。他们对黎元洪不放心，企图借此掌握大权。但黎元洪和军政府中的其他人纷纷反对，最好采取了都督授命总司令的方法。）黄兴受命后，立即赶到汉阳，在昭忠祠组织司令部，积极布置守城事宜。汉阳原本驻军逃往湖南了，黄兴掌握的军队只有退驻汉阳不足5000人的革命军，加上武昌调来的步兵第六协阳，共约万余人。恰好，湖南独立后派来的援军王隆中、甘兴典二个步兵协在11月6日、9日先后抵达汉阳。黄兴掌握的兵力增至二万余人。

独立省份的数目在迅速增长，各地纷纷告诉湖北，援兵已经在路上了。汉阳的防守兵力将会大大增加。黄兴对军事形势盲目乐观，做出了错误判断。他对汉口失陷，耿耿于怀，得到湖南的援军后，黄兴产生了急于收复汉口的思想。革命军内部很多人反对反攻汉口。他们认为革命军新兵太多，缺乏训练，而且援兵和本地士兵磨合尚需时间，不宜马上反攻。黄兴坚持反攻汉口，先发制人来打乱清军的进攻计划。

11月16日下午5时，革命军工程营在汉江上架桥，革命军的反攻开始了。当晚10时，主攻部队陆续渡河，抵达预定地点。清军猛烈射击，给反攻部队造成很大伤亡。渡河的部队无法有效展开，只能停止反攻。第二天早晨，革命军再次反攻。湖南援军两个协和武汉革命军第五协担任主攻部队，勇敢推进，清军不支而出现后撤。上午9时许，主攻部队在汉口江边收复了不小的地区。黄兴下令步兵第四协和第六协渡河，攻击清军左翼，以收夹击之效。但这两协在渡河时，遭到清军机关枪猛烈扫射，抢渡未成。攻入汉口的主攻部队失去了有力支援。而清军的援兵源源不断涌来，在炮火及机枪火力掩护下猛烈反扑。主攻部队出现退却，牵动全线。黄兴严禁退却，但部队在巨大压力面前都不听命，不断地后退。沿途在清军的强大火力下，革命官兵伤亡惨重。黄兴不得不率军返回汉阳。

在反攻行动中，黄兴令标统杨选青由汉阳渡江到汉口龙王庙，作为反攻汉口的助攻。16晚他竟然在家结婚，没有亲往前线指挥。战后，军政府将杨选青正法。杨选青是原29标的老革命党人，是10月10日当晚手持汽油桶火烧总督府衙门的敢死队员之一。军政府念他起义有功，安排上等棺木收殓。

黄兴坚持的反攻汉口行动，非但没有达到目的，还严重削弱了汉阳的防守力量和士气。返回汉阳后，黄兴部署防备清军的进攻。清军的部署是正面部队发动佯攻，另派出大批清军从孝感、新沟南下，迂回侧击汉阳，这支部队还是攻取汉阳的主力。黄兴对清军的部署做出了错误的判断，他认为正面是敌人的主攻方向，对于侧击的大批清军是牵制部队，没有足够重视。他整顿革命军在正面迎战，只派少数部队防备清军主力。清军于11月20日向汉阳发起进攻。侧击的清军进展迅速，汉阳周围的制高点大多为清军控制。革命军反攻争夺这些制高点，造成更大的伤亡，最后竟至无力反攻。有经验的老兵、能战的敢死队，死伤殆尽。26日，革命军防线最终被突破。这时，驻汉口的清军从正面渡过汉水，发起进攻。革命军腹背受敌，不听黄兴号令，纷纷撤退。增援的湖南部队，一协退往武昌，另一协自动撤回湖南。黄兴见败局已定，含泪下令撤退。

汉阳最大的战略目标是汉阳兵工厂。黄兴下令将兵工厂的武器弹药运往武昌。26日下午，汉阳兵工厂凡是能够拆掉的设备、要件，凡是

▲ 冯国璋

能带走的图纸、工具，凡是能够离开的工人、技师，都撤向武昌。汉阳的归元寺是战时军用物资供应站，名为“总粮台”。部分僧人和浙江僧人管锷领导的“和尚军”还参加了武汉保卫战。其余僧人也支持革命。26 日归元寺接到命令：凡是寺内不能搬走的屋子，立即焚毁。僧人们大公无私，同意焚烧寺庙。一时间，归元寺火光冲天，照遍汉阳全城。

当革命军和汉阳百姓乘船向武昌撤退时，清军从龟山向江中开炮。当时《民生报》报道伤亡说：“武昌城外，由江中捞出之死尸陈列堤上，不计其数。内有未死而呻吟者，有妇人抱子，母死而子苏，啜泣索乳者，血溅江边，死者相枕藉。”惨状不忍目睹。部分革命军没能渡江，向鹦鹉洲方向退却，以后辗转到大冶一带，因为无人统帅又没有接济，自行离散。

27 日，清军进据汉阳城。清军连战连捷，袁世凯为此积累了新的政治资源，冯国璋获封二等男爵。

革命军渡江撤回武昌，溃兵空腹荷枪，编制也被打散了，踯躅街头。大街上满是焦头烂额的游兵散勇，老百姓惊恐不安。武汉三镇百姓悲痛异常，大街小巷一片寂静，人力车停止上街，商户关门歇业，小贩呆滞路旁，迷茫和悲痛之情笼罩全城。军政府的张振武忍住伤痛，骑马举刀，在城内沿街呼号：“同胞们，汉阳失守是我军疑兵之计，千万不要听信谣言。”武昌的人心稍微安定下来。

武昌形势危急，清军对革命军造成压顶之势。军政府紧急商议对策，黄兴主张放弃武昌，增援南京。当时南京还在清军手中，江浙联军正在浴血奋战。黄兴觉得南京远比武昌重要，可惜军政府绝大多数人反对弃守，认为武昌是首义之区，天下关注，如果武昌失守，必然动摇全局。张振武对黄兴放弃武昌的发言非常气愤，大声喝责。会议不欢而散。散会后，黄兴找到黎元洪，坚持要东下南京。他向军政府领了 20 万元现洋，27 日晚乘船东下。

湖北军政府整军坚守武昌。11 月 29 日到 12 月 1 日，清军架在龟山上的大炮一连三天不停地向武昌城内射击。百姓伤亡和房屋损失不少。武昌凤凰山、蛇山、黄鹤楼上的炮兵也向汉阳方向还击。长江两岸炮声隆隆。武昌城内百姓，拖儿带女，争相出城逃避。12 月 1 日，清军集中炮火攻击都督府。下午 1 时都督府军服室中弹起火，黎元洪仓皇出城，逃往郊区的葛店。黎元洪潜走后，武昌危城全靠蒋翊武、吴兆麟支撑。

客观地说，清军如果一鼓作气猛攻武昌，胜算很大。冯国璋也这么想，他迫切锦上添花，将二等男爵再往上提一下。可袁世凯不这么想。飞鸟尽良弓藏走狗烹，武昌的革命党人就是飞鸟，袁世凯就类似良弓和走狗。袁世凯不希望武昌革命党人被铲除，他需要革命党人的存在时刻提醒着朝廷危险的存在，他需要热气蓬勃的革命形势来映衬他的重要性。革命军被压缩到武昌，袁世凯已经立功了，不必将革命军斩尽杀绝。那样无异于杀鸡取卵。于是，袁世凯通过英国领事联合各国领事，向军政府提议停战 3 天。停战对革命党人有利，蒋翊武、吴兆麟等人非常愿意。只要双方在停战条款上盖印，即可停战。然而，当时都督印信已被黎元洪带走了，要签署议和协议，黎元洪不在怎么办？没有印怎么行？于是，吴兆麟急中生智，编出黎元洪不在的理由，然后又拉英国领事“赴宴”。暗地里，他连夜通知孙武刻印，终于签署了协议。革命军得以喘息，湖北军政府扎下了根来。

此后停战期限一再延期，实际上武汉再无战事。

孙先生来了！

革命爆发后，各地独立政权各自为政，虽然都挂以“革命”或“民国”名义，也一起打仗，但相互间并无隶属关系。成立之后，各地就在酝酿成立统一的政权。而对革命的认同，就成了大家统一政权的思想基础。

各地独立政权中的政治力量非常复杂。立宪派、旧官僚掌握着不少独立政权，他们希望染指新的中央政权。就在革命阵营中，同盟会和光复会之间也发生了激烈的冲突。上海都督陈其美就是排挤了光复会的李燮和才掌握上海政权的。然而，光复会在浙江光复、攻克南京等事上屡见战功，革命军中也有不少光复会军官。陈其美和李燮和之间明争暗斗不断，连带造成了光复会的章太炎和孙中山、黄兴之间的对立情绪。

此外，武昌和东南地区争夺中央政权地位。光复后的上海抢先呼吁组织各省都督府会议。江苏、浙江和上海三方都督先派代表，其他各省都督大多委派在上海的名流为代表。到 11 月 15 日已有 10 省代表报到，各省都督府代表联合会在上海正式开幕。湖北方面就坚持武昌是首义之地，更适合举办各省代表大会。各省都督进入了两难，两边都不能得罪，只好两边都派代表。11 月底，11 省共 23 名代表先后抵达武汉。当时正值汉阳失守，清军隆隆炮击武昌。代表们临时选在汉口英国租界开会，主要讨论两个问题：第一是组织中央政府；第二是选举领导人。湖北军政府对会议施加了巨大的影响，会议初步认为湖北军政府为中央政府，请黎元洪以大总统名义执行中央政务。当然了，这些都是暂时的。各省的立宪派和旧官僚们想要尽快和平地结束战争，建立新的中央政府，这样才能保住他们已经得到的权力和地位。袁世凯是和平实现权力交接的合适人选。袁世凯是汉人，符合“排满兴汉”的标准，而且袁世凯控制的北洋军如果能反戈赞成共和，清廷就失去了武力支柱，马上会土崩瓦解。因此他们倾向说动袁世凯反正，快速、和平地实现政权更迭。12 月 2 日，汉口的各省代表通过了“虚席以待袁世凯反正”的决议案。

也就是在决议通过的 12 月 2 日，南京光复。南京在代表们心中的地位，可比武昌高多了。而武昌的军事形势每况愈下，武昌事实上已经成了一座危城，无力与南京争夺临时中央政府。湖北军政府的诸位，不再提武汉是“革命中心”这回事了，之后政治重心逐渐向南京转移。

12 月 4 日，上海抢先采取行动，邀请各省留沪代表举行会议。会议暂定以南京伟临时政府所在地，并推举了大元帅和副元帅作为临时的革命首领。黄兴以 16 票当选为大元帅。章太炎站出来说：“黎先生究系首难的人物，不可辜负他。现在大元帅既选定，请设一位副元帅，并选取黎先生任之。”于是，各省代表再以 15 票选举黎元洪为副元帅。这是陈其美、宋教仁等人预想的结果，他们不愿同盟会领导权旁落。但黄兴遭到了湖北、浙江军界的反对，各方对上海另立各省代表大会选举首领也颇有微词。在这种气氛下，黄兴不愿意就任大元帅，并推荐黎元洪为大元帅。无奈，各省代表移驾南京，再次开会推举黎元洪为大元帅，黄兴为副元帅。

正当革命阵营内部为领袖问题进退维谷的时候，传来了孙中山归国的消息。

孙中山是在美国丹佛，在为革命前途阴郁的时候，从报纸上得知武昌起义的消息的。多年的流血牺牲，终于把清朝统治打开了一个豁口。孙中山预计这个豁口会越来越大，终将推倒整个清朝统治的大坝。由于对国内形势非常乐观，孙中山决心在回国前先给革命党人做一圈外交活动，“决先从外交方面致力，俟此问题解决而后回国。”所谓的外交，主要是为即将诞生的民国政府争取西方列强的支持。孙中山通过美国人咸马里与四国银行团商谈停止对清朝政府的贷款，同时希望向新中国放贷。四国银行团的答复是，这两件事情需要等新政府正式成立后和政府磋商，拒绝将孙中山作为谈判对象。在伦敦，孙中山委托维加炮厂经理向英国外交大臣格雷交涉，提出英国政府停止对清朝政府的一切贷款，制止日本援助清政府，取消英国政府和英属殖民地对自己的放逐令以便回国等三项要求。对于孙中山的三项要求，英国政府采取了太极手法，既不答应，也没有反对。孙中山很快就感觉到了英国政府虚与委蛇的态度，感叹“个人所能尽义务已尽于此矣”，于是从伦敦取道巴黎归国。

出师不利的残酷现实并没有打击孙中山的乐观情绪。在伦敦，孙中山拜访吴敬恒未遇，留条说：“近日中国之事，真是泱泱大国民之风，从此列强必当刮目相见，凡吾同胞自当喜而不寐也。今后之策，只有各省同德同心，协力于建设，则吾党所持民权民生之目的，指日可达矣。”喜悦之情溢于言表。

1911 年 12 月 21 日，孙中山抵达香港。广东都督胡汉民和廖仲恺等到香港迎接，与孙中山讨论起国内形势与应对措施。孙中山一心去上海。但是胡汉民不主张孙中山去上海。因为上海和武汉等地的革命党人就首领职位争论不休，且革命阵营内部纠纷不断，如果孙中山去了上海或者南京，虽然会被拥戴为总统，但手下无兵、号令南行，不会有所作为。胡汉民建议孙中山逗留在广州。岭南革命气氛浓烈，同盟会掌握政权，孙中山可以以广东为根据地，整顿军队，循序北伐。满心喜悦的孙中山认为胡汉民的建议过于保守，坚持去上海，还要胡汉民跟着自己一起去。他说："以形势论，沪、宁在前方，不以身当其冲，而退就粤中，以修战备，此为避难就易，四方同志正引领属望，至此其谓我何？"他急切去前方领导军民，同时针对胡汉民对袁世凯的担心，说："谓袁世凯不可信，诚然，但我因而利用之，使推翻二百六十余年贵族专制之满洲，则贤于用兵十万。……我若不至沪、宁，则此一切对内对外大计，决非他人所能任，子宜从我即行。"胡汉民说服不了孙中山，只好放弃广东都督不做了，委托陈炯明代理广东都督，跟随孙中山同船赴沪。

别人是近乡情更怯，孙中山却是越快到革命前线越乐观。尽管共和国还停留在计划之中，有一大堆破旧立新的事情需要处理，孙中山跃跃欲试，说："现在各国政府士大夫，均望文速归，组织中央政府。此事一成，财政外交皆有头绪。此外问题，亦因之迎刃而解。"早在巴黎，孙中山就向国内《民立报》发电转呈军政府，建议早日确定总统。电报说："文已循途东归，自美徂欧，皆密晤要人，中立之约甚固。……今闻已有上海会议之组织，欣悉总统自当选定黎君，闻黎有拥袁之说，合宜亦善。总之，随宜推定，但求早巩固国基。满清时代，权势利禄之争，我人必久厌薄。此后社会当以工商实业为竞点，为新中国开一新局面。至于政权，皆以服务视之为要领。"当时独立的数省已经派人在上海商量成立全国政权的问题。孙中山的意见是，不管未来的元首是黎元洪还是袁世凯（当然他对自己出任总统难免也有所期许），早日把人选确定下来才是正道。

孙中山即将回国的消息经报道后，国内军民对他有很大的期望。很多人想当然认为他筹措了巨款。船到上海，孙中山刚上码头，就有记者开门见山，询问："您这次带了多少钱来？"孙中山回答说："革命不在金钱，而全在热心。吾此次回国，未带金钱，所带者精神而已。"大家纷纷为孙中山的革命乐观主义鼓掌。然而，“中山的好口才虽能使听众大鼓其掌，然亦显示出，在这次联合推墙的众人之中，他除声望之外，并无特殊政治实力也。”（唐德刚著:《袁氏当国》）

孙中山崇高的声望加上同盟会的组织力量，让领袖选举一事一下子简单了下来。革命阵营内部没有人可以与之较量。在上海，同盟会就议定推举孙中山为总统了。1911 年 12 月 29 日，在南京的各省代表进行了总统选举。一共有 17 个省的都督派代表参加，这些省份是：直隶、奉天、山东、河南、湖北、湖南、广东、广西、福建、山西、云南、陕西、江西、安徽、四川、江苏、浙江。计有候选资格者 3 人：孙中山、黎元洪、黄兴。17 省代表依次无记名投票，一省一票，由临时议长汤尔和（浙江）按省份次序逐次点名。开票结果是孙中山得 16 票，黄兴得 1 票。孙中山高票当选。

1912 年 1 月 1 日，孙中山从上海乘坐鲜花装饰一新的火车前往南京。沿途得到了苏南各地军民的夹道欢呼，南京城几乎是万人空巷，人们用到火车站欢呼孙中山的到来。孙中山抵达后，四周有重兵护卫，闲杂人等，一概不得上车。孙中山自花车下月台，手持平常军帽，身穿土黄色呢质军服，没有佩戴简章金带等。出站台后，他转乘蓝色绣花彩绸马车，向总统府（原清朝的两江总督衙门、太平天国的天王府）驶去。军乐马队奏凯旋歌前导，后随卫队。总统府大门装饰醒目，电炬辉煌如白昼，用冬青树枝扎彩，衬着红色丝绸。马车队到总统府，黄兴、徐绍桢恭迎孙中山下车，一行人迎接他入府。

晚上 10 点，总统府灯火通明，军乐悠扬。中国历史上第一次总统就任典礼开始。

“先请大总统就位后，各部人员行三鞠躬礼，各炮台再鸣炮二十一发……大总统初临大礼堂。海陆军代表各省代表们，欢呼万岁。奏军乐毕，代表团推景耀月（山西）报告选举经过，略说：‘今日之举，为五千年历史所未有。我国所希望者，在共和政府之成立，及推倒满清专制政府，使人人得享自由幸福。孙先生为近代革命创始者，富有政治知识，各省公民选定后，今日任职。愿先生始终爱护国民自由，毋负国民期望。’并请总统宣誓，即由大总统宣述誓词如下：

倾覆满洲专制政府，巩固中华民国，图谋民生幸福，此国民之公意，文实遵之，以忠于国，为众服务。至专制政府既倒，国内无变乱，民国卓立于世界，为列邦公认，斯时文当解临时大总统之职，谨以此誓于国民。中华民国元年元旦。

孙大总统宣誓毕，代表团景耀月授以大总统印（印文“中华民国临时大总统印”）并致颂词。”

孙中山接过大印，在《中华民国临时大总统宣言书》上，庄重地盖上了第一个鲜红的、神圣的印章。

接着，胡汉民宣读宣言，海陆军将士代表徐绍桢致颂词，孙中山答词，表示要竭尽心力不辜负国民公意。代表和海陆军将士三呼“中华共和万岁”，礼成，奏乐，散会。总统就任典礼就此结束，孙中山成为临时大总统，南京临时政府成立了。君主专制制度在中国大地被推翻了。1月3日，各省代表又选举副总统。黎元洪全票当选。

南京临时政府基本由同盟会控制。政权组织原则是孙中山倡导的总统制。宋教仁主张责任内阁制，将行政权交给内阁总理，以总统为虚职，被孙中山等人否决。因此，南京临时政府没有总理，由总统负责行政。内阁也由孙中山提名组织。王朝体制下的内阁组织不能适应新形势了，得重新组织。原来的尚书、侍郎名称也不能用了，有人提议用“卿”来代替，因为容易让人联想起君臣公卿而被否决，最后决定新政府的长官叫“长”，正职叫“总长”，副职叫“次长”。

就职后，孙中山向各省代表提出了内阁名单。第一次提名的内阁组织和成员名单如下：陆军总长黄兴，海军总长黄钟瑛，外交总长王宠惠，内务总长宋教仁，财政总长陈锦涛，司法总长伍廷芳，教育总长章太炎，实业总长张謇，交通总长汤寿潜。但是，名单中的宋教仁和章太炎没有通过。孙中山作了修改，将内务总长换做程德全，教育总长换做蔡元培，内阁名单才被通过。

在内阁成员中，除了黄兴、王宠惠和蔡元培是同盟会员外，其他各位总长多数是立宪派和前清官员。表面看起来，临时政府中同盟会势力低落，实际由于临时政府成立时间短，国内事务繁乱，除了黄兴和蔡元培外，其他总长不是无法到位（在任都督的各位总长）、不愿到任（比如张謇，他同时“兼任”着清朝内阁的成员），就是在外为特定事务奔波（比如伍廷芳负责南北和谈、王宠惠在上海争取外国承认），各部门实际主持工作的是次长。孙中山提名的次长名单如下：陆军次长蒋作宾，海军次长汤芗铭，外交次长魏宸组，内务次长居正，财政次长王鸿猷，司法次长吕志伊，教育次长景耀月，实业次长马君武，交通次长于右任。除了海军次长外，其他次长都是同盟会员。海军次长汤芗铭，原系清海军副舰长，对他的提名曾引起一场风波。汤芗铭是黄兴提议的，任命后被留学生揭发曾经在欧洲盗孙中山的皮包向清政府驻法国公使邀功。有人埋怨黄兴失察，也有人说皮包失窃一事孙中山并没有宣扬，如今又重用汤芗铭是宽宏大度的表现。因为次长主张，人们常说临时政府“部长取名，次长取实”，是“次长内阁”。在位总长和主持工作的次长全部是同盟会员，也就意味着临时政府完全掌握在同盟会手里。

陆军部长黄兴兼任了临时政府的参谋总长，协调各处军事，又协助孙中山负责人事，是事实上的政府第二号人物。而被各省代表否决的宋教仁，被孙中山任命为总统府法制局长；章太炎被聘任为总统府顾问。此外，胡汉民被任命为总统府秘书长。

以上就是中国的第一届民主政府的组成了。我们可以说它是“民主

▲ 南京临时政府成立

政府”，却不能说它是“民选政府”。因为通过它的各省代表会议。这些代表是地方都督委任的，本身就没有经过选举，再由他们通过的政府自然不能算是民选政府了。临时政府成立后，建立相应的最高立法机关就成了当务之急。临时政府和各省代表会议商议，决定由各省各“推举”3名参议员，到南京成立临时参议院。各省都督接到通知后，有的将原来的都督代表顺延为参议员，有的重新派出了新人。多数省份是3名参议员，少数省份只有1名或2名。1月28日，临时参议院在南京宣布成立，实际参议员只有40多人。其中同盟会员超过30人，控制着参议院的绝对多数。同盟会员林森担任了议长。

筹组临时政府人选时，孙中山刚从海外归来，对国内人事情况并不了解，人事安排一般遵从黄兴的意见。人事问题向来是政权的核心难题，要照顾到方方面面的利益和感受。组织政府前，湖北代表刘成禺等就向孙中山建议多照顾武昌起义的诸位将领，免得武汉方面埋怨、失望。但黄兴和武汉方面因为弃守武昌一事把关系闹僵了，不愿推介武汉人选。最终的政府中，除了黎元洪首义名声难以忽视担任副总统外，湖北人在临时政府中没有一席之地。蔡济民、蒋翊武、孙武、吴兆麟等起义功臣都名落孙山。孙武之前公开表示想当陆军部次长，还特地跑到上海给各方面做“公关”。可黄兴就是不予考虑，后来任命的各部次长不但全部是同盟会员，而且是起义成功后从海外归国的。这让参加各省起义却没能进入临时政府的国内同志们有意见。而孙武大失所望，一气之下跑回武昌。湖北方面和南京临时政府开始貌合神离。之后，孙武联络了失意的湖北革命党人和少数政客成立“民社”，拥黎元洪为首领，和同盟会暗中较量，埋下了民国初期种种政治纠纷的隐患。

▲ 孙武

临时政府的困境

南京临时政府成立后，推出了许多振奋人心的政策，让人耳目一新。

比如临时参议院决议五色旗为中华民国国旗。国旗的五种颜色代表汉（红色）、满（黄色）、蒙（蓝色）、回（白色）、藏（黑色）五个主要民族。临时政府强调五族共和，民族平等。孙中山曾建议用同盟会的青天白日旗为国旗，临时参议院没有统一，而将青天白日旗改为海军军旗。武昌起义时所用的十八星旗则成为陆军军旗。

又比如临时政府发布了一系列政策法令,废除刑讯、跪拜，严禁吸食鸦片、缠足、蓄辫等陋习；保护私人财产；宣布新闻及言论自由；废除读四书五经，推行近代教育。附着在中国人身上几千年的束缚，在理论上一下子消除了。

但是临时政府面临种种困难，运行并不顺畅。孙中山这个总统其实很不好当。

首先，孙中山两手空空，整个总统生涯一直在为“缺钱”发愁。

孙中山回国身无分文，到上海后全靠陈其美送了1000银圆资助，才到南京组织起了临时政府的框架。偏偏临时政府成立后，百废待兴，前线战斗正酣，用钱的地方很多，数额很大。临时政府却没有收入（独立各省截留税款自用尚显不够，无力支援中央）。孙中山又不能从列强手中收回关税，列强银行团也拒绝向临时政府贷款（没有一个外国政府承认南京临时政府）。没有钱，日子没法过。一次安徽前线告急，急电中央催粮催饷。孙中山紧急批示：拨20万元济急。胡汉民持总统手令前往财政部拨款，发现国库之内竟然只有银圆10块！财政问题成为临时政府的头号问题。黄兴曾求工商总长“张謇设法向上海方面借几十万元以应急，他一拖就是个把月，急得先君走投无路”。临时政府实业总长张謇原本就有为政府“创收”的责任，加上监管盐务，所以在解决财政危机方面责无旁贷。但是张謇等人在袁世凯和临时政府之间摇摆不定，在财政问题上阳奉阴违，前后筹款不过一百万元。而他控制的两淮盐税

▲ 1912 年 2 月 15 日，孙中山率文武官员祭明孝陵。（孙中山之左一为黄兴，左二为徐绍桢，右为黄钟瑛）

在 1911 年 12 月至 1912 年 2 月的三个月内至少收入四百万元。张謇的作为，代表了南方许多旧官僚和立宪党人的姿态。他们正准备看临时政府的笑话呢！眼看军队在饥寒交迫中作战，黄兴甚至表示准备“剖腹以谢天下”。

没有接受过财政经济训练的孙中山只能迎难而上，但他想出来的方法却是“厉行征发”，希望通过加大老百姓的税负来克服财政困难。黄兴强烈反对，老百姓的日子已经很难了，不能涸泽而渔。据说，正当他一筹莫展时，总统府里有个差人，在太平天国的时候给天王洪秀全当过差，来报告说当年“天朝”即将灭亡的时候在某地埋下了金银财宝，数额估计还清外债还绰绰有余。孙中山病急乱投医，连忙派人去挖，结果什么也没挖到。最后，孙中山硬是想出了一个“好方法”，计划将独立各省的官办实业公司抵押给外国银行，借款来解决财政困难。据说，孙中山的这个方法是在日本人的“启发”下想出来的，不久（1912 年 2 月）就发生了南京临时政府批准官办的江西汉冶萍公司改为“中日合办”汉冶萍公司，以此向日本借款五百万日元的事件。消息传来，舆论哗然。临时政府尚未有所作为，就将国有企业抵押给了日本。同盟会内部纷纷指责孙中山此举卖国，张謇、章太炎等原来就和孙中山不对付的力量更是拼命反对。张謇致书孙中山、黄兴，抨击“抵押贷款”说：“何至以此区区数百万之款，贻他日无穷之患，为万国所欢笑！”他坚决请辞实业总长的职务。客观地说，孙中山此举并非卖国，而是政治经验不足，缺乏财政手段导致的。他本人很快意识到了问题的严重性，诚恳地接受了批评，解释贷款是“民军待哺，日有哗溃之虞，譬犹寒天解衣裘付质库，急不能择”。此议就此结束，不再重提。

孙中山把主要精力投在筹款找钱问题上，终日奔忙，始终没有筹措到足够的款项。临时政府在财务方面的失败，让绝大多数政务难以推行，政府和孙中山本人的威望都受到沉重的打击。

其次，临时政府的军事力量非常薄弱。独立各省各自为政，各自军事力量就不强大。独立后各地纷纷扩军，大部分入伍新兵是城乡贫民，军政府没时间也没经济能力对他们进行系统的军事训练。因此，革命军各部虽然形式上具备军师旅团营连排的编制，其实是乌合之众。依靠这样的军队推翻清王朝，是不现实的。

南北方还处于战争状态，孙中山其实是一个“战争总统”。南京临时政府成立后，随即号召北伐，没有放弃用战争推翻清朝。可孙中山能够直接指挥的军队，只有聚集在南京周边的少数军队。南京的军队素质普遍很差，黄兴认为这样的军队根本没法和北洋新军作战。而从各地参加北伐的军队中，有战斗力的部队很少。至于各省都督的军队，黄兴是调不动的，他和湖北军界和浙江军界的关系很糟糕，更是无法指挥这两处军队。孙中山既没有嫡系部队，又没有支持战争的经济能力，实际上他的军令往往出不了南京城。孙中山的可贵之处就在于，他往往明知不可为而为之，用坚毅、刚强和乐观，组织起了一次北伐。

早在1月4日，孙中山就致电广东陈炯明，命令他迅速出兵北伐：“中央政府成立，士气百倍，和议无论如何，北伐断不可懈！广东军民，勇敢素著，情愿北伐者甚多，宜速进发。”11日，孙中山宣布自任北伐军总指挥，任命黄兴为陆军总参谋长，并制定分兵六路直捣北京的宏伟北伐计划。诚如孙中山北伐需要向陈炯明等地方都督要兵一样，临时政府的北伐本质上是一个空架子。由各地派兵拼凑起来的北伐军，是由乌合之众仓促组成的乌合之众。战争只在安徽、江苏北部和陕西、山西等局部地区有小规模的战斗。值得称颂的是，从东北难逃的蓝天蔚在1月率领主要由上海起义敢死队和青年学生组成的北伐军数千人，联合部分沪军、闽军和光复军，分乘海容、海琛和南琛三艘军舰以及其他运输船从海路北上，进攻山东沿海地区。这支北伐军成功攻占了烟台，并且和京畿和关外的革命党人取得了联系。这是临时政府北伐取得的最骄傲的成果。不过很快就遭到了山东清军的阻扰，进展局限在烟台一地。

临时政府在财政、军事两方面困难重重，步履蹒跚。革命党人内部却弥漫着一股“改朝换代”成功之后的喜悦之情，很多人堕落了，沉溺于胜利后的享受之中。南方富庶的大城市都在革命党人囊中，各级政权需要建立，有些革命党人热衷追求个人的官位与利禄，修建私宅、迎娶妻妾、贪污受贿，甚至喝花酒吸鸦片。晚清官僚的腐朽作风，在一些新人身上迅速扩散。蓝天蔚在大连革命失败、逃到南方后，见到同志们的堕落情形，痛心疾首，泣告大家：“目前汉阳已被清军攻破，清廷正在进行最后挣扎，敌众我寡，大家齐心协力尤恐难于取得最后胜利，现在竟内讧起来，重蹈太平天国的覆辙，这怎么能行呢？”为了引起注意，蓝天蔚举枪自击，击伤了左腕。还有革命党人错误认为，革命党本为革命建立，现在革命成功政府建立，革命组织已经没有存在的必要的。他们鼓吹取消革命组织，转入和平的建设，还批评那些坚持参加革命组织活动的同志们“恐怖”、“恋栈”。

除了“改朝换代”等错误思潮兴起外，革命阵营本身存在的问题（派系斗争、缺乏执政人才等）在革命初步胜利后，也被放大了。各种错误思想搅和在一起，革命党人祸起萧墙，出现了内讧苗头。孙武、张振武、刘成禺等人是武昌首义英雄，但在临时政府成立后没有得到“安排”，气愤之余开始大肆攻击同盟会和孙中山、黄兴。刘成禺公开辱骂孙中山为“海贼”。部分湖北旧官僚和立宪党人组织“民社”，推黎元洪为首领，企图与孙中山的临时政府分裂。

最让亲者痛仇者快的内讧发生在上海。策划上海光复的同盟会陈其美与光复会李燮和在胜利后各自为政，李占据吴淞，自称吴淞都督，和陈其美武力对抗。而陶成章则设光复军司令部于上海，招兵买马，威胁到陈其美的权势。光复会的力量在浙江盖过同盟会，原来的都督汤寿潜被孙中山任命为交通部长后，浙江方面有意推举光复会领袖陶成章为新都督。这更加引起作为浙江人的陈其美的嫉妒和猜忌。陈其美冲动之下，指使拜把兄弟蒋介石在上海法租界广慈医院将陶成章暗杀。（蒋介石事后被安排去日本“躲避风头”。）陶成章遇刺前还在病床上慷慨陈词："现时对异族革命虽渐成功，但政治革命尚甚艰巨。北方未定，北伐尤急，满清残喘，原不足平，但北洋军阀势盛，尤以袁氏司马昭之心路人皆知，不可不有严重策略对付，当须国民加倍团结，一致铲除，免得再勾结帝国主义祸国加甚。”陶成章死后，《民立报》刊登大标题新闻：《陶成章死不瞑目》。光复会的势力迅速削弱。（另一重要领袖李燮和之后北上投靠袁世凯，后来参与袁世凯窃国。）

临时政府的困境和革命内部的分化，让新政权对社会的控制很弱。社会并不稳定。——当然，其中也有新旧交替时带来的不稳定因素。

晚清时的社会控制不见了，新政府又提倡民权和自由，社会一下子不知道怎么个“民主”法，不小心就自由过头了。比如各种社团纷纷成立，多入过江之鲫。上海一地在光复后冒出 80 多个大社团来。至于几个人在上海弄堂亭子间里宣布成立的小社团就更多了。广州则有 110 多个。“那时办社团的职员，胸前襟章，挂着十个八个，缎绸的也有，洋布的也有，铜银的也有，五光十色，随风飞扬。因为有些出风头的投机分子，一身而兼十多个社团，什么会长、社长、理事、董事、干事、主任等职，聚于一身，东也开会演说，西也开会通电，忙不开交。最奇怪的，有些社团且备有一方长方形木板，写了‘请众鼓掌’四字，准备显要们到会演讲时，演到某一段落，宣布员把这块木板向着听众一摇，台下掌声如雷，跟着发响了。”而“社团的加入，手续简便，只填一张入会书，缴两三元会费，即发给襟章一个。因之诸色人等胸前挂有襟章的，触目皆是。好像身上没有襟章，是不时髦，不爱国，甚至反对共和似的。”可见，其中真心为国家建设和社会发展的社团不多，多数是为私人牟利或者干脆混吃混喝的。民国初年后，上海方言中多了一个词，叫做“亭子间政治家”，说的就是这些“混”社团的人。

每次政权更迭，总有不法分子浑水摸鱼。独立时的战斗，也在社会上留下了不少军火和散兵游勇。治安问题考验着新生政权。在广州，军政府为了显示革命军的“强大”来震慑不法分子，经常让革命军士兵在街头巷尾晃悠。士兵们手提白布巾，包着一个牛奶罐式样的东西，对外假称是炸弹，或者在香烟盒子或者牛奶罐子里藏些泥沙，照样用布包起来，对外假称是军火。有时候，革命军也要演示一下“炸弹”的威力。没有真炸弹，怎么办？有人就想到用电灯泡代替，把电灯泡装些铁片火药什么的，甩出去声音不小，迸发出来的碎片还有一定的杀伤力。光复初期，广东警察厅长是陈景华。广东都督给了陈景华特权，允许他对案卷不用呈准，可以断然处理便宜行事，只须事后呈报备案。这就给了他“先斩后奏”的特权。陈景华执法严苛，广州城内有许多鼠窃狗偷的地痞、扒手、流氓，秘密社会的会员、打手，恃强凌弱的暴徒、流氓，都被抓起来吃“莲子羹”（广东话把枪毙讳称为吃“莲子羹”）。有一个时期，枪决犯人之前都给他一支“强盗牌”香烟抽，结果强盗牌香烟一时无人问津。广州好在有一个陈景华，军政府尚能稳定治安，少数缺乏强权人物的地方，治安问题堪忧，最后不得不搬出晚清时候的那一套严刑峻法，或者干脆把晚清衙门的那一帮书吏衙役都召回来稳定社会局面。

临时政府举步维艰，独立各地社会不稳，拥戴袁世凯出任总统收拾局势的声音日益响亮。黄兴致信袁世凯说：“明公之才，高出兴等万万。以拿破仑、华盛顿之资格出而建拿破仑、华盛顿之事功，直捣黄龙，灭此虏而朝食，非但湘鄂人民戴明公为拿破仑、华盛顿，即南北各省当局亦无不有拱手而听命者。苍生霖雨，群仰明公。千载一时，祈毋坐失。”

难道临时政府的困境只有请出袁世凯才能解决？袁世凯会接受民主共和吗，革命党人又如何约束他呢？

山雨欲来

一个崭新时代的踉跄起步

民国成立后，遇到当官的不用跪拜了，脑袋后面不用垂辫子了，一般国民的心理却不能立刻从根子上转过弯来。就说剪辫子的事情，光复后大城市里经常有大兵背着枪拿着剪刀，看到辫子就剪。人们临时剪掉辫子，头上四周光光，中间露出一两寸长的辫子根，头发披散，如秋天乱草。也有思想保守的人，不肯剪去辫子，把辫子盘在顶上，戴帽子遮着来做伪装，大约就像鲁迅在日本留学时讽刺一些留学生的“富士山”。还有迷信的人，事先选择吉日，祭拜祖先，然后剪去辫子。更有联合多人同时剪辫子的，到时燃放爆竹，举行公宴，非常隆重。不过，截至40年代，中国还有不肯剪辫的人。

社会习俗如此，政治惯性更大。民主、民权的思想对各级政权有多大的改变，进而对老百姓的现实生活有多大的改变呢？1911年前后，全国各地多灾多难，非旱即涝，老百姓生活困苦。比如苏南的无锡、常熟、江阴三县的交界地区大雨成灾，地主绅商趁机囤积粮食牟取暴利。饥饿的农民抢粮抗税。武昌起义消息传来，农民们高兴极了，都说：“皇帝已经没有了，租米可以不交了。”方圆几十里的贫苦农民纷纷组织起来，同心抗租。不料，江苏光复后，无锡军政分府迅速成立，首脑是一个官僚地主家庭出身的同盟会会员，成员基本是地主和旧官僚。新政府催迫农民照常交租，还在当年年底派军警下乡逮捕了抗租的农民首领，行为和晚清政府无异。同样的事情还发生在山西省东南的长治、高平。当地农民自发组织干草会，抗拒苛捐杂税。太原光复后，两县的各乡干草会号召百姓组织起来，要求免粮免税，并放火烧毁了许多大地主的家。不久，民国新县官上任，地主们涌到县里、省里控告“刁民”。新政府照样保护地主，派兵镇压农民组织。传统政治仿佛是一汪死水，水面起的风要深入水底，让水流畅起来，还有漫长的路要走。

南北议和

革命引发了战争，但是战争并不是目的，只是推翻清朝的手段。不仅是立宪派、普通商民不希望战火蔓延，就是革命党人也不愿看到战火涂炭生灵、摧毁村庄和城镇。如果能和平地通过谈判解决南北双方的政治问题，如果能不战而屈人之兵，推翻清朝，革命阵营非常愿意坐下来谈判。

清军占领汉阳后，袁世凯就授意清军停止进兵。之后，北洋军和湖北军政度达成了停战协议。加上南京战斗的胜利，之后敌我双方再没有爆发激烈战斗。南北双方都寻求在谈判桌上解决问题。12 月 7 日，清廷任命袁世凯为全权大臣，负责与南方和谈。袁世凯即委派唐绍仪为全权大臣总代表，南方则公推伍廷芳为独立各省议和总代表。12 月 17 日唐绍仪到达上海，南北和议正式开始。历来决定谈判结果的不是正式代表的表面磋商，而是桌子底下的斡旋。本次南北和谈，幕后角色都聚集到上海赵凤昌的“惜荫堂”私宅商讨。赵凤昌早年曾如张之洞幕僚，在晚清官场有人脉，又与张謇等江浙名流关系很好，和黄兴、伍廷芳也能谈上话，他家就成了理想的幕后舞台。事实上，经过武汉保卫战后，南北双方都没有继续激战的能力了，所以双方都想在谈判桌上得到政治目的。这一轮和谈，南北双方都相当重视，是真心想谈出成果来的。[1]

1 南北和谈最直接的成果是实现了停战。不过袁世凯借口山西、陕西是会党、土匪起事，不算是革命——两省起义的确有许多会党成员参加，但更多的起义者不是会党分子。因此，北方不承认山西、陕西在停战范围内。清军在两处仍然进攻军政府。

袁世凯相对占有一些优势。他控制着被各国承认的中国政府，听命于他的北洋新军的实力也强于南方的革命军。国内涌动着拥戴袁世凯出来结束乱局统一南北的呼声。袁世凯深谙权谋之道，自然会利用这些有利条件来争取自身利益最大化。袁世凯之前和革命党人没有接触，对革命党也不了解，迫切需要和革命党核心建立联系。于是，刺杀载沣的革命党人汪精卫被袁世凯放了出来。有一段日子，袁世凯每天晚饭后都找他来询问共和、革命等情况。汪精卫一般是七八点进入袁府，和袁世凯谈到十一二点才出去。后来汪精卫又推荐了魏宸组。他们讨论的内容已经包括君主制和共和制，哪种制度更适合中国。魏宸组大谈共和制的好处。袁世凯起初还说官话，后来渐渐不坚持君主制，只说在中国实行共和很不容易。汪精卫和魏宸组都说："中国非共和不可，共和非公促成不可，且非公担任不可。"[1]袁世凯半推半就，默许了。他的真实心思是，君主制正在被国民抛弃："然而彼众若狂，醉心民主，兵力所能平定者土地，所不能平定者人心，人心涣散，如决江河，已莫能御，爵禄不足以怀，刀兵莫知所畏。似此亿万之所趋，岂一二革命党所能煽惑。"袁世凯的儿子袁克定的年纪比汪精卫大，袁世凯却要儿子称汪为兄。汪精卫从死牢逃生，知恩图报，在京津与杨度等人发起国事共进会，倡导南北妥协实现和平，后来南下打入了临时政府内部，鼓吹拥戴袁世凯。

唐绍仪和伍廷芳的会谈，因为双方都有结束战争建立新政权的期望，很快就达成了召开国民会议商议国体问题的共识。双方都同意少数服从多数，用开会来决定中国走君主立宪还是共和立宪的道路——君主专制已经不是南北双方考虑的选择了。但是在国民会议的成员、时间和地点等细节上，双方达成不了一致。

国民会议的结果，君主立宪也好，共和也好，清朝皇室不可能再专制了。他们是最大的失败者。所以，这个谈判"成果"是瞒着清廷进行的。袁世凯怕消息传出引起清廷权贵的极力阻扰，更担心背上背主篡权、欺负孤儿寡母（宣统小皇帝和隆裕太后）的坏名声。他在一封通信中明确表示自己希望"不辜负孤儿寡妇"。但他想一点都不辜负，是不可能的。

1　唐德刚在《袁氏当国》中说，辛亥革命时期"非袁不可"的口号是汪精卫发明的。

实际上，袁世凯已经在利用革命形势威胁清廷，榨取隆裕和宣统手中的权力了。他能够做的最现实的事情就是为隆裕和宣统手中的权力找到一个好的“售价”，让他们避免历史上末代君王惨遭杀戮甚至灭亡的悲惨命运，能够有个安逸富贵的后半生。如果能把隆裕和宣统安排好，顺利接过他们的权力，袁世凯将是最大的获利者。可惜，没等他想好怎么做，半路杀出一个程咬金来：孙中山归来！

▲ 北洋大将段祺瑞照片。以他为代表的北洋将领在袁世凯授意下，一会支持共和一会效忠朝廷，向两方面都施压

孙中山回国后，南方形势大变。众人推举孙中山为临时大总统，而且组织了新政府。之前是南方组成松散的联盟和北方的中央政府谈判，不是两个平等的谈判对象，而类似于独立省份和原来的中央政府谈判；现在是南京临时政府和北京的清朝政府谈判，是两个平等的政权在谈判。南方的要价水涨船高。尽管孙中山对袁世凯很谦虚，但在给袁世凯的电报中明确表示：“民主、君主不待再计。”南方就在事实上推翻了之前召开国民大会的决议，要求袁世凯只能接受民主共和一条路。至于如何解决清朝政府，让满族权贵接受民主共和，就要袁世凯想办法解决了。

袁世凯的恼怒之情，可以理解。他也不是好惹的，很快展开了反攻。

首先，袁世凯让唐绍仪辞去北方和谈代表的职务，宣布唐绍仪这个人忒大胆了，之前的谈判都是背着他私自干的，没有和他商量，因此无效。袁世凯又宣布亲自操刀之后的谈判，通过电报与伍廷芳直接谈判。袁世凯一上来，就质问南方：“选举总统是何用意？设国会议决君主立宪，该政府及总统是否亦即取消？”坚持召开国民会议讨论共和与君主立宪问题，要求南京临时政府撤销。同时，北洋军将领段祺瑞、冯国璋等40多人在袁世凯的授意下，于1912年1月2日发表通电，主张君主立宪，反对共和，宣称如果以“少数人的意见”采取共和政体，必誓死抵抗。军事是袁世凯手中的王牌，北洋军态度陡然强硬起来，让南方感觉到了军事压力。袁世凯由此提醒孙中山，实力的天平倒向北方。同时，袁世凯又通过此举树立忠臣形象，缓和了一下和清廷的关系。袁世凯还入宫向隆裕太后表示效忠，大谈“兵马未动粮草先行”，向太后索取内宫库房里的300万两银子——他是真没钱，北洋军也濒临山穷水尽边缘。内库银子可是紫禁城的私房银，往常都是只进不出的，无奈现在王朝危急要拉拢大兵们，隆裕太后咬咬牙掏出了这笔银子。袁世凯可谓的“一举两得”。

这么一反复，和谈出现了僵局，就看谁先妥协了。

我们知道南方实力略逊于北方，而南方内部早有拥戴袁世凯的声音。早在1991年13月初，各省都督代表就在武汉决议：“如袁世凯反正，当公举为临时大总统。”孙中山不计较个人名为，在海外的时候就同意选举袁世凯为大总统，1911年11月16日致电民国军政府说：“今闻已有上海议会之组织，欣慰。总统自当推定黎君（指黎元洪）。闻黎有请推袁之说（黎元洪也拥戴袁世凯出面统一南北），合宜也善。总之，随宜推定，但求早巩国基。满清时代权势利禄之争，吾人必久厌薄。”他从国家早日稳定和推动社会发展的立场出发，希望早日建立共和国。当时中国人普遍都有这样的心理。经历了辛亥革命过程的历史学家李剑农说：“当临时政府组织时，一般人的心理，已注定南北议和的成功，已注定清朝皇帝的命运全操在袁世凯手里，已准备俟清皇位推翻后把临时大总统的位置作袁世凯的酬劳品，已准备在袁世凯做总统的时候，便得到共和立宪的政治。”因此，南方决定妥协。

南京临时政府重申了各省都督代表会议的决议，答应只要袁世凯拥戴共和，推倒清朝，依然会推举他为民国总统；只要清廷自行退位，就给予优待。袁世凯乐在心里，可有点得寸进尺，提出：清朝退位的同时，南京临时政府要同时取消，由他在天津成立临时统一政府。这个条件突破了南方的底线：新的统一政权必须是已经建立的中华民国。南方肯定不会取消中华民国。孙中山非常愤怒，在1月22日将南北谈判的内容公诸于众（那时候的谈判是秘密的，不像现在一样暴露在媒体的荧光灯下），指责袁世凯缺乏诚意。孙中山还强硬地对拥戴袁世凯为总统提出了限制条件：袁世凯要和清朝政府断绝关系，变为“民国国民”，也就是要求全国统一在中华民国的五色旗下；袁世凯必须由临时参议院选举为总统，必须宣誓接受参议院所定之宪法（当时还没有，但会有的）。孙中山把秘密谈判内容全部曝光后，各方面反响强烈。南方虽然有杂音，但基本上对袁世凯另外新政府的条件不能接受。孙中山进一步宣布袁世凯破坏和议，下令革命军准备战斗。北方社会更是炸开了锅。满族亲贵们知道袁世凯在和南方谈判，但不知道袁世凯已经把朝廷给出卖了，换来了一定总统帽子自己戴。他们组成的宗社党，激烈反对清廷退位，敌视袁世凯。

和谈又一次僵住了，还走到了战争的边缘。袁世凯面临巨大压力，先让步，基本上接受了孙中山的要求。南京临时政府也适当让步，接受了袁世凯提出的对清室的优待条件。袁世凯能否用优待条件说服隆裕太后主动退步，能否将担任大总统的诺言变为现实，就看他的努力了。

袁世凯是怎么做的呢？宣统皇帝溥仪几十年后回忆说：“我糊里糊涂地做了三年皇帝，又糊里糊涂地退了位。在最后的日子里所发生的事情，给我的印象最深的是：有一天在养心殿的东暖阁里，隆裕太后坐在靠南窗的炕上，用手绢擦眼，面前地上的红毡子垫上跪着一个粗胖的老头子，满脸泪痕。我坐在太后的右边，非常纳闷，不明白两个大人为什么哭。这时殿里除了我们三个，别无他人，安静得很，胖老头很响地一边抽缩着鼻子一边说话，说的什么我全不懂。后来我才知道，这个胖老头就是袁世凯。这是我看见袁世凯惟一的一次，也是袁世凯最后一次见太后。如果别人没有对我说错的话，那么正是在这次，袁世凯向隆裕太后直接提出了退位的问题。从这次召见之后，袁世凯就借口东华门遇险的事故，再不进宫了。”

溥仪说的“事故”是 1912 年 1 月 16 日袁世凯退朝回家途中遇刺的事。同盟会员杨禹昌、张先培、黄芝明三人藏在东华门大街便宜坊酒楼上，向袁世凯的队伍投掷了炸弹。袁世凯只受了轻微伤，他的侍卫长袁金标成了替死鬼。事后，袁世凯以“久患心跳作烧及左髀腰疼痛等症”

为名请假，不再入朝，让胡惟德等人作为中间人与宫廷联络。在重要历史时刻，这三名革命党人的行动是帮忙还是捣乱，很难鉴定，不过可以肯定是他们的刺杀并非南京临时政府指挥的。

▲ 少年溥仪

溥仪为什么会看到隆裕太后在哭呢？因为立国300年的清朝四面楚歌，极可能在她手里灭亡了。跪在地上的袁世凯拿来了两份密奏，第一份是驻俄公使陆征祥联合各驻外公使的上奏，内容是要求皇帝退位，第二份密奏是内阁全体成员的上奏，内容是认为除了实行共和，朝廷别无出路。密奏中除了纵论形势外，还有威胁，比如："海军尽叛，天险已无，何能悉以六镇诸军，防卫京津？虽效周室之播迁，已无相容之地。""东西友邦，有从事调停者，以我只政治改革而已，若等久事争持，则难免无不干涉。而民军亦必因此对于朝廷，感情益恶。读法兰西革命之史，如能早顺舆情，何至路易之子孙，靡有孑遗也。"军队都叛变了、友邦都背叛了、不接受共和的法国皇室被满门诛杀了，这样的内容怎么不让闭塞懦弱的隆裕太后满心恐惧？

袁世凯走后，被吓晕的隆裕太后慌忙召集宗室和亲贵们来开御前会议，把情况一摆让亲戚们拿主意。王公们先不把主意，纷纷痛批袁世凯，有说袁世凯忘恩负义的，有骂袁世凯一直就不是东西的。袁世凯之前表现得效忠朝廷。武昌起义后，清廷发布过准许百姓剪发的上谕，留不留辫子由老百姓自己决定。一次散朝，世续指着自己脑后的辫子笑着问袁世凯："大哥，您对这个打算怎么办？"袁世凯还肃然回答："大哥您放心，我还很爱惜它，总要设法保全它！"这让很多满族亲贵对袁世凯感到满意，认为："袁宫保决不会当曹操！"其实，那是他们自欺欺人，就像溺水的人连稻草都不放过一样，无能又伸出险境的满族亲贵们宁愿相信袁世凯是忠臣，也不愿意去想象他是曹操。如今，幻梦破灭了，那些自欺欺人的人恨恨地说："谁说袁世凯不是曹操？"恭亲王溥伟、肃亲王善耆、贝勒载泽和其他年轻的皇亲国戚们，都破口大骂袁世凯。奕劻和溥伦流露出赞成退位的意思，立刻遭到了猛烈的抨击。多数人嚷嚷着要和革命军决一死战。在一片怨恨和争吵声中，谁都不知道到底应该怎么应对袁世凯的逼宫。

第二天，御前会议继续召开。和袁世凯关系密切的奕劻没敢来，昨天赞成皇上退位的溥伦改变了立场，声明赞成保留君主。同样转变立场的还有昨天嚷嚷着要和革命军死战的宗室亲贵们，发言主战的人越来越少，最后只剩下了四个人。载涛主张化整为零，将王公封到各地区建立藩镇，分踞各地进行抵抗。这个主张很有"复古"风格，放在几百年前可能有用，如今根本没人听。最后，宗室亲贵们还有明白人，就说，请太后圣断，别为奕劻之流迷惑了。最终，这次御前会议又无果而终。

隆裕太后想法是："我何尝要共和，都是奕劻跟袁世凯说的，革命党太厉害，咱没枪炮没军饷，打不了这个仗。"

溥伟和载泽说："乱党实不足惧，只要出军饷，就有忠臣去破贼杀敌。冯国璋说过，发三个月的饷他就能把革命党打败。"

隆裕太后哭穷："内帑已经给袁世凯全要了去，我真没有钱了！"

溥伟举出日俄战争中日本皇帝和皇后以首饰珠宝赏军的例子，劝隆裕太后效法。善耆支持溥伟的意见。从日后紫禁城的生活来看，宫廷还掌握着相当多的金银。但是隆裕太后对整场战争的前景表示悲观："胜了固然好，要是败了，连优待条件不是也落不着了吗？"

部分宗室亲贵不相信民国政府会优待皇室。"优待条件不过是骗人之谈，"溥伟就说，"就和迎闯王不纳粮的话一样，那是欺民，这是欺君。即使这条件是真的，以朝廷之尊而受臣民优待，岂不贻笑千古，贻笑列邦？"

针对宗室亲贵对优待条款的不信任，袁世凯抓紧做隆裕太后的工作。他派亲信赵秉钧带话说："这个事儿叫大伙儿一讨论，有没有优待条件，可就说不准了！"意思是让隆裕太后"圣心独断"，别听那些反对意见；再犹豫下去可能连优待条件都没有了。这已经是赤裸裸的威胁了。

袁世凯还收买了后宫宦官，包围意志薄弱的隆裕太后。宗室王公们曾千嘱咐万嘱咐，让隆裕太后别把优待条件和太监们说起，可是早被袁世凯收买的总管太监小德张等隆裕一回宫就抢先开口：“照奴才看，共和也罢，君主也罢，老主子全是一样。讲君主，老主子管的事不过是用用宝。讲共和，太后也还是太后。不过这可得答应了那‘条件’。要是不应呵，革命党打到了北京，那就全完啦！”这又是赤裸裸的威胁。袁世凯要让隆裕太后知道：早点决定退位与否，不然连优待条件都没了。

最后的刺客

要不要退位呢？事关祖宗留下来的百年基业，隆裕太后等人犹豫不决。

1912年1月12日，良弼、毓朗、溥伟、载涛、载泽、铁良等以“君主立宪维持会”的名义发布宣言，成立了宗社党，以良弼为核心。良弼“政治可靠”，而且有真才实学，长期在军队中做事，参与改军制、练新军、立军学等，可能是当时清廷中唯一有能力、有胆气与革命军一战的贵族将领了。而宗社党的宗旨就是保持王朝统治永固，采取仇视革命、扶满杀汉的极端措施。当时的民政大臣满人桂春就宣称，外地不是仇杀八旗子弟嘛，他决心组织满族警察和贵胄学堂的学生对北京城的汉人实行报复。北京城里开始流传宗社党将采取恐怖行动的说法。总之，一部分王公大臣做出了拼命的姿势。

1月26日，同盟会员彭家珍策划爆炸，与良弼同归于尽，隆裕太后和胆小的宗室亲贵们被爆炸声吓坏了。宗社党的喧嚣趋于沉寂，清廷最终决定让宣统退位。

彭家珍，四川成都人，当时24岁。他能做出如此壮举来，外人以为他是一个英俊孔武的青年，其实彭家珍既不魁梧，也不英俊，大约只有一米五几高。他走的是海外革命青年的普遍道路，1906年因成绩优等被官府公派日本考察军事，不想彭家珍加入了同盟会。归国后，彭家珍在四川、奉天等地任新军军官。1911 年，朝廷竟然任命彭家珍为天津兵站司令部副官长（据说是革命同志帮助彭家珍谋得的职位）。他到任后武昌起义就爆发了，配合张绍曾等人将清廷准备南运武汉前线的军火截留在滦州。彭家珍计划利用这批军火起事，后因张绍曾被罢免而未成。

当时，父亲来信催婚，彭家珍回信借口自己职位低下，缺乏经济基础，没法构建家庭，必须再“遨游数载，夺得将军印”，“否则匈奴未灭，何以家为耶”？最终，彭家珍也回家完婚。他把全副身心都投入到京津地区的革命中去。汪精卫在天津成立了同盟会京津支部，汪精卫是支部长，彭家珍是军事部长。他利用职务便利，将清军的枪支、军马、钱粮和通行证源源不断地支援给革命同志。事情败露后，彭家珍遭到清朝陆军通缉，来往于京、津、奉、沪积极联络党人。四川已经独立，筹建军队，彭家珍可以回家乡竞争军队的领导职位，却毅然返回北方。

京津的革命基础遭到破坏，不具备武装夺权的基础。彭家珍就联合敢死同志，组织暗杀团。1 月 16 日刺杀袁世凯的行动就是京津同盟会策划的。此后，袁世凯深居简出，而宗社党气焰嚣张，成员大多胸前刺有二龙和满文姓名，在京津等地积极活动，企图赶走内阁总理袁世凯，由毓朗、载泽出面组阁，由铁良、良弼等率军与南方决一死战。良弼甚至许下三月内击败民军，否则斩首的军令状。彭家珍就决定亲自刺杀良弼，认为“此人不除，共和必难成立”。

▲ 良弼

暗杀团反复讨论，彭家珍认为街头狙击的办法不好，准确性差，而且敌人容易逃脱（刺杀袁世凯失败就是例子），接近目标当面刺杀的方法比较好。可当面刺杀谈何容易？首先，彭家珍不认识良弼。幸亏清廷陆军的通缉不严，彭家珍在京城活动并无障碍。他通过关系，和良弼的朋友搭上关系，并一起赌博。玩乐之际，彭家珍见壁上悬挂权贵官员的相片，不经意地问出了良弼的相片，并偷偷取走。其次，彭家珍如何接近良弼？彭家珍发现自己和良弼的亲信、奉天讲武堂监督崇恭外貌相似，计划假冒崇恭去拜见良弼。他印了崇恭的名片，又购买相同的官服，化妆后还真能以假乱真。出发前，彭家珍和同志们约定，如果行刺失败被捕，落在良弼手里就“供认”是袁世凯指使的，让他们狗咬狗去。

1月26日晚，腊月初八，这是北京最冷的时节。北京金台旅馆里来了一个操北方口音的清军军官。他自称是奉天讲武堂监督崇恭，吩咐伙计安排了房间，随后要了旅馆的马车出门，前往红罗厂良弼宅第。不用说，这个崇恭就是乔装打扮的彭家珍，在他军服的外套里藏有炸弹，腰间别有手枪。夜幕中的北京城，点点烛火闪烁在灰暗的背景中。

到了良弼府上，彭家珍持崇恭的名帖求见良弼。看门人告之：“大人尚在陆军部。”彭家珍问：“是否铁狮子胡同？”看门人称是。彭家珍转身准备去陆军部。他的车在胡同口和对面而来的一辆马车擦身而过。彭家珍注意到车中人相貌颇似良弼，就让马车停下等候。良弼车到家门口，走下车来，彭家珍已经拿着名帖递了过来。良弼接过名帖，看来人似乎不是崇恭，感到诧异。这时候，彭家珍从怀中掏出炸弹。良弼看到对方掏出一个黑乎乎的东西，机警地向家里跑去。彭家珍将炸弹向他猛掷过去。一声巨响如惊雷划破夜空，彭家珍头部被弹片击中，当场殉国。另有卫兵、马夫等数人当场死亡。良弼左腿被炸得粉碎，浑身鲜血淋漓，被奴仆们抬去抢救。

数日后，良弼伤重不治。临死前，他对妻子和女儿说：“炸我者，独不杀老萨与荫昌？聆其音确是川人，真是奇男子！（良弼曾在成都生活过。）我本军人，死不足惜，其如宗社从兹灭亡何？”他的担心果然没错，宗社党诸人听说良弼的噩耗后，丧胆气衰，不敢高调与革命军为敌，胆小的开始预备后路作鸟兽散了。

袁世凯充分利用良弼的死，给清廷权贵们施加压力。段祺瑞率领北洋军将领46人联名奏请清廷“立定共和政体”，警告犹豫不决的王公大臣们考虑身家性命。在生死面前，养尊处优的王公亲贵们，纷纷做起了缩头乌龟，再也没有人找出来顽抗革命了。清朝权贵最后的抵抗意识也丧失了。清王朝在弥留之际，连为宗庙社稷死节的忠臣都找不到。而在火烧圆明园、八国联军侵华的时候，都有朝廷权贵和官员自尽。王朝气数真的是尽了。

▲ 彭家珍

彭家珍在行刺的前一天，给同志和家人留下了《绝命书》。其中写道："共和成，虽死亦荣；共和不成，虽生亦辱，不如死得荣。"他以必死之心行刺良弼，人们检查他的尸体时发现他一只手里还紧紧握着另外一枚炸弹。可见当时如果扔出去的炸弹没有爆炸，彭家珍会扔出第二枚炸弹，直到完成任务为止。他用生命建立了"收功弹丸"的奇效，爆炸发生半个月后宣统小皇帝就宣布退位了。

小皇帝退位，大总统易人

隆裕太后无计可施，只得让宣统小皇帝退位了。现在的问题是，如何敲定优待条款的具体内容。

隆裕太后代表清王朝放弃了祖宗的江山社稷，自然关心获得的生活保证。市井百姓买卖商品还要讨价还价呢，更何况是江山了。对于袁世凯传递的《清室优待条款》，隆裕太后非常重视，"逐字讨论，见解明决"。这里的用词是什么意思，那条牵涉到多少银子的出入，以后可能出现的风险怎么办，她都考虑到了。这些条款由梁士诒和唐绍仪在中间传达，往返商讨了几十次。隆裕太后是怎样"逐字讨论"的呢？例如，第八款原来内容是"禁卫军由民国陆军部编制"，惹得隆裕太后不满。

她担心紫禁城的禁军听命民国陆军部指挥了，万一将来民国政府解散禁卫军，皇室的安全由谁来保证？隆裕太后于是提出，如由陆军编制，“将来系陆军部之自由，岂能担保不解散？”梁士诒等无言以对，退朝后甚为焦灼。民国统一后，总不能让清廷保留陆军部吧？怎么让隆裕接受军令统一呢？有人就建议不妨加上“额数俸饷，仍如其旧”8个字，作为一种保证。结果，隆裕太后一看禁卫军的编制和待遇不变，就轻易满意了。这一款就这样掩饰过去了。

最后“精心”敲定的《清室优待条件》如下：

第一款　大清皇帝辞位之后，尊号仍存不废。中华民国以待各外国君主之礼相待。

第二款　大清皇帝辞位之后，岁用四百万两。俟改铸新币后，改为四百万元，此款由中华民国拨用。

第三款　大清皇帝辞位之后，暂居宫禁。日后移居颐和园。侍卫人等，照常留用。

第四款　大清皇帝辞位之后，其宗庙陵寝，永远奉祀。由中华民国酌设卫兵，妥慎保护。

第五款　德宗崇陵未完工程，如制妥修。其奉安典礼，仍如旧制[1]。所有实用经费，并由中华民国支出。

第六款　以前宫内所用各项执事人员，可照常留用，惟以后不得再招阉人。

第七款　大清皇帝辞位之后，其原有之私产由中华民国特别保护。

第八款　原有之禁卫军，归中华民国陆军部编制，额数俸饷，仍如其旧。

1912年2月12日（宣统三年十二月二十五日），隆裕皇太后带着6

1　光绪皇帝的陵墓当时还没建造完工，灵柩还没有正式下葬。民国政府答应继续建筑，并承担一切费用。

岁的宣统皇帝溥仪，在养心殿举行了清王朝最后一次朝见礼仪。

袁世凯没有参加最后的朝觐，委派外交大臣胡惟德、民政大臣赵秉钧、邮传大臣梁士诒等内阁成员上朝。皇帝要退位了，再行跪拜礼就不合适了。于是内阁成员向面容凄惨的隆裕太后和一脸茫然的溥仪首次行三鞠躬礼。隆裕太后颁下了宣统的退位诏书。全文如下：“前因民军起义，各省响应，九夏沸腾，生灵涂炭，特命袁世凯遣员与民军代表讨论大局，议开国会，公决政体。两月以来，尚无确当办法，南北睽隔，彼此相持，商辍于涂，士露于野。徒以国体一日不决，故民生一日不安。今全国人民心理，多倾向共和，南中各省，既倡议于前，北方诸将，亦主张于后，人心所向，天命可知。予亦何忍以一姓之尊荣，拂兆民之好恶。是用外观大势，内审舆情，特率皇帝将统治权公诸全国，定为立宪共和国体，近慰海内厌乱望治之心，远协古圣天下为公之义。袁世凯前经资政院选举为总理大臣，当兹新陈代谢之际，宜有南北统一之方，即由袁世凯以全权组织临时共和政府，与民军协商统一办法。总期人民安堵，海宇乂安，仍合满汉蒙回藏五族完全领土为一大中华民国，予与皇帝得以退处宽闲，优游岁月，长受国民之优礼，亲见郅治之告成，岂不懿欤。”在诏书中，清廷皇室争取了主动，表示不愿意战火弥漫，考虑到全国人民倾向共和，所以主动退位。文末，清廷不无自我安慰地说道：之后我和皇帝过着悠闲宽松的生活，接受国民的优待，不是很好吗？

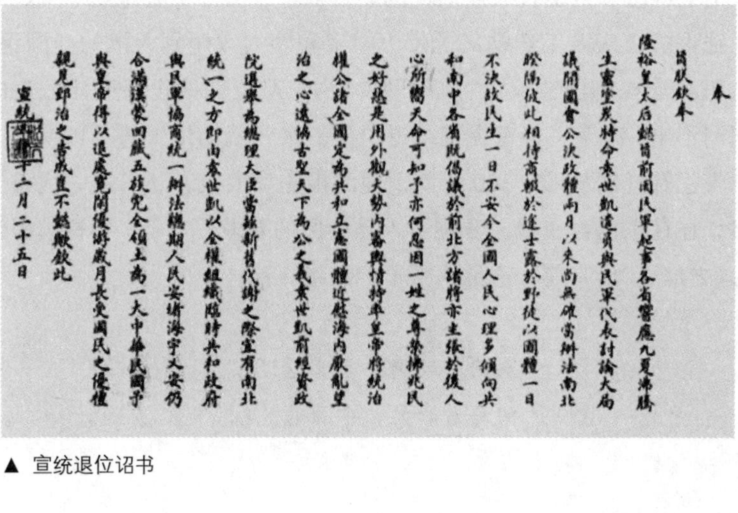
本
旨朕欽奉
隆裕皇太后懿旨前因民軍起事各省響應九夏沸騰
生靈塗炭特命袁世凱遣員與民軍代表討論大局
議開國會公決政體兩月以來尚無確當辦法南北
睽隔彼此相持商輟於途士露於野徒以國體一日
不決故民生一日不安今全國人民心理多傾向共
和南中各省既倡議於前北方諸將亦主張於後人
心所嚮天命可知予亦何忍因一姓之尊榮拂兆民
之好惡是用外觀大勢內審輿情特率皇帝將統治
權公諸全國定為共和立憲國體近慰海內厭亂望
治之心遠協古聖天下為公之義袁世凱前經資政
院選舉為總理大臣當茲新舊代謝之際宜有南北
統一之方即由袁世凱以全權組織臨時共和政府
與民軍協商統一辦法總期人民安堵海宇乂安仍
合滿漢蒙回藏五族完全領土為一大中華民國予
與皇帝得以退處寬閒優游歲月長受國民之優禮
親見郅治之告成豈不懿歟欽此
宣統[illegible]十二月二十五日

▲ 宣统退位诏书

退位诏书的颁布，标志着1644年开始入主中原的清朝的灭亡。

后人有观点认为隆裕太后并不知道退位就是亡国，所以轻易颁布了退位诏书。？据说后来南社诗人陈去病在北京时，房东恰好是原清室奏事处的太监邱和来。邱和来告诉他，袁世凯将草拟的退位诏书呈递给隆裕太后时，她根本不知道什么叫退位，将奏折在养心殿放了三天，看也没看。三天后，袁世凯派赵秉钧、杨士锜等来催逼，隆裕当时就拟旨照准了。赵秉钧等人接旨后伏地大哭，她还不明所以，见他们哭，自己也哭起来。过了几天，没有人再来奏事了，她感到奇怪，问奏事太监。太监回说："国事已经归了袁世凯了，太后以后请只问家事！"也有说法是隆裕太后在颁布退位诏书前，知道会有人反对，陆陆续续做反对者的思想工作。直到12日当天，还有王公大臣要上殿死谏，不让皇上退位，隆裕太后得知后，突然变得果敢刚毅起来，告诉内阁大臣们："我们先办了这事，我再见他们，免得又有耽搁。"退位诏书盖印发出后，她才知道铸成大错。事后，满族亲贵和八旗子弟都埋怨隆裕太后，埋怨她断送了清朝江山。隆裕一度情绪败坏，大骂王公亲贵们当日"不出一谋，事后却说现成话"。但是事情已经无法挽回了，她的身心状况迅速恶化。人们在紫禁城里经常看到隆裕太后神情恍惚，漫无目的地散步，饿了就随便找找水果冲击。一年后，隆裕太后就怏怏而死了。民国政府给隆裕太后很高的评价，协助清廷举行了隆重的葬礼。

皇上退位了，王公大臣们树倒猢狲散。一部分王公跑到东交民巷寻求列强保护，庆亲王奕劻父子带上财宝和姨太太搬到天津的外国租界；醇亲王载沣在御前会议上一言不发，儿子退位后他也躲进北海边的王府闭门不出；肃亲王善耆在宣统退位前一个月就知道大势不可挽回，早早携带家眷迁居旅顺。300年前，他的祖先皇太极，还有第一代肃亲王豪格，在辽东浴血奋战，开创了入鼎中原的基业；如今，善耆逃回祖先"龙兴之地"。出京前，这位铁帽子王赋诗一首：

幽燕非故国，长啸返辽东。
回马看烽火，中原落照红。

退位诏书是由张謇等立宪派起草的，经唐绍仪转袁世凯，由清廷发布。但袁世凯做了一个小动作，加了一句“当兹新旧代谢之际，宜有南北统一之方，由袁世凯以全权组织临时共和政府，与民军协商统一办法”。这就意味着清朝将政权委托给了袁世凯，后者是清王朝遗产的真正继承人，可以与临时政府进行平等谈判。传统思想浓厚的袁世凯不愿意接受来自南方革命阵营的授权，宁愿接受清室的授权。这是一个很要命的问题。孙中山就清廷退位诏书向袁世凯提出了抗议，强调共和政府不能由清帝委任组织。但清廷已经退位，“无再起死回生而使之更改之理”，南京临时政府虽然愤怒，可以抗议，但已经找不到交涉的对象了。皇帝的退位诏书一经公布就不能再改了。袁世凯通过这样一个小伎俩，给自己贴了金。

不过，袁世凯逼迫清帝退位的消息传到南方，还是引起了一片赞叹声。“南京各地各色人物弹冠相庆，联袂北上，其拥袁之热烈可见一斑。”根据和谈条件，袁世凯将取代孙中山出任临时大总统。清廷宣布退位后的第二天,2 月 13 日，袁世凯致电临时政府，宣称拥护共和政体，永远不让专制君主重现中国大地。孙中山履行诺言，向临时参议院提出辞职，并推荐袁世凯继任。2 月 15 日，南京临时参议院根据和谈协议，选举新任临时大总统，仍然是 17 省一省一票，袁世凯以全票当选。参议院给袁世凯发电，祝贺他当选。电文中称赞他为“中华民国之第一华盛顿”。

16 日，袁世凯复电南京参议院接受临时大总统。之后，袁世凯通令自 2 月 18 日（阴历正月初一日）前清所有军官、官吏一律剪发。袁世凯本人并没有剪一个时下流行、代表共和革命的“文明头”，而是在外务部大楼剃了一个大光头。从此，大秃头、留小胡子、身体发福的形象成了袁世凯的标准历史像。

后人往往惋惜孙中山将政权拱手让给北洋系军阀。殊不知，在 1912 年，这是多数人眼中和平、正常、对国家有利的权力交接。国家不经大战，共和骤然降临中华大地，何乐而不为？“辛亥革命党人其实是很温和的革命派，他们仍然保持着士大夫的思维方式，在国家面临危机面前，希望迅速平息革命后的动乱，走上和平建设的道路。尽管他们在理论上信仰共和，但他们很快和前清立宪派人士在行为方式上没有多少区别。他们完全没有进行长期武装斗争的思想准备。这使他们看不清自己面临的危险。”（朱宗震著：《大视野下清末民初变革》）政治妥协在南北权力交接前后非常频繁——当然，南方做出的妥协远远多于北方。

拿什么约束袁世凯？

孙中山还没对袁世凯完全放心，他推荐袁世凯不是无条件的。

孙中山的辞职咨文附有三项条件：“（一）临时政府地点设于南京，为各省代表所议定，不能更改；（二）辞职后，俟参议院举定新总统亲到南京就任之时，大总统及国务员乃行解职；（三）临时政府约法为参议院新定，新总统必须遵守颁布之一切章程。”在这里，孙中山给袁世凯套了三条紧箍咒：接受《临时约法》，在南京就职，等袁世凯来北京后再正式卸任。

这三条之中，孙中山最看重的是《临时约法》。宪法未立，临时约法就代行宪法职能。西方的法律保障民主制度，人们对宪法和法律奉若神明。孙中山等人受西方教育熏陶，迫切希望给新生的民主共和制度圈上法律屏障。孙中山作为临时总统，主持了《中华民国临时约法》的制订，组织同志加班加点，只用了一个多月就赶在1912年3月11日袁世凯就职前公布。

我们来看看《临时约法》的具体内容。首先，约法规定自由、平等和权利等原则，它规定：“中华民国之主权属于国民全体”，“中华民国人民一律平等，无种族、阶级、宗教之区别”。人民享有人身、居住、财产、言论、出版、集会、结社、通信和信教的自由；人民有请愿、诉讼、考试、选举及被选举等权利。临时约法还规定“中华民国由中华人民组织之”，“主权属于国民全体”；“以参议院、临时大总统、国务员、法院行使其统治权”。中国人第一次在法律上拥有如此巨大的权利和自由。这些规定和西方民主国家的宪法精神并无距离。不管这些规定能否

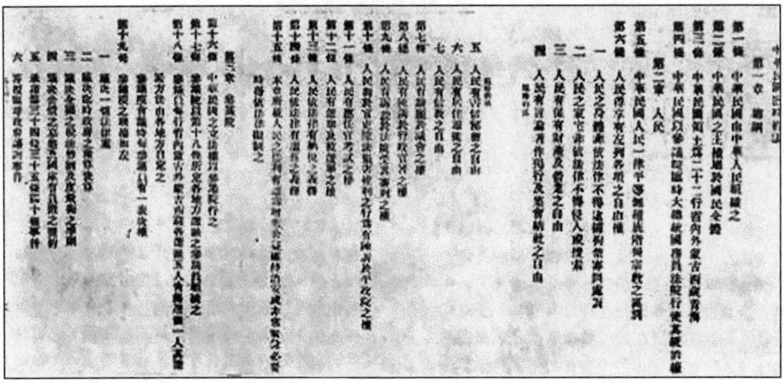
第一章 總綱

第一條 中華民國由中華人民組織之

第二條 中華民國之主權屬於國民全體

第二章 人民

第五條 中華民國人民一律平等無種族階級宗教之區別

第三章 參議院

▲《中华民国临时约法》摘录

落实，它们就像一面面高高飘扬的旗帜，正大光明无可辩驳，没有后来者敢反对。整个社会受惠于此，在民国前期氛围宽松，知识分子利用《临时约法》规定的集会、结社、言论、出版自由，纷纷组织党团、创办报刊、普及教育，大量介绍西方思想文化。中国人的思想文化水平有了很大的提高。

其次，《临时约法》最实质的内容确定了民国实行责任内阁制。约法采取了宋教仁主张的责任内阁制，给予了议会和内阁很大的权力。议会选举内阁，总理领导内阁，对议会负责。总统没有实权，就是个象征，是虚位元首。孙中山等人引入了西方的分权制衡原则，在约法中规定立法权属于参议院，参议院有权议决一切法律、预算、决算、税法、币制及度量衡准则，募集公债，选举产生临时大总统、副总统，弹劾大总统和国务员，对临时大总统行使的重要权力，具有同意权和最后决定权。大总统是国家元首，总揽政务，公布法律，统率全国海陆军，但必须听命于参议院。比如《临时约法》第三十四条规定："临时大总统任免文武职员，但任命国务员及外交大使、公使，须得参议院之同意。"大总统权力还受到了内阁的约束，行使职权时，须有国务员副署。比如第四十五条规定："国务员于临时大总统提出法律案、公布法律，及发布命令时，须副署之。"最后，参议院有权弹劾罢免总统。总统受参议院弹劾时，由最高法院组成特别法庭审判。法官有独立审判的权利。这样，约法就彻底否定了集大权于一身的君主专制制度。

袁世凯如果接受了约法，只能得到一个高高在上、空中楼阁般的总统。不过，袁世凯对《临时约法》没有提出任何意见，他不必在条文上和孙中山纠缠不休。况且，《临时约法》只是过渡性的宪法，正式国会召开后，必须制订正式的宪法，后面还有应付的手段。

袁世凯口头发誓遵守《临时约法》了，至于他这么认识这部根本大法、如何去遵守，其他人不知道也管不了。相反，袁世凯觉得孙中山提出的三项条件中，最要命、最紧迫的是前两条。袁世凯不能离开经营多年的北方，更不愿意到南京去接任总统。

袁世凯的实力根基是北洋新军，盘踞在华北地区。军事强人很在意地盘，何况现在又是天下纷扰的乱世。袁世凯老担心一旦离开了老巢，权力就失去了根基，甚至连性命也可能受到威胁。

不过，老道的袁世凯不会明着说“我不去南京”，相反，他给孙中山发电报说：“世凯极愿南行，畅聆大教，共谋进行之法。只因北方秩序不易维持，军旅如林，须加部署，而东北人心未尽一致，稍有动摇，牵涉全国。诸君皆洞鉴时局，必以谅此苦衷。”他以此为借口迟迟不肯南下。糊涂的参议员们竟然主动通过了定都北京的决议，引起了孙中山的震怒，黄兴甚至扬言要派兵捉拿那些同盟会的议员。参议院不得不重新开会，作出了定都南京的决议。孙中山派蔡元培等五人为迎袁专使，宋教仁也是使团成员，到北京迎接袁世凯南下就职。

面对孙中山派来了蔡元培、宋教仁、汪精卫等“迎驾”专使，袁世凯高规格接待，举办了盛大的欢迎仪式。袁世凯重审非常希望早日南下就职，还与五位专使商谈了南下路线：走水路呢还是走陆路呢？五个专使天真地心花怒放，以为此行任务必将圆满完成，于是拍电报给孙中山：“袁将不日到位。”

2 月 29 日，北京城突发兵变。曹锟的北洋第三师在北京闹市哄抢市场，造成了恶劣的影响。日后的戏剧理论家齐如山刚从法国归来，穿着西装，在崇文门大街上足足站了五六个小时，目睹了乱兵抢、烧各店铺的过程。北洋大兵们将齐如山当成了日本人，对他很客气，还时不时向他请教所抢财物的价值。齐如山看到有人冲入铁铺，一无所获，将穷铁匠打了一顿。有人抢了冥衣铺里的寿衣、被子之类，问齐如山是不是绸子。齐如山想告诉他们是不能用的冥衣，可又怕他们别处抢，就说是，看着乱兵高高兴兴地抱着寿衣走了。又有人抢到貂褂，不知道是什么，向齐如山咨询。齐如山告诉他们是名贵的貂皮，乱兵们欢天喜地而去。我们知道，北洋新军在清朝招收的士兵基本是忠厚的农家子弟，对抢劫的事情很外行，也没见过什么好东西。不过，这一次兵变开了一个恶劣的先例。官兵们在兵变中"收获"丰厚，开始"迷恋"上了兵变。进入民国后，北洋军兵变迭起，各级长官为之头疼。不知道最初兵变的始作俑者直到后事，会不会后悔？

专使团住处周围，枪声尤其密集。有子弹射入专使居处，蔡元培等人跳窗而逃，仓皇避入东交民巷内的六国饭店，仅以身免。接着，天津、保定相继出现兵变。事后北京查点，发现有四千余家商铺在兵变中遭到哄抢，京奉、京汉铁路局和大清、交通、直隶三家银行以及制币厂也遭到劫掠，损失白银900多万两。东安市场、东四牌楼等处被焚毁，大火绵延三日。兵变后的北京城，街市白天如同黑夜，店铺住户闭门不出，路上只有巡逻的兵士和站岗的警察以及弃置的死尸。凄凉景象持续了约一周时间。列强驻华公使纷纷调集军队进入北京保护使馆的"安全"。北京的政局真的不稳了。

兵变后，北洋将领通电全国主张"大总统在北京就职"，北方部分人士也吁请袁世凯"万勿南下"。袁世凯因此再次要求暂缓南下，先在北京就职。蔡元培等人返回南京，也说北方多出兵变，的确需要有人稳定局面。临时政府紧急商讨，到底要不要让袁世凯在北京就职，要不要迁都北京呢？许多人主张让黄兴统帅大军北上，名义上是迎接袁世凯南下，实际上是扫荡北洋军阀势力。会上，宋教仁认为这样就挑动全面内战，不同意。马君武立即指责宋教仁在为袁世凯做说客，出卖革命。说到激动处，马君武挥拳打伤了教仁宋的左眼。场面一时失控，孙中山责令马君武向宋教仁赔礼道歉，而袁世凯暂缓南下一事就此搁置。关键时刻，西方列强支持袁世凯，接受北方不稳，纷纷向北京地区增兵，制造紧张空气。旧官僚、立宪派和一些革命党人也拥护袁世凯在北京就职。上海十多家报纸还联名致电孙中山，主张建都北京。孙中山无奈妥协，同意袁世凯在北京就职。

北京兵变恰是时候，帮助袁世凯破除了孙中山的两大紧箍咒。那么，这次兵变到底是袁世凯的苦肉计呢，还是真的军队失去了控制？支持袁世凯的著名外国记者莫理循认为是前者，并对袁世凯感到失望。他说：“我感到太难过了，因此不得不把这一切打电报告诉了《泰晤士报》。人们在过去几个月里见到我一直把袁世凯说成是大局的唯一希望，我真不知道人们现在会怎么想。”也有人认为是北洋新军确实不愿意袁世凯离开北方，不愿意中央政府定都在南京，那样只会削弱北洋军在全国政局中的地位。他们认为兵变是自发的，并不是袁世凯授意的。

不管是谁发动的，袁世凯是最大的受益者。1912 年 3 月 10 日，袁世凯的临时大总统宣誓就职大典于在京举行。袁世凯以河南腔的北京官话宣读誓词。两天前，袁世凯电传给临时参议院的誓词说道：“深愿竭其能力，发扬共和之精神，涤荡专制之瑕秽”，并表示：“谨守宪法，依国民之愿望”。但在正式宣誓时，袁世凯把后一句改为了“速定宪法，副国民之愿望”。三字之差，难道是口误吗？同日，袁世凯授权唐绍仪组织新内阁，以取代孙中山在南京的临时政府。

典礼结束后，袁世凯一行在院外走廊处与纷至沓来的记者交臂而过。《民国报》记者梁漱溟观察近在咫尺的袁世凯：“矮墩墩的个头，光着秃脑袋（帽子拿在手里），留着短须，已有几根花白，胡须周围及两颊都没有修刮干净，一套军服也是皱皱巴巴的，与大总统就职的庄重典礼很不相称，尤其是那副漫不经心的模样，分明是很不郑重。”

▲ 任大总统时的袁世凯

4 月 1 日，孙中山正式卸任临时大总统的职务。孙中山让位于袁世凯的手续最终完成。卸任后的孙中山希望将主要精力放在经济发展上去，开始转向筹划中国铁路建设。

第二天，临时参议院决议临时政府迁往北京。部分革命党人还是对袁世凯不放心，孙中山安慰他们说："总统不过国民公仆，当守宪法，从舆论。文前兹所誓忠于国民者，项城也不能改。"那是他的思维，袁世凯可不这么想。如果没有保卫约法的实力，如果有人不从约法不从舆论，你能将他如何？

南北统一，中华民国定都北京，辛亥革命至此可算结束。从表面看，革命取得了成功，共和国成立了。实质上，以袁世凯为代表的、脱壳于王朝体制的一批人控制了共和国。他们能否将民主共和的旗帜高高举在中华大地上呢？从日后的事实来看，袁世凯等人并没有推进民主共和精神，没有将中国建设为真正的民主共和国。相反，旧权威消失新权威迟迟不能建立，民国初期的中国迅速陷入军阀混战中。而孙中山等革命党人仍然要为民主共和而奔波，发动"二次革命"、护国运动、护法运动……

很多人由此认为辛亥革命失败了，或者起码是没有取得成功。围绕辛亥革命的成败的争论到现在都没有停息。曾经参加过辛亥革命的林伯渠就很有感慨地说："对于许多未经过帝王之治的青年，辛亥革命的政治意义是常被过低估计的，这并不足怪，因为他们没看到推翻几千年因袭下来的专制政体是多么不易的一件事……古人不以成败论英雄，我们也不能因辛亥革命的失败，而忽视它本身的光芒，以及由它而揭开的新的斗争的序幕。"

附录一

辛亥革命前后大事年表

时间	大事记
1908 年（光绪三十四年）	
2 月	2 日，清廷授醇亲王载沣为军机大臣。 湖北大冶铁山、汉阳制铁厂和江西萍乡煤矿合并组建汉冶萍煤铁厂矿公司。“汉冶萍煤铁厂矿有限公司”资本 2000 万元，盛宣怀任总理。这是当时中国最大的联合企业。
4 月	由孙中山等策划，由黄兴发动的钦州、廉州、上思武装起义，因缺乏后援而失败。
5 月	河口起义失败。
6 月	清廷颁布各省谘议局章程及议员选举章程。 全国掀起立宪请愿高潮。
8 月	27 日，清廷宣布预备立宪以 9 年为期限。
9 月	22 日，清廷公布《钦定宪法大纲》。这是中国历史上第一部宪法。
11 月	14 日 光绪皇帝病逝于瀛台涵元殿，终年 37 岁。 15 日 慈禧太后叶赫那拉氏病死，终年 73 岁。 安庆新军起义失败。
12 月	2 日，溥仪即位，定明年为宣统元年。 13 日，群治学社成立，在湖北新军中谋划革命，是为文学社的前身。 去年，湖北、湖南籍年轻同盟会员在东京成立共进会。
1909 年（宣统元年）	
1 月	2 日，军机大臣、外务部尚书袁世凯开缺回籍。

续表

时间	大事记
2月	17日，清廷命各省正式成立谘议局
5月	清廷宣布宣统皇帝为海陆军大元帅，亲政之前由摄政王代理。
10月	4日，张之洞去世。
11月	湖北绅商军学各界组成湖北铁路协会，开展拒款筑路斗争，反对借外债修铁路。
12月	16省谘议局代表齐集上海，决定赴京请愿早开国会。 本年，共进会在武汉、长沙成立湖北分会和湖南分会。孙武在湖北新军中用“抬营主义”稳妥发展同志。
1910年（宣统二年）	
1月	16省代表赴京请愿遭拒。
2月	20日，立宪派喉舌《国风报》在上海创刊。主持人梁启超。 27日，熊成基谋刺海军大臣载洵和萨镇冰，未成被杀。 本月，陶成章、章太炎在东京重建光复会，李燮和担任南部执行员，重新在东南地区发展光复会组织。
3月	长沙四处发生抢米事件，浙江嘉兴发生罢工、罢市风潮。 清廷邮传部准许湖北设立商办粤汉、川汉铁路公司。
4月	汪精卫等人刺杀载沣未遂被捕，此事轰动全国。
6月	立宪派发动第二次国会请愿高潮。
7月	清政府公布人口调查数字，全国人口为4.2亿。
9月	18日，群治学社更名为振武学社，在新军中建立秘密的标营代表制度，联络革命官兵。 安徽北部地区连年灾馑，民情困苦。饥民聚众起事。 夏秋之际，东三省水灾遍地，难民数以十万计。 苏北各州饥民抢粮。
10月	3日，清政府资政院正式成立，举行开院礼，摄政王载沣宣布训辞。 7日，请愿代表发动第三次声势浩大的请愿活动。
11月	3日，孙中山等人在马来西亚槟榔屿开会，决定发动广州起义。 4日，清廷决定原订于宣统八年立宪期限，缩改于宣统五年，实行开设议院。 清廷向美、英、德、法银行团贷款1600万英镑。
12月	东北发生鼠疫，死亡6万多人。

续表

时间	大事记
1911 年（宣统三年）	
1 月	30 日，振武学社武昌更名为文学社，推蒋翊武为社长，并创办《大江报》宣传革命。
4 月	8 日，温生才击毙广州将军孚琦后被捕。 27 日，广州起义，72 名烈士葬身于黄花岗。
5 月	8 日，清廷裁撤军机处和旧内阁，成立责任内阁。奕劻为总理。该内阁中皇室成员占绝对的数量优势，因此被称为“皇族内阁”。 9 日，清廷宣布“铁路国有化”政策，计划将商办铁路收归国有，激起全国怒潮。 11 日，文学社、共进会召开第一次团体合作会议。 18 日，清廷命端方为督办粤汉、川汉铁路大臣。
6 月	6 日，广东铁路股东反对铁路国有，力争商办。 17 日，商办川汉铁路股东大会在成都组织“保路同志会”。不久，四川省等地也纷纷成立“保路同志会”。
7 月	5 日，清廷严饬各省议员，不得干预朝政。 6 日，四川士绅电盛宣怀，反对借款丧权。 17 日，湖广总督瑞澂下令查封文学社的《大江报》，逮捕主编兼总经理詹大悲。 31 日，宋教仁在上海成立同盟会中部总会。
8 月	2 日，赵尔丰取代王人文出任四川总督。 下旬，四川保路同志会号召罢市、罢课、抗粮、抗捐。 浙江杭嘉湖绍四府遭遇水灾，一片汪洋。直隶东安永定河漫口。济南等处发水灾。
9 月	7 日，赵尔丰大开杀戒，酿成“成都血案”，激起民愤。 8 日，保路同志军开始围攻成都。围城人数不下 20 万。 20 日，清廷调端方率领湖北新军 31 标、32 标入川镇压保路运动。 24 日，文学社、共进会举行联席会议，决定中秋节（10 月 6 日）起义，推举刘公为总理，蒋翊武为军事总指挥，孙武为军务部长。同日，南湖炮队暴动失败。湖北官府决定新军中秋节不放假。 25 日，荣县独立，为全川乃至全国的独立先导。

续表

时间	大事记
10 月	3 日，湖广总督瑞澂召开防务会议，决定调集兵力，加强防卫，实行戒严。 9 日，孙武等在汉口俄国租界赶制炸弹，不慎爆炸，导致起义计划暴露。湖广总督端澂下令戒严搜捕。同日，蒋翊武决定提前到当夜 12 点起义，后因命令没有按时传达，起义发动未果。 10 日晚，武昌工程八营打响起义第一枪，辛亥革命爆发。 11 日，革命党人宣布成立湖北军政府。黎元洪出任中华民国军政府鄂军都督。 12 日，武汉三镇光复；清廷派陆军大臣荫昌、海军大臣萨镇冰等率部镇压起义；孙中山在美国丹佛获悉武昌起义的消息，决定转赴欧洲进行外交活动，然后回国。 14 日，清廷任命袁世凯为湖广总督，袁世凯婉拒。 18 日，清军围攻汉口，武汉保卫战开始。 22 日，湖南独立，成立湖南军政府，焦达峰当选都督；陕西新军攻占西安，宣布陕西独立。 23 日，江西九江光复，成立军政分府。 24 日，北方手握兵权的同盟会员蓝天蔚和张绍曾等屯兵滦州，联名电奏清廷要求改革政治，史称“滦州兵谏”。 25 日，李沛基炸死新任广州将军凤山。 27 日，清廷召回荫昌，授袁世凯为钦差大臣，统帅海陆军镇压武汉革命军。 28 日，黄兴偕宋教仁抵武昌，指挥汉口保卫战。 29 日，山西独立，阎锡山任军政府都督。 30 日，冯国璋到汉口督军，下令纵火焚烧。大火烧了 3 天 3 夜，汉口的繁华街道变成一片焦土。 31 日，江西独立，后来由李烈钧出任都督，稳定政局；蔡锷等于昆明起义成功，云南独立，蔡锷为都督；湖南立宪派发动兵变，杀害起义领导人焦达峰、陈作新，谭延闿出任都督。
11 月	1 日，清廷宣布解散皇族内阁，任命袁世凯为总理内阁大臣；汉口陷落，革命军退保汉阳。 3 日，上海光复，陈其美任沪军都督；黎元洪登坛拜黄兴为战时总司令，黄即日赴汉阳指挥作战。 4 日，贵州独立；浙江独立，后由立宪派汤寿潜出任都督。 5 日，江苏独立，前任巡抚程德全出任都督。 7 日，广西独立，之后推举陆荣廷为都督；袁世凯派人暗杀革命党人、新军第 6 镇统制吴禄贞于河北石家庄，华北新军起义计划遭破坏。

时间	大事记
	8日，安徽独立，后来由柏文蔚出任都督，稳定政局；徐绍桢率领新军第9镇起义。 9日，广东独立，胡汉民、陈炯明之后相继出任都督；福建独立。 11日，袁世凯派人至武昌媾和；在长江的清朝海军起义；山东宣布独立，不久又取消了独立。江浙沪三地组织联军，徐绍桢被举为江浙联军总司令。 15日，独立各省代表在上海开会，后改在南京开会。 16日，黄兴率军反攻汉口，经过激战，伤亡惨重，次日仍退回汉阳。 22日，重庆独立。 24日，江浙联军对江宁（今南京）发动总攻。 26日，奉天革命党人起义。 27日，革命军被迫撤离汉阳。当晚，黄兴乘船离鄂；端方在四川被革命党人处死；四川独立。
12月	1日，湖北军政府与袁世凯签订停战协议。 2日，江浙联军攻入江宁。南方全部光复，南北对峙局面形成。 2日，各省都督代表会议通过《中华民国临时政府组织大纲》，决定如果袁世凯反正，推举他为临时大总统。 7日，清廷以袁世凯为全权大臣，委托代表驰赴南方，讨论大局。 13日，云南都督蔡锷主张迅速组织中央政府，定国名为“中华民国”。 18日，南北议和开始，南北代表伍廷芳、唐绍仪在上海英国租界举行首次会议。 25日，孙中山回国抵达上海。 26日，袁世凯命汪精卫赴上海斡旋南北议和。 29日，17省代表选举孙中山为临时大总统。
1912年（民国元年）	
1月	1日，孙中山在南京就任中华民国临时大总统。 3日，黎元洪当选副总统。中华民国临时政府组成，确定了各部总次长名单。 11日，孙中山宣布自任北伐军总指挥，组织6路军队北伐。 14日，良弼等组成宗社党；光复会陶成章被陈其美派人刺死于上海。 16日，同盟会张先培、杨禹昌、黄之萌等谋炸袁世凯未中，3人均被捕遇难。 26日，彭家珍在北京炸良弼。彭以身殉，良弼越2日死。 28日，临时参议院在南京成立；29日，选举林森为议长。

续表

时间	大事记
2月	12日，清廷发布退位诏书。清朝灭亡。 13日，袁世凯通电赞成共和；孙中山辞临时大总统职。 15日，参议院选袁世凯为临时大总统。 27日，蔡元培等抵北京，迎袁南下。 29日，袁世凯密令曹锟部在北京发动兵变。
3月	3日，中国同盟会在南京召开本部全体大会。宣布其宗旨为“巩固中华民国，实行民生主义”，并举孙中山为总理，黄兴、黎元洪为协理。 6日，参议院允袁在北京就职。 10日，袁世凯在北京就任临时大总统。 11日，孙中山颁布《中华民国临时约法》。 13日，任唐绍仪为国务总理。
4月	1日，孙中山正式解临时大总统职。 2日，南京临时参议院议决临时政府迁至北京。 4日，临时参议院议决该院迁至北京。 25日，同盟会本部迁往北京。
5月	7日，临时参议院议决，国会采取两院制，定名为参议院和众议院。
6月	29日，袁世凯任陆征祥为国务总理。
8月	25日，同盟会与统一共和党等4个政团，合并为国民党，是日在北京召开成立大会，选举孙中山为理事长。
9月	25日，袁世凯任赵秉钧为国务总理。
10月	8日，梁启超从日本返回天津。

附录二

参考文献

胡思敬:《国闻备乘》，中华书局 2007 年 8 月出版。

张祖翼:《清代野记》，中华书局 2007 年 4 月出版。

陆丹林、丁士源:《革命史谭 / 梅楞章京笔记》，中华书局 2007 年 6 月出版。

爱新觉罗·溥仪:《我的前半生》，群众出版社 2007 年 1 月出版。

许知远:《醒来:110 年的中国变革》，湖北人民出版社 2009 年 3 月出版。

金冲及:《二十世纪中国史纲》(第一册)，社会科学文献出版社 2009 年 8 月出版。

朱宗震:《大视野下清末民初变革》，新华出版社 2009 年 4 月出版。

朱宗震:《真假共和:1912 中国宪政实验的台前幕后》，山西人民出版社 2008 年 7 月出版。

金满楼:《这才是晚清:帝国崩溃的三十二个细节》，中国三峡出版社 2009 年 9 月出版。

李刚:《大清帝国最后十年:清末新政始末》，当代中国出版社 2008 年 9 月出版。

《国家历史》杂志社编:《大变革时代:晚清过后是民国》，新华出版社 2010 年 1 月出版。

《国家历史》杂志社编:《民国风云人物》，新华出版社 2010 年 2 月出版。

陈星编著:《民初纪元》，中国大百科全书出版社 2010 年 2 月出版。

陈国安:《1911—1912：辛亥首义阳夏之战》，湖北人民出版社 2006 年 6 月出版。

余世存:《中国男：百年转型中国人的命运与抗争》，九州出版社 2010 年 3 月出版。

余世存编:《非常道：1840—1999 的中国话语》，辽宁教育出版社 2010 年 6 月出版。

梅宁华:《旗帜鲜明地反对历史虚无主义——辛亥革命百年回眸》，载于人民网理论频道。

马勇:《我理想中的辛亥大片》，载于《团结报》2010 年 5 月 13 日。

曹忠生:《谁打响辛亥首义第一枪》，载于《历史档案》1992 年第 4 期。

辛晓征:《隆裕太后与清帝逊位》，来源《科学时报》，载于科学网。

张鸣:《瑞澂之走》，载于《看历史》2010 年六月号。

汤志钧:《光复会和上海光复》，载于《学术月刊》2005 年第 7 期。

范福潮:《辛亥革命时期的蒋介石》，载于《南方周末》2008 年 7 月 16 日。

赵平:《广西脱离清廷，田遇东献身》，载于《桂林晚报》2009 年 8 月 2 日。

陈一容、张国镛:《孙中山“还位”辨让》载于《史学月刊》1997 年第 3 期。

后　记

感谢大家阅读本书。

本书以辛亥革命为核心事件，讲述从1908年到1912年间的中国历史和社会变迁。更准确地说，本书开始以宣统皇帝登基，结束于南京临时政府北迁。这段时间是中国社会剧烈动荡，人物和事件错综复杂的时期。这段历史很严肃，描述它的难度很大，我只能凭借掌握的资料，抓住其中的主要事件，基本按照时间顺序来讲述，其中穿插重要人物的介绍，点缀有趣的历史细节。

如今，书稿杀青了，我的心情却没有轻松下来，走不出有关辛亥革命成败与是非的争论。从表面看，辛亥革命成功推翻了君主专制王朝，建立了民主共和国。但愚昧保守专制贫弱等名词并没有从中国社会上消失。辛亥革命后，有人沉痛地指出："吾人于共和国体下，备受专制政治之痛苦。"参加了武昌首义的蔡济民回顾革命则说："无量金钱无量血，可怜购得假共和。"革命只是扫荡了中国社会表面的尘埃，消灭了那些张狂阻碍革命的人物，并没有对中国社会进行犹如手术般的深入变革。其中的原因，我现在相信是中国社会历史悠久，弊病积重难返。中国的问题不是一场革命能够彻底解决的。1943年2月，在成都旅行的费正清写道："简直无法相信，在这片土地上竟有那么多的老百姓，而统治他们的阶层竟是那么少的一小撮。农民和乡绅都是旧中国的产物，新中国只不过是薄薄的一层，由极少数维持着现代社会运转的人组成。"辛亥革命只是中国近代变革过程的一个点，既不是开始，也远不是结束。

本书的重要的参考文献作者朱宗震老师这么评价辛亥革命的成败：“辛亥革命的思想解放，仅仅是在少数人中，在理论上开了个头。我们的先人从不同的视角作出了自己的努力，甚至献出了宝贵的生命，我们不应该去侮辱他们的努力和成就，但也要看到前进的脚步是艰难的，不要总是指望一步登天。夸大或抹杀辛亥革命的效果，都无助于我们今天的努力。”朱老师对历史研究的定位，我也很赞同。他认为历史学家不要去设想一个理想的社会发展步骤，也不要去设立一个标准的参照系统，更不要去从事简单的理论推理，而只需要实实在在地考察运动的轨迹。抱着这么一个态度，我在书稿中尽量照顾到革命双方的言行和思想，多陈述而少评论。我始终认为，扫除层层尘埃，尽可能还原历史原貌，本身就是一件意义重大、难度巨大的研究。

在写作过程中，最感动我的是那些辛亥革命的先烈们。这是一场年轻人的革命。在现代人看来，他们是祖辈甚至是曾祖辈的人，但当年参加革命时，他们年轻得令人惊奇。那些纵横疆场、舍生取义的先烈们的平均年龄在 25 岁左右。主持武昌起义的文学社和共进会的领导层的年龄也在 30 岁左右。在那个冰冷昏暗的北京夜晚和良弼同归于尽的彭家珍烈士，牺牲时才 24 岁；而参加广州起义名扬黄花岗的许多烈士，还刚刚成年。南京临时政府陆军部在《通电纪念殉难烈士文》称：“民国统一，共和告成，中外人心，同深欢忭。此实为吾全国殉难诸先烈及战亡诸将士铁血之功。”不管后人对这场革命的功过是非如何认定，对那些年轻的生命，我们应该抱有一致的敬仰和缅怀。

本书在写作过程中，参考了大量公开出版物，基本已在“参考文献”中注明。我要感谢有关辛亥革命研究的所有前辈和同行们。有关辛亥革命的一些史实，已经成为我们这个民族共同的记忆。这些史实在文中不另行指出出处。本书初版由国家行政学院出版社出版，现由群言出版社再版。我要感谢责任编辑陈佳的辛劳付出，感谢群言出版社的专业工作。本次再版因时间仓促，只改动了若干字词，对主干并未触动。我要感谢所有为本书的编辑、出版和发行付出心血与汗水的同行们。谢谢大家。

最后，我要特别感谢唐琳娜。她为本书的写作倾注了许多心血，贡献了不少真知灼见，并是本书的第一读者。本书的架构提纲写于我从广州飞往海南的飞机上，唐琳娜当时就坐在我身边。谢谢她对我一贯的支持和宽容。

谢谢你们所有人!

张　程

2010 年 8 月写于朝阳水南庄

2015 年 7 月改于王府井